ILUSÃO DE JUSTIÇA

ILUSÃO DE JUSTIÇA

OS BASTIDORES DO JULGAMENTO QUE DEU ORIGEM À SÉRIE MAKING A MURDERER

JEROME F. BUTING

Tradução
Patrícia Azeredo

1ª edição

Rio de Janeiro | 2018

CIP-BRASIL. CATALOGAÇÃO NA PUBLICAÇÃO
SINDICATO NACIONAL DOS EDITORES DE LIVROS, RJ

B989q

Buting, Jerome F.
Ilusão de justiça: os bastidores do julgamento que deu origem à
série Making a Murderer / Jerome F. Buting; tradução Patrícia Azeredo. - 1. ed. - Rio de Janeiro: BestSeller, 2018.

Tradução de: Illusion of justice
ISBN 978-85-465-0116-8

2. Crimes e criminosos - Estados Unidos. I. Azeredo, Patrícia.
II. Título.

18-47715
CDD: 364.120973
CDU: 343.9

Antonio Rocha Freire Milhomens - Bibliotecário - CRB-7/5917

Texto revisado segundo o novo Acordo Ortográfico da Língua Portuguesa.

Título original
Illusion of Justice: Inside Making a Murderer and America's Broken System

Copyright © 2017 by Jerome Buting
Copyright da tradução © 2018 by Editora Best Seller Ltda.

Adaptação de capa: Guilherme Peres
Design de capa original: Robin Bilardello
Imagens de capa: © AP Photo/Morry Gash (Jerome Buting); © AP Photo/Jeffrey Phelps
(Steven Avery); © AP Photo/The Post-Crescent/Dan Powers (Brendan Dassey)

Editoração eletrônica: Abreu's System

Todos os direitos reservados. Proibida a reprodução,
no todo ou em parte, sem autorização prévia por escrito da editora,
sejam quais forem os meios empregados.

Direitos exclusivos de publicação em língua portuguesa para o Brasil
adquiridos pela
EDITORA BEST SELLER LTDA.
Rua Argentina, 171, parte, São Cristóvão
Rio de Janeiro, RJ - 20921-380
que se reserva a propriedade literária desta tradução.

Impresso no Brasil

ISBN 978-85-465-0116-8

Seja um leitor preferencial Record.
Cadastre-se e receba informações sobre nossos lançamentos e nossas promoções.

Atendimento e venda direta ao leitor
mdireto@record.com.br ou (21) 2585-2002.

Para minha adorada esposa e parceira no direito,
Kathy Stilling, e para meus filhos, Stephen e Grace.

"Se você julgar as pessoas, não terá tempo para amá-las."

— Madre Teresa de Calcutá

Sumário

Prefácio 11

Declaração inicial 13

Parte I: Um pixel sozinho raramente forma uma imagem 25

Parte II: Presunção de culpa 81

Parte III: Apenas um advogado 105

Parte IV: Um passo para a frente, dois passos para trás 135

Parte V: Nadar contra a corrente 153

Parte VI: *Déjà Vu* 209

Parte VII: Preso em uma chuva de quinhentos anos 267

Parte VIII: Pensar em voz alta 305

Argumentos finais 329

Agradecimentos 345

Prefácio

Na adolescência, eu era o garoto desajeitado que arremessava mal a bola de basquete, o que é sempre terrível quando se tem 14 anos. Por acaso cresci em Indiana, um dos lugares mais apaixonados por basquete que existem. Então, no primeiro ano do ensino médio, fui para a equipe de cross country. Em meio à paisagem de fazendas e subúrbios da região noroeste de Indianápolis, dávamos voltas de 8 quilômetros pelo chão de terra batida ao redor da escola. Na minha cidade, eu costumava explorar as colinas da vizinhança. Eu podia correr sem parar. O desafio para mim era começar a corrida naquelas manhãs quentes e úmidas típicas do verão em Indiana. Quando pegava o embalo e encontrava o ritmo certo, eu não parava. Como esportes competitivos não eram para mim, saí da equipe. Mas por vários anos eu corri longas distâncias, que são menos uma questão de velocidade e mais de ritmo, de continuar a correr e cumprir o percurso.

Escrevo a você diretamente da meia-idade, com a sorte de ter sobrevivido a uma doença grave que pôs um fim aos meus dias de corrida, mas, no meu trabalho como advogado de defesa criminal, eu ainda percorro longas distâncias. Sim, alguns casos são corridas curtas de alta velocidade ou distâncias médias, mas, em outros, obter justiça é uma jornada que leva décadas. Depois que começo, eu não paro. Pois, no fim das contas, não há outra opção.

DECLARAÇÃO INICIAL

Em uma tarde tempestuosa de quarta-feira, encontrei Dean Strang no escritório dele em Madison, Wisconsin, para termos nossa primeira discussão sobre representar Steven Avery, o inocente mais famoso da história daquele estado. Eram umas 15h do dia 1º de março de 2006. No exato momento em que eu e Dean começávamos a conversar, a 220 quilômetros de distância terminava um novo drama do qual nada sabíamos, mas que mudaria tudo. Um rapaz de 16 anos estava sentado no sofá em uma sala da delegacia do condado de Manitowoc. Ele ocultava o rosto redondo com a palma das mãos, pressionando a cabeça. Sentada bem ao lado dele, a mãe tentava arrancar a máscara formada pelas mãos do garoto, sem sucesso. Inclinando-se para a frente, com os cotovelos apoiados nas pernas e segurando a cabeça, ele estava na posição em que as pessoas são orientadas a ficar durante uma queda de avião. O rapaz passou quase o dia inteiro sendo interrogado, oferecendo apenas grunhidos e "é" como respostas. Em uma das frases mais longas, ele perguntou se poderia voltar para a aula, às 13h29, explicando: "Tenho um projeto para entregar."

Um homem falou para a mãe do rapaz, com segurança na voz: "Fazemos esse trabalho há muito tempo, Barb, e sabemos quando as pessoas estão falando a verdade."

O rapaz se chamava Brendan Dassey. Embora o nome fosse desconhecido para mim e Dean na época, logo descobriríamos muito mais sobre ele e o que aconteceu naquele dia.

Enquanto Brendan sofria em Manitowoc, eu e Dean conversávamos sobre a minha entrada na defesa de Steven Avery, que era acusado de matar uma mulher e queimar o corpo no ferro-velho da família. Dean já tinha sido contratado para a função. Por quase uma hora, nós tínhamos falado sobre questões práticas como a divisão do trabalho, o que ele havia descoberto com os defensores públicos que tinham sido advogados de Avery quando ele foi preso pela primeira vez, os recursos disponíveis de Avery para contratar peritos e investigadores e em que pé estava o caso. Até aquela altura, as acusações pareciam se basear apenas em provas circunstanciais.

Foi quando o telefone tocou.

Era um parente de Avery. No começo, Dean estava, basicamente, dizendo "aham" e "sim", então eu não prestei muita atenção e decidi olhar pelo escritório. Nas paredes havia algumas obras de arte retratando eventos na história do direito, um interesse erudito de Dean. Também havia uma mesa para ser usada em pé, que estava meio abandonada e me chamou a atenção porque sofri com problemas de coluna alguns anos antes. Uma prateleira abrigava um troféu, que depois soube que era de hurling, antigo jogo irlandês, ancestral mais intenso e bruto do hóquei sobre grama. Dean não praticava o esporte, mas ganhou o troféu de presente de um amigo.

Nós éramos sócios em escritórios diferentes. Tínhamos trabalhado juntos algumas vezes e eu gostava muito do profissionalismo e da perspicácia dele. Dean não fazia parte do grupo que ficava no fórum só para bater papo. Ele era sensato, um profissional incansável e dedicado, rápido no gatilho. Além disso, era fácil gostar dele, algo importante, considerando que iríamos passar muito tempo juntos.

Ouvi o lado dele da conversa telefônica se modificar. "Você só pode estar brincando. Preso? O sobrinho? *Por quê?*", questionava ele.

Aos 43 anos, Steven Avery já tinha caído uma vez no abismo entre o que se prega e o que se pratica no sistema de justiça criminal dos Estados Unidos. Ele levou mais de vinte anos para conseguir sair da prisão e menos de dois anos para afundar novamente.

Steven Avery havia passado 18 anos preso por uma agressão sexual da qual era inocente, até o verdadeiro culpado ser identificado por meio de testes de DNA, inocentando Steven de modo inequívoco. Agora, ele enfrentava uma acusação ainda mais séria: o assassinato de uma jovem, Teresa Halbach, que tinha ido ao ferro-velho da família dele tirar fotos de propaganda para uma revista especializada em automóveis. Na história inicialmente divulgada pelas autoridades, a culpa de Avery foi decidida de antemão, antes de haver um julgamento e antes de qualquer pessoa além das autoridades policiais terem olhado as provas. Alguns restos carbonizados da vítima foram encontrados perto de uma garagem usada por Avery, o sangue dele estava no carro dela e a chave do carro tinha sido encontrada no quarto dele. Contudo, esta narrativa perfeita de trabalho detetivesco se complicou quando surgiram detalhes sobre as circunstâncias peculiares nas quais as provas que supostamente incriminavam Avery tinham sido coletadas. Alguns dos investigadores nem deveriam estar na propriedade de Avery ou no caso, pois estavam conectados de várias formas à falsa condenação que mandara Avery para a cadeia vinte anos antes. Quando o envolvimento deles foi revelado, a certeza pública da culpa de Avery começou a se dissipar.

Mesmo antes dessa reunião com Dean, eu estava acompanhando a história na TV e nos jornais, como tantas outras pessoas na região de Wisconsin. Minha ligação com o caso era mais profunda que a da maioria das pessoas, pois eu *conhecia* Steven Avery. Quando o crime aconteceu, eu atuava na força-tarefa do Legislativo, criada para investigar o que levou à condenação injusta por estupro que ele recebeu e recomendar reformas no sistema.

A família Avery gerenciava o ferro-velho em um lugar chamado Two Rivers, Wisconsin, que fica no meio do caminho entre o oceano Atlântico e o Pacífico, não exatamente no meio dos Estados Unidos, mas bem perto disso. A cerca de 150 quilômetros ao norte de Milwaukee e 15 quilômetros a oeste do lago Michigan, o ferro-velho fica em um local ermo o bastante para que uma família de renda modesta consiga adquirir 17 hectares de terra. Nele havia milhares de carros, um estoque de ferro-velho que podia ser vendido por quilo ou por peça. Os parentes moravam em trailers ou casas perto do ferro-velho. Era uma empresa e um estilo de vida. Two Rivers não era uma cidade de verdade, nem um subúrbio. Era um mundo a parte, e os Avery viviam às margens desse mundo. E é justamente nesses lugares esquecidos, entre pessoas das regiões menos recomendáveis da cidade, ou que nem em cidades vivem, que os ideais de nosso sistema de justiça criminal são testados à exaustão todos os dias.

Naquele início de tarde, em março de 2006, ninguém imaginaria que aquele ferro-velho e as pessoas ao redor dele iniciariam uma das discussões mais amplas sobre a justiça criminal dos Estados Unidos em décadas. A ideia de que milhões de pessoas acompanhariam o caso Avery dez anos depois era inimaginável naquele momento. Contra todas as probabilidades, porém, este virou o tema de um documentário televisivo com dez episódios de dez horas no total chamado *Making a Murderer*, que fascinou espectadores nos Estados Unidos e no mundo inteiro, sendo que a maioria tinha apenas uma compreensão superficial do sistema judicial do país. De modo inédito, ele mergulhou fundo em um universo que estava longe das vistas do público, mas no qual eu e Dean havíamos trabalhado por décadas.

A saga de Steven Avery se desenrolou em uma narrativa envolvente, cheia de detalhes complexos, e aturdiu muita gente, por ser o retrato de um sistema judicial deturpado nos Estados Unidos.

A história teve viradas de proporções quase shakespearianas, que vou abordar em profundidade mais adiante. Porém, o que houve com Steven Avery não é um caso isolado. Por isso escrevi este livro: para ampliar o foco além daquele caso e tentar mostrar como é o mundo para quem está sozinho, enfrenta uma acusação criminal e, muitas vezes, é desprezado. Como advogado de defesa, meu lugar é ao lado dessas pessoas. Com muita frequência, ser acusado de um crime é virar menos que humano. Meu trabalho consiste em exigir que meus adversários no fórum (os muitos que são honrados e os poucos que não o são) atendam às exigências da lei, mas há muito mais do que o simples trabalho de advocacia. Os advogados de defesa devem lutar não só para assegurar os direitos legais de seus clientes como também para resguardar a humanidade deles, vítimas frequentes da gigantesca máquina dos tribunais.

Ao longo de quase todos os meus 35 anos de carreira foi concedido à aplicação da lei o monopólio sobre a sabedoria e a verdade, uma presunção de virtude que nos levou para longe dos princípios fundamentais que originaram a justiça norte-americana. Os fundadores dos Estados Unidos da América, que viveram em uma época em que o poder soberano foi aplicado de modo cruel e arbitrário, fizeram questão de criar uma nação que protegia seus cidadãos contra os abusos e excessos do governo. John Adams anunciou em suas declarações finais para a defesa no julgamento do Massacre de Boston de 1770 que esta era a fórmula para uma sociedade segura e estável.

"É de maior importância para a comunidade que a inocência seja protegida [...] pois a culpa e os crimes são tão frequentes no mundo que se torna impossível punir a todos [...] Mas quando a inocência em si é levada às barras do tribunal e condenada, especialmente à morte, o réu exclamará: 'É imaterial para mim se ajo bem ou mal, pois a virtude em si não é garantia alguma.' E se tal sentimento ocorresse na mente do réu, haveria um fim para toda a segurança existente."

Junto com os ideais de liberdade, justiça e direitos humanos, os documentos fundadores dos Estados Unidos traziam a negação da cidadania completa a pessoas negras, uma calamidade moral que perdura no sistema jurídico e na sociedade ainda hoje, muito depois de os preceitos ofensivos terem sido retirados da lei. Aplicada de modo imperfeito desde o início, era uma visão nobre que fez os Estados Unidos serem considerados por muitos no mundo "uma cidade brilhante no alto da colina" (palavras de John Winthrop, pioneiro colonizador da baía de Massachusetts, que ganharam fama ao serem adaptadas por Ronald Reagan em seu discurso de despedida em 1989).

Entretanto, com maior regularidade do que as pessoas de fora poderiam esperar, o sistema de justiça criminal dos Estados Unidos leva a resultados não confiáveis, injustos, e, às vezes, os dois ao mesmo tempo. Os tribunais americanos são menos justos e punem mais do que deveriam. O que não é visto pelos espectadores de documentários: homens e mulheres, alguns pouco mais que meninos e meninas, passam pela máquina do sistema todos os dias em situações que raramente levam a julgamento. Isso ocorre porque a vasta maioria dos casos criminais nos Estados Unidos é resolvida por meio de negociações: acordos feitos entre advogados para obter uma sentença em troca de uma admissão de culpa em vez de correr o risco de uma punição mais dura após o veredito do juiz ou do júri.

Mesmo quando os casos vão a julgamento, a presunção de virtude concedida aos promotores pode obscurecer a verdade, como acredito que aconteceu nos julgamentos de Steven Avery. A maioria dos promotores é ética, dedicada a buscar justiça e não só acumular condenações, mas há vários exemplos documentados de indivíduos que corromperam o sistema distorcendo a verdade, ocultando ou destruindo provas e enganando juízes e júris a fim de conquistar e manter o veredito de culpado a todo custo. Isso costuma ser feito com a aprovação tácita dos oficiais a quem servem. Além disso, muitos juízes fazem discursos sobre os princípios magnânimos da justiça da boca para fora, abrindo caminho para que o julgamento tenha um desfecho determinado de antemão.

Isso certamente foi o que aconteceu no caso de Ralph Armstrong, cuja história também será contada nestas páginas. Um inocente que foi condenado por um estupro e assassinato brutais, ele foi vítima de uma conduta inadequada que levou muitos anos para ser descoberta. Armstrong passou a ser meu cliente em 1993, e em março de 2006, exatamente quando Avery ia a julgamento, o caso dele ainda estava em meu portfólio e se movia rumo a um final espetacular. Antes e durante o julgamento de Avery, o caso de Armstrong teve progressos extraordinários que repercutiriam por vários anos.

Como nada disso faz parte de *Making a Murderer*, o caso de Armstrong não é muito conhecido fora de Wisconsin. Mas a história de *Estado de Wisconsin versus Ralph Dale Armstrong* é crucial para entender por que devemos ser cautelosos com a presunção de virtude concedida aos promotores. Alguns deles acreditam firmemente que têm o interesse público em primeiro lugar, e acabam deixando de ser fiéis à verdade e aos rigores do devido processo legal. Um advogado de defesa precisa ser cético quando autoridades policiais, promotores ou ambos tentam controlar até os processos mais "objetivos", como a análise científica de provas. A odisseia épica de Ralph Armstrong prenunciou algumas das irregularidades desconcertantes que surgiram no caso de Steven Avery. O fato de ter levado anos, e até décadas, para que pessoas condenadas injustamente conseguissem ser ouvidas por um juiz precisa ser objeto de intensa reflexão por parte de todos os envolvidos no sistema. Mesmo pessoas que acabaram sendo inocentadas perderam partes imensas e insubstituíveis de suas vidas. Não podemos considerar essa ilusão como justiça.

Independentemente de estar convencida da inocência ou culpa de Steven Avery, a maioria dos espectadores de *Making a Murderer* concorda que a investigação, o processo e o julgamento do assassinato de Teresa Halbach foram maculados pelo conflito de interesses das autoridades policiais, pela divulgação tendenciosa feita por um promotor antiético antes do julgamento e por provas que deixavam mais dúvidas do que forneciam respostas sobre o que realmente aconteceu a Teresa. Foi uma paródia de justiça para ela também.

Eu e Dean não sabíamos de todas essas informações sobre o caso de Avery naquela primeira reunião. Mas, independente de serem reais ou fabricados, nós *realmente* sabíamos que os problemas enfrentados por Avery não desapareceriam sozinhos. Ele precisava de advogados criminais experientes, e nós fomos recomendados pelos advogados que o representavam no processo civil movido por ele devido à prisão injusta anterior.

Foi assim que cheguei ao escritório de Dean e entreouvi o telefonema dele. O tom perplexo do meu colega revelava mais do que ele realmente disse. Após alguns minutos, ele desligou.

"Brendan Dassey foi preso. O primo de Avery. Estão dizendo que ele confessou", anunciou Dean.

O parente que tinha telefonado para dar essa informação não sabia de mais nada, apenas que Brendan, supostamente, tinha confessado algo que o colocou no meio do assassinato de Teresa Halbach, junto com Steven Avery.

Começamos a pensar em voz alta.

Seria melhor eu representar Brendan e deixar Dean lidar com a defesa de Avery? Dean estava no caso há cerca de uma semana e já tinha ido à residência da família.

A perspectiva de defender o sobrinho de 16 anos de Avery era irresistível para mim. Inocente ou não, Brendan Dassey, visivelmente, precisava de um bom advogado para representar seus interesses e separá-los dos interesses do tio. As acusações feitas pelas autoridades policiais de que houve uma "confissão" teriam que ser cuidadosamente avaliadas. Pratico o Direito há tempo suficiente para saber que, ao contrário da crença popular, inocentes às vezes fazem confissões falsas, especialmente os jovens, eles têm problemas mentais ou são vulneráveis de qualquer outra forma. Eu também sabia que a lei do estado de Wisconsin tinha sido recentemente alterada para que todos os interrogatórios de jovens sob custódia fossem gravados, então, haveria provas em vídeo do que Dassey falou às autoridades policiais e também do que foi dito ao rapaz, algo igualmente importante. Contudo, bastou alguns minutos para abandonarmos a ideia. Antes disso, eu e Dean tínhamos falado por uma hora como uma equipe de advogados responsáveis pelo caso de Steven Avery e, portanto, meu dever com ele já havia começado, mesmo que os papéis não tivessem sido formalmente assinados. Meu envolvimento não poderia ser cancelado, mesmo após meros sessenta minutos. Se Brendan Dassey e Steven Avery seriam julgados pelo assassinato de Teresa Halbach, cada um merecia a lealdade exclusiva de seus respectivos advogados.

Nos meses e anos que se seguiram, passou pela minha cabeça que tudo poderia ter sido diferente se eu tivesse representado Brendan Dassey. Naquela tarde, contudo, não sabíamos o que o jovem supostamente tinha falado para se incriminar. A família dele estava tão chocada com aquela reviravolta quanto nós. Como ele confessou? O que ele disse que aconteceu? Havia alguma prova mostrando a veracidade de sua afirmação?

Fizemos uma busca rápida na internet e não encontramos nada útil. O promotor de justiça do condado de Calumet responsável pelo caso, Ken Kratz, falaria sobre a prisão no telejornal da noite. Não poderíamos fazer muito até ouvir o relato dele, então, fui para casa, no subúrbio do oeste de Milwaukee, em uma viagem de carro que levou aproximadamente uma hora. No caminho, soube pelo noticiário do rádio que Kratz e o xerife do condado de Calumet, Gerald Pagel, concederam uma breve entrevista coletiva que assisti pela televisão à noite. Os dois estavam vestidos de modo casual, sugerindo que a situação se desenvolveu rapidamente e não lhes dera tempo para usar terno e gravata. De fato, como eu descobriria depois, eles literalmente saíram correndo para dar a entrevista coletiva assim que o interrogatório de Brendan acabou.

Kratz e Pagel anunciaram que um mandado de busca tinha sido cumprido na residência dos Avery. Um "menor de 16 anos", Brendan Dassey, estava sendo mantido em um reformatório.

"O menor de 16 anos admitiu seu envolvimento na morte de Teresa Halbach, além do envolvimento de Steven Avery nesse crime", explicou o xerife Pagel.

Kratz completou: "O xerife Pagel e eu vamos liberar os detalhes do caso para os meios de comunicação. Como falei, vou fazer a representação criminal amanhã, e às 14h isso será disponibilizado para todos vocês."

Um repórter quis saber se os mesmos prédios que tinham sido vasculhados há quatro meses, antes da prisão de Avery, em novembro de 2005, estavam sendo vasculhados de novo.

Kratz respondeu: "Sim. Fizemos buscas detalhadas naquela propriedade, com o grau de especificidade que recebemos esta semana, sabendo exatamente o que procurar e onde. Foi o que levou à emissão do mandado de busca de hoje."

Após ter obtido algumas informações sobre Brendan Dassey, embora Kratz não detalhasse exatamente a natureza delas, a promotoria procurou um juiz e conseguiu outro mandado.

Em seguida, a mãe de Brendan, Barbara Janda, foi entrevistada. Ela tinha um recado para o irmão, Steven Avery, que assistia da prisão: "Odeio você pelo que fez ao meu filho. Pode apodrecer no inferno."

No estúdio, um apresentador ouviu esse relato e exclamou: "Que história!"

Parte I

UM PIXEL SOZINHO RARAMENTE FORMA UMA IMAGEM

1

Para cada hora que passo no fórum durante um julgamento, há, no mínimo, mais duas a cinco horas gastas com a preparação: análise de provas, entrevista com testemunhas, contratação de peritos técnicos e redação de petições argumentando que esse trabalho árduo (ou parte dele) tem seu lugar diante de um júri. É difícil para quem não é familiarizado com a prática do direito entender quanto tempo um caso que vai a julgamento consome quando estamos fora do fórum, e a preparação para o caso de Steven Avery certamente superava o tempo necessário da maioria dos julgamentos.

Isso queria dizer que o envolvimento em um caso como o de Steven Avery não era uma decisão que eu poderia tomar sozinho. Considerando sua complexidade, o trabalho no caso afetaria minha vida pessoal e profissional. Naturalmente, antes de aceitar a proposta de Dean para representar Avery, precisei discutir isso com minha sócia e minha esposa. Felizmente, elas são a mesma pessoa.

Conheci Kathy Stilling em 1981, no primeiro dia em que trabalhamos como defensores públicos em Milwaukee. Nós nos casamos em 1989 e fundamos nosso próprio escritório, junto com Dudley Williams. Nossa firma era especializada em defesa criminal e tínhamos clientes suficientes para que sustentássemos nossas famílias, mas não tantos que não pudéssemos dar atenção individual a cada um deles. Como nossas personalidades e habilidades se complementam no fórum, ao longo dos anos acabei me unindo a Kathy nos casos complicados, embora tenha se tornado difícil atuarmos ao mesmo tempo em casos com júri quando nossos filhos eram pequenos. Algumas horas depois de meu encontro com Dean, antes do jantar, conversei com Kathy sobre o que o caso Avery significaria para nós.

É raro um funcionário de ferro-velho que possa pagar advogados de defesa particulares, mas Steven Avery era um cliente incomum em todos os aspectos. Na época de sua prisão pelo assassinato de Teresa Halbach, ele quase não tinha recursos financeiros. Como é possível acumular bens durante

18 anos de prisão? Mas ele tinha uma indenização pendente de 36 milhões de dólares pela condenação errônea feita pelo condado de Manitowoc, que o processara em 1985. No período antes do julgamento desse processo civil, os advogados de Avery descobriram fortes evidências de que as autoridades em Manitowoc haviam omitido informações sobre outro suspeito, confirmado posteriormente como o verdadeiro culpado graças a testes de DNA. Se Avery tivesse conseguido ir a julgamento por essas acusações civis ou, pelo menos, continuar as negociações para obter um acordo com o condado, ele provavelmente teria ganhado uma quantia substancial. Mas com outro julgamento criminal pela frente e mais uma vez enfrentando a perspectiva de prisão perpétua, ele estava em extrema desvantagem. Avery precisava de dinheiro rápido, e os advogados civis dele sabiam disso. Foi feito um acordo para encerrar o processo civil poucos dias antes da minha reunião com Dean. Após pagamento de impostos e de despesas do processo civil, Avery ficou com aproximadamente 240 mil dólares. A verdade nua e crua é que cada centavo restante teria que ser usado em sua defesa.

Reservaríamos 20 mil dólares para contratar peritos, investigadores e para as despesas relacionadas, mas já sabíamos que não seriam suficientes. Eu receberia 100 mil dólares, Dean receberia 120 mil dólares, porque o escritório dele, Hurley, Burish & Stanton, era maior que o meu e serviria de escudo quando estourássemos o orçamento, como era quase certo que aconteceria. Ele tinha advogados que atuavam em outras linhas de trabalho mais lucrativas que a defesa criminal, como processo civil e de imóveis comerciais. Assim, Dean poderia pegar um caso que provavelmente seria um ralo de dinheiro, porque seus colegas conseguiriam compensar. Mesmo com os meus honorários, minha representação de Avery prejudicaria meu escritório, que era muito menor. O caso absorveria quase toda a minha atenção pelo ano seguinte. Havia 25 mil páginas de documentos e centenas de horas com gravações de conversas telefônicas que Avery tivera enquanto estava preso, além de provas técnicas que precisavam ser analisadas lenta e cuidadosamente. Se eu fosse pegar a defesa de Steven Avery, Kathy teria que manter nosso escritório funcionando e lidar com todo o trabalho que ela já tinha, além dos novos casos que pudessem surgir.

Eu e Dean não ficaríamos ricos com esse caso. A certa altura ele descobriu que ganhávamos 9 dólares por hora, sem as despesas. Contudo, o dinheiro não era a questão. Esse era o tipo de desafio do qual um bom advogado no auge da carreira não deveria fugir. Kathy entendia isso. Como ela é uma excelente advogada, não precisava de lições sobre o motivo pelo qual os casos mais difíceis podem ser os mais irresistíveis. Nossa maior preocupação, contudo, não era dinheiro ou poder pessoal.

Alguns anos antes, eu descobri que tinha um tipo de câncer das partes moles na perna direita chamado sarcoma sinovial, extremamente raro e letal. Uma longa saga de tratamentos e cirurgias salvou minha vida, mas durante o processo perdi uma imensa quantidade de tecido da perna. Um grande pedaço de músculo do meu abdômen foi desconectado em uma ponta e virado para baixo, de modo a preencher a cavidade em minha coxa direita. Ele não funcionava mais como músculo, mas, mesmo assim, meu estômago estava literalmente em minha perna.

Fiquei afastado do trabalho por um ano inteiro, enquanto Kathy cuidou de mim e de nossos dois filhos pequenos, além de gerenciar o escritório. O julgamento de Avery não seria minha volta aos tribunais, mas será que eu estava saudável para enfrentar um caso que unia a rotina sacrificante e cansativa de um julgamento ao peso extra da imensa cobertura feita pelos meios de comunicação? Eu vinha fazendo tomografias computadorizadas a cada três meses, e todas tinham dado negativo, então, os médicos haviam diminuído a frequência do exame para uma a cada seis meses. Contudo, ainda não alcançara a marca arbitrária de exames negativos por cinco anos, então, havia o medo que existe em qualquer sobrevivente da luta contra o câncer nos primeiros anos: de que a doença voltasse e me debilitasse de novo, ou tivesse consequências ainda piores.

Kathy, contudo, foi otimista: "Você consegue. Você está pronto."

Esse não era o discurso motivacional de uma pessoa apenas dizendo o que eu gostaria de ouvir. Por vários meses, Kathy cuidou, alimentou e tomou conta de mim todos os dias, uma só pessoa lutando pela minha vida, mente e alma como um pelotão de fuzileiros. Ninguém estava mais bem-informado do que ela para me dar uma resposta direta em relação a isso. Se Kathy afirmava que eu estava pronto, eu acreditava nela. Contudo, tínhamos dois adolescentes em casa: Stephen, então com 14 anos, e Grace, com 12. Nessa idade, as crianças provavelmente precisam de mais supervisão do que nunca. Eu e Kathy não tínhamos família na cidade para cuidar deles.

Enquanto eu estivesse defendendo Steven Avery, ela teria que gerenciar o escritório e a casa. Por isso, Kathy acrescentou uma condição: devido a tudo o que precisaria enfrentar, ela não faria qualquer trabalho relacionado ao caso de Steve Avery. "Você vai cuidar disso sozinho. Vão ser apenas você e o Dean", advertiu.

2

Em 2006, eu e Dean já nos conhecíamos há mais de 15 anos. Tínhamos trabalhado juntos em uma série de casos criminais, representando corréus, mas nenhum deles chegou a ir a julgamento. Apesar disso, nunca havíamos trabalhado no mesmo escritório ou tínhamos um motivo para nos vermos diariamente. Tudo isso mudaria em breve.

Embora Dean fosse quatro anos mais novo que eu, eu já ouvira falar dele no início de sua carreira. Ele não tinha interesse em ser advogado quando criança, tendo por objetivo ser cartunista em um jornal, e correu atrás disso por algum tempo na Dartmouth College. Acabou mudando de ideia quando percebeu que um cartunista apenas satirizava os outros, mas não resolvia os problemas para os quais chamava a atenção. Dean estudou direito na Universidade da Virgínia, graduando-se em 1985. Ele montou um grande escritório de advocacia civil e trabalhou cerca de um ano como promotor federal em Milwaukee até ser seduzido pela proposta de Jim Shellow, um dos principais advogados de defesa criminal dos Estados Unidos. Então passou os nove anos seguintes no Shellow, Shellow & Glynn, coincidentemente um dos escritórios que trabalhou no recurso malsucedido feito por Steven Avery após a condenação injusta recebida em 1985. Um dos sócios, Steve Glynn, depois se uniu a Walt Kelly para representar Avery no processo civil contra o condado de Manitowoc.

Eu e Dean trabalhamos juntos várias vezes enquanto ele estava no escritório Shellow e antes de sua saída para se tornar o primeiro defensor público federal no estado de Wisconsin, declarando ao conselho diretor da Defensoria Pública Federal do Leste de Wisconsin que não permaneceria por mais de cinco anos. Dean não queria fazer daquele cargo uma carreira, mas sabia que era a pessoa certa para tirar o novo programa do papel. Cumprindo a promessa, deixou o posto no fim de 2005 para integrar a equipe de defesa criminal do escritório de Steve Hurley, em Madison.

Dean estava no escritório havia poucos meses quando recebeu o telefonema de um integrante da família Avery, perguntando se ele representaria

Steven Avery no caso de assassinato de Teresa Halbach. Primeiro, Dean precisou consultar o novo chefe, já que as exigências do caso Avery o tirariam do páreo para novos clientes. Depois, Dean me convidou para trabalhar na defesa junto com ele. Nossos nomes tinham sido indicados pelos advogados civis de Avery, e Dean esperava que pudéssemos dividir as responsabilidades na defesa.

Desde o início fiquei empolgado com a perspectiva de trabalhar com Dean em um caso tão complexo. Eu sabia que formaríamos uma ótima equipe e faríamos uma oposição formidável aos promotores Ken Kratz, Thomas Fallon e Norman Gahn. Nós respeitávamos a inteligência um do outro e não tínhamos dúvida alguma de que o outro executaria perfeitamente qualquer tarefa recebida. Esse tipo de confiança é importante, pois significa nunca sentir a necessidade de fazer o trabalho do parceiro. Também tínhamos os mesmos ideais, e continuamos assim. Temos uma profunda paixão pela justiça e uma grande compaixão pelos nossos clientes, muitos dos quais são absolutamente incapazes de se defenderem sozinhos no contexto do sistema de justiça criminal dos Estados Unidos. É frustrante quando vemos o sistema falhar com eles, mas isso só nos faz lutar com mais afinco.

O caso Avery testaria nossa crença no sistema como poucos. Ele tinha todos os elementos do poder mastodôntico do governo movido contra um homem que havia sido um pária a vida inteira. Na maioria das cidadezinhas dos Estados Unidos, há pelo menos um indivíduo visto como suspeito pela comunidade e maltratado pelas autoridades policiais desde a juventude. Eles viram o "suspeito de sempre" aos olhos dos policiais e havia uma história similar na vida de Steven Avery. Nós instintivamente entendemos o lugar de Avery no mundo e sabíamos que nossa função era dar a ele a melhor defesa que pudéssemos. Até entrarmos no caso, porém, não fazíamos ideia de como as autoridades policiais estavam dispostas a ir longe para arruinar Avery e derrubar o embaraçoso processo que ele movia contra a cidade onde nasceu. Nós éramos tudo o que havia entre Steven Avery e um grande rolo compressor.

Gosto muito de Dean e aprecio a companhia dele, um fator importante se você vai trabalhar com alguém em um julgamento de seis semanas. O julgamento e toda a preparação que o antecede são tarefas intensas e cansativas, que ficam ainda mais estressantes se você não se der bem com o colega de caso. Tomamos a precaução de alugar apartamentos separados em Appleton, pequena cidade de Wisconsin com aproximadamente 70 mil habitantes, para que ficássemos algum tempo afastados, mas a maior parte desse tempo nós passávamos dormindo. Profissionalmente, nossos pontos fortes e fracos são complementares. Sempre tive um interesse particular na apresentação de evidências forenses e testes científicos em casos criminais, então, eu costumava liderar esses aspectos da defesa de Avery. Dean é um advogado magnífico, com aptidão para a escrita e a análise jurídica. Extremamente erudito, ele se considera um estudioso de como o sistema legal tratou párias e pessoas que estavam às margens da sociedade durante a Era Progressiva norte-americana. Outros podem classificar Dean como intelectual, pois ele escreveu um livro sobre um desconhecido julgamento de anarquistas em Milwaukee, no qual Clarence Darrow teve papel importante, e está trabalhando em um segundo livro sobre um julgamento extraordinário de mais de cem integrantes do Sindicato dos Trabalhadores Industriais do Mundo, ocorrido em 1918.

Por natureza, eu tendo a ser um pouco mais agressivo que Dean, que é sempre um cavalheiro no fórum. Quase que de maneira automática, assumimos os papéis de "policial bom" e "policial mau" com os promotores e testemunhas no caso Avery. Eu nunca tinha trabalhado em um caso contra Ken Kratz antes e fiquei tão horrorizado com as entrevistas coletivas dadas em março de 2006 que não sabia como poderia trabalhar com ele. Em pouco tempo não era segredo para ninguém que eu e Ken Kratz não nos dávamos bem, embora fôssemos gentis um com o outro antes do julgamento. Dean era o principal canal entre nós, enquanto eu preferia lidar com os outros dois promotores do caso, Fallon e Gahn, a quem sempre respeitei.

Eu conhecia a eloquência de Dean muito antes de representarmos Avery, e *Making a Murderer* captou sua prosa fluida enunciada de modo natural e profundo. Não foi por acaso que algumas das declarações mais memoráveis do documentário vieram dele. Após Ken Kratz ter reclamado que o estado seria colocado em tamanha desvantagem por um determinado regulamento jurídico que seria como nadar contra a corrente, Dean respondeu com a famosa frase: "Com todo o respeito ao colega, o estado deve começar todos os casos criminais 'nadando contra a corrente'. E a corrente mais forte contra a qual o estado deve nadar é a presunção de inocência."

3

Um ferro-velho pode parecer caótico, mas tem sua lógica. O que algumas pessoas podem considerar lixo sujo de óleo faz parte do estoque, sendo benéfico para o negócio, talvez uma peça difícil de conseguir para o conserto de outro carro ou uma pechincha por uma transmissão ou motor aproveitável. Sucata de alumínio também pode ser derretida para venda, e os Avery tinham uma caldeira no local para isso.

Dean esperava no ferro-velho dos Avery quando cheguei para minha primeira visita com uma câmera de vídeo para gravar o estado do local. Era um dia ensolarado e anormalmente quente para o início de março em Wisconsin. Eu vestia um casaco de primavera em vez do meu casaco do inverno e calçava botas de cano mais alto com fivela, porque o piso lamacento estava degelando. Pretendia andar pelas fileiras com milhares de carros velhos no "poço", área mais isolada da propriedade e parte da antiga pedreira que ocupava o terreno antes de ser transformado em ferro-velho. Eu e Dean queríamos ver todos os pontos de acesso à propriedade, incluindo estradas de terra que cortavam pedreiras vizinhas.

Investigadores tinham acabado de percorrer o ferro-velho para realizar uma segunda rodada de buscas. A primeira tinha sido realizada em novembro de 2005, após o desaparecimento de Teresa Halbach, quando eles fecharam a propriedade e o ferro-velho por oito dias. Estavam voltando agora, em março do ano seguinte, depois do interrogatório e da confissão de Brendan Dassey.

Caminhamos pelas filas de carros em diferentes estados de conservação, depois fomos até o trailer onde Steven Avery morava. O local já tinha sido vasculhado tantas vezes que ficara inabitável. Todo o carpete fora arrancado, da sala de estar e ao longo do corredor até o quarto de Avery, restando apenas o piso. No quarto, lençóis e fronhas tinham sido retirados do colchão e dos travesseiros. Grandes pedaços de um painel de madeira haviam sido arrancados da parede atrás da cama e de perto de um armário. Algumas peças de mobília tinham claramente sido mudadas de lugar e, gavetas deixadas abertas, mas, além da desordem causada pelas buscas em novembro e as mais recentes, não havia nada a olho nu sugerindo que um crime violento tivesse acontecido ali. Também saímos para olhar a garagem de Avery, cujo piso de concreto tinha sido destruído por uma britadeira havia pouco tempo, aparentemente depois da confissão de Brendan Dassey.

Minha câmera era uma Sony VHS-Hi8 portátil, não exatamente um modelo top de linha, mas adequada para o meu objetivo. Por acaso, eu não era o único com uma câmera no ferro-velho naquele dia. Duas mulheres surgiram da casa dos pais de Steven Avery carregando seus equipamentos. Elas se chamavam Laura Ricciardi e Moira Demos, estudantes de graduação em Cinema de Nova York, que planejavam fazer um documentário sobre o caso Avery. Alguns meses antes, elas tinham lido uma reportagem de primeira página no *New York Times* sobre esse homem condenado injustamente que fora inocentado, libertado e depois acusado em um novo caso de assassinato. Quase imediatamente elas alugaram um carro e dirigiram até Wisconsin para apurar a história.

Àquela altura, elas já tinham trabalhado mais de três meses filmando os procedimentos no fórum e entrevistando a família Avery, além de outros participantes da saga. Eu e Dean estávamos cientes da existência delas e do projeto antes daquele encontro por meio de nossas conversas com a família Avery, embora nenhum deles tivesse se dado conta de que elas estariam na propriedade da família quando chegamos lá. Normalmente, advogados são cuidadosos ao lidar com a imprensa. Não importa a forma pela qual esperamos direcionar a cobertura, os jornalistas não podem ser controlados. O material que rende uma boa reportagem não necessariamente é bom para os interesses do nosso cliente. Nesse caso, porém, Steven Avery já havia decidido: Laura Ricciardi e Moira Demos tinham escrito para ele na prisão e recebido autorização para entrevistar seus parentes. Foi assim que elas acabaram visitando o local junto com os pais de Steven, Allan e Dolores, quando cheguei.

Não poderíamos impedi-las, é claro, mas eu e Dean precisávamos decidir o quanto cooperaríamos com elas, apesar da permissão de Steven Avery. Por isso, nós conversamos no ferro-velho, o que me deu a oportunidade de avaliá-las. As duas cineastas me impressionaram pela inteligência e seriedade com que tratavam o projeto. Elas tinham viajado pelo mundo antes de estudarem Cinema. Ricciardi era bacharel em Direito e tinha trabalhado como assessora jurídica no escritório de um promotor federal e como advogada no Birô Federal de Prisões, estando familiarizada com os processos judiciais. Ela entendia a importância da natureza privilegiada da comunicação entre advogados e seus clientes, e respeitava isso. Moira tinha mais experiência em produção para TV e cinema. Antes de voltar à universidade, ela havia trabalhado em programas de televisão e em vários filmes. Embora um tanto reservada, ela tinha um jeito divertido.

Elas alugaram um apartamento perto do fórum do condado de Manitowoc, e a uma curta viagem de carro da propriedade dos Avery. Visivelmente, elas estavam ali para ficar e produzir um documentário de longa duração que não seria exibido até muito depois dos julgamentos de Steven Avery e Brendan Dassey. Ao acompanhar nossos preparativos, elas poderiam descortinar os processos pré-julgamento que a maioria das pessoas desconhece. Eu sabia de apenas um documentário que tinha abordado os detalhes práticos de uma acusação criminal dessa perspectiva, um filme chamado *Morte na escadaria*, sobre o julgamento de um assassinato na Carolina do Norte, realizado em 2003. Mas o réu, naquele caso, um romancista de sucesso e colunista de jornal, com recursos financeiros substanciais para pagar advogados, peritos e investigadores, era de outro mundo. No ferro-velho, Steven Avery e sua família viviam afastados até dos moradores daquela pequena cidade de Wisconsin. Pouca atenção foi dada às experiências de pessoas dessa classe social ou a como o contato delas com o sistema de justiça criminal costumava se desenrolar. O assunto valia a pena, o risco para o nosso cliente parecia mínimo e talvez pudesse até haver benefícios para ele.

Embora elas fossem cordiais e agradáveis, desde o início, as cineastas formaram opinião própria sobre o caso e a história que contariam. Elas também procuraram ter acesso ao promotor e às delegacias onde trabalhavam os dois xerifes. Se eu e Dean fizéssemos alguma besteira durante o processo, ela, indubitavelmente, faria parte do filme das jovens, caso ele chegasse a ser concluído.

Enquanto escrevo este livro, dez anos depois, vale a pena lembrar que, no início de 2006, o Facebook existia havia apenas dois anos, e ainda disputava espaço com a rede social dominante na época, o MySpace, que desapareceu anos depois. O Twitter ainda não havia sido criado. O iPhone e o iPad existiam apenas como conceitos na mente de Steve Jobs. No andar de cima de uma pizzaria, em San Mateo, na Califórnia, uma empresa chamada YouTube iniciava o processo de descobrir como compartilhar vídeos na internet. As séries de televisão e os filmes chegavam à casa das pessoas por meio de canais a cabo ou abertos, não pela internet. Você também podia assisti-las em casa alugando um DVD ou Blu-Ray em uma locadora. A maior delas, chamada Blockbuster, tinha quase sessenta mil funcionários em nove mil filiais. Alguns anos antes, ela havia recusado uma oportunidade de comprar uma empresa de aluguel de DVDs via correio chamada Netflix por 50 milhões de dólares. Algumas pessoas do mundo da internet diziam que, algum dia, os consumidores seriam capazes de receber filmes e séries de TV diretamente em casa pela internet, mas ainda faltava muito para a ideia virar realidade.

Por mais brilhantes e comprometidas que as jovens cineastas fossem, eram duas estudantes trabalhando com sérias restrições orçamentárias e não tinham expectativa alguma de obter apoio de uma distribuidora até que tivessem algo para mostrar. O capital delas era a energia e a inteligência, e não o dinheiro. Como saber se elas chegariam a *fazer* um filme, que dirá mostrá-lo a alguém (além de, talvez, algumas pessoas em um cinema de arte na cidade de Nova York) ou se, no processo de edição, o produto final seria fiel aos eventos como eles aconteceram?

Eu e Dean tínhamos um cliente a defender e, até onde nos constava, a plateia mais importante para nosso trabalho seriam as 12 pessoas sentadas no júri. Era difícil imaginar o público em geral mergulhando nas entranhas frágeis e feias da justiça criminal. Em todo caso, será que as pessoas entenderiam que a má conduta, a negligência e o erro fazem parte disso, assim como de qualquer outra atividade humana?

4

Vestindo terno e gravata, Kratz e o xerife Pagel assumiram seus lugares para a entrevista coletiva no dia 2 de março de 2006, com grande cerimônia e um toque de falsa superioridade moral, à moda P.T. Barnum. Antes de entrar nos detalhes, Kratz recomendou que o relato não fosse ouvido por quem conhecia Teresa Halbach. E havia mais: "Sei que alguns veículos jornalísticos estão transmitindo isto ao vivo e talvez haja crianças assistindo. Peço a quem tiver menos de 15 anos que pare de assistir a esta entrevista coletiva."

Após uma pausa breve e deliberada, presumivelmente para que as crianças fossem retiradas da sala ou para que as pessoas tivessem a oportunidade de aumentar o volume da TV, Kratz começou sua história: "Nós determinamos o que ocorreu em algum momento entre 15h45 e 22h ou 23h do dia 31 de outubro."

Em seguida, ele e o xerife deram ao público o que chamaram de crônica das últimas horas de vida de Teresa Halbach. Naquele momento, ninguém sabia ao certo quais provas eles tinham obtido para construir tal narrativa. Contudo, seria descoberto a tempo que essas informações vinham de uma só fonte: Brendan Dassey, 16 anos, aluno de educação especial com QI abaixo do normal que fora interrogado por várias horas sem um professor, parente ou advogado a seu lado. Foi assim que Kratz começou sua narrativa:

Brendan Dassey, de 16 anos, que morava ao lado de Steven Avery em um trailer, voltou para casa no ônibus da escola por volta das 15h45. Ele pegou as cartas na caixa de correio e notou que uma delas era para o tio, Steven Avery. À medida que Brendan se aproximou do trailer, quando estava a várias centenas de metros do trailer, muito, muito longe do trailer, Brendan começou a ouvir os gritos. Ao se aproximar do trailer, ele ouviu gritos mais altos pedindo ajuda, e reconheceu a voz como sendo de uma mulher. Ele bateu na porta do trailer de Steven Avery. Brendan disse que bateu pelo menos três vezes e precisou esperar até a pessoa que ele conhece como seu tio, que estava parcialmente vestido e muito suado, abrisse a porta e cumprimentasse o sobrinho de 16 anos.

Kratz continuou:

Brendan acompanhou o tio suado, de 43 anos, pelo corredor, até o quarto de Steven Avery. Lá, eles encontraram Teresa Halbach, completamente nua, algemada à cama. Teresa Halbach implorou a Brendan por sua vida. As provas que descobrimos estabelecem que Steven Avery, naquele momento, convidou o sobrinho de 16 anos a violentar sexualmente a mulher que ele prendera à cama. Durante o estupro, Teresa suplicou por ajuda, implorou ao jovem de 16 anos Brendan para que ele parasse, dizendo que ele poderia acabar com aquilo.

A história era convincente e horripilante, porém, o mais imoral em relação a ela — o fato de Brendan ter sido basicamente coagido pelas autoridades policiais a contá-la dessa forma — não ficaria claro até muito depois da entrevista.

A recitação de Kratz não se assemelhava, *de maneira alguma*, à forma pela qual Brendan Dassey contou a história. Duvida-se até que Brendan seja capaz de fazer um relato coerente, seja verdadeiro ou falso. E quanto aos detalhes atrozes da narrativa, descobrimos posteriormente que Brendan não os criara sozinho. Ele apenas os tinha confirmado, após longas e repetidas sessões de interrogatório com detetives que instigaram, pressionaram, ameaçaram, sugeriram e alegaram até montarem essa versão dos fatos, um momento pavoroso após o outro. Porém, levaria quase um ano até o público tomar conhecimento disso. O escopo total desses interrogatórios era um segredo sujo mantido até do próprio júri de Brendan Dassey. Após o julgamento do assassinato de Halbach, minha missão seria expor a delicada teia de mentiras, promessas e ameaças que foram usadas para prender Brendan. Desembaraçar essa teia foi uma tarefa árdua e levaria anos até que as pessoas notassem o que acontecera.

Naquele momento, contudo, eu estava grudado à tela, ouvindo e assistindo:

"Após a agressão sexual ter terminado", contou Kratz, "Steven Avery disse a Brendan que ele havia feito um ótimo trabalho. Levou Brendan até o outro quarto e então descreveu para Brendan sua intenção de assassinar Teresa Halbach."

Ele estava pintando um quadro de agonia nos últimos minutos da vida de Teresa e não fazia questão de esconder qualquer detalhe. Esse nível de especificidade sobre um crime normalmente é reservado para um fórum, onde será submetido ao escrutínio de um juiz antes de ser apresentado a um júri e, mesmo assim, apenas nas declarações iniciais e nos argumentos finais. Existem fortes motivos pelos quais promotores éticos evitam fazer esse tipo de espetáculo. Apenas um lado de uma história seria a principal reportagem de todos os noticiários de TV. Inevitavelmente, essas apresentações contaminam as perspectivas dos jurados com afirmações que não foram mediadas por um juiz e, nem testadas pela defesa. E, como Kratz devia saber na época da entrevista coletiva devido às buscas anteriores feitas na residência de Steven Avery, essas afirmações específicas eram impossíveis de serem provadas.

"Brendan observou Steven Avery pegar uma faca de açougueiro na cozinha e esfaquear Teresa Halbach na barriga. O que Steven Avery fez depois, enquanto Teresa ainda implorava por sua vida, foi dar a faca ao jovem de 16 anos e orientá-lo a cortar a garganta dela. Brendan, de 16 anos, seguindo as instruções de Steven Avery, cortou a garganta de Teresa Halbach, mas ela ainda não tinha morrido", continuou Kratz.

A história começava a me incomodar, e não apenas por ser absurdamente terrível. Na verdade, era terrível *demais*. Steven Avery a esfaqueou? Brendan Dassey cortou a garganta de Teresa e ela não morreu? Kratz acrescentou novas agressões: Avery começou a socar o rosto da mulher que, segundo o promotor, já tinha sido estuprada, esfaqueada na barriga e teve a garganta cortada.

E esse ainda não era o fim da história.

"Há informações adicionais que incluem estrangulamento e ferimentos à bala", detalhou Kratz.

Eles estrangularam uma mulher após cortarem a garganta dela? E em seguida atiraram? Por temperamento, eu tendo ao ceticismo. Ou talvez isso seja o resultado de décadas passadas em cortes criminais, nas quais toda história tem dois lados. Esta parecia muito inclinada para um lado, só que corria o risco de desabar. Era um imenso exagero.

Na entrevista coletiva, alguns repórteres conseguiram se afastar da enxurrada de horrores para perguntar se a história se baseava em provas físicas.

"Há alguma prova envolvendo DNA apoiando a história do garoto?", perguntou alguém.

Como Kratz estava usando a entrevista coletiva, basicamente, para fazer a declaração inicial do julgamento, a pergunta era perfeitamente lógica. Ela ia direto ao cerne de toda a narrativa que Kratz acabara de recitar.

O promotor, subitamente tímido, pareceu ter antecipado a pergunta e declarou: "Não vamos comentar isso."

Ele fez uma pausa antes de continuar: "Obviamente, nós temos muitas provas, e acho que podemos dizer que há uma quantidade substancial de pròvas físicas que agora fazem sentido e ligam uma série de pedaços."

Na verdade, basicamente, nenhuma parte da história de Brendan Dassey poderia ser corroborada por meio de provas físicas. Contudo, apesar de dois séculos de jurisprudência norte-americana sobre o devido processo legal, não há quase nada impedindo um promotor como Kratz de alegar que "uma quantidade substancial de provas físicas [...] agora fazem sentido" quando resultados de testes de laboratório provaram exatamente o oposto em quase todas as instâncias.

A análise do sistema de justiça criminal raramente chega aos olhos do público. Para ele, policiais e promotores, invariavelmente, são vistos como os mocinhos. Por bons motivos, Kratz pode muito bem não se preocupar em sofrer as consequências se a história que saiu de sua boca na entrevista coletiva for negada por virtualmente todas as provas físicas. Brendan Dassey nunca testemunhou contra Steven Avery: seu relato teria sido destruído por mim e Dean. E onde mais a narrativa de Kratz poderia ser questionada? Em entrevistas coletivas ninguém pode obrigar você a responder uma pergunta inconveniente. Para Kratz, Brendan Dassey estava sendo mais útil como uma assombração gótica em vários noticiários, contaminando os jurados por vários quilômetros. Paradoxalmente, ele teria sido mais perigoso para a promotoria do julgamento de Avery, na qual teria sido testemunha e também prova dos excessos investigativos cometidos pelas autoridades policiais.

Policiais e promotores geralmente *são* os mocinhos. Só que nem sempre isso acontece. E, às vezes, eles passam muito longe disso. Começava a parecer que o caso Avery seria um desses momentos, e logo veríamos o quanto a busca feita por eles se transformou em algo pervertido.

A promotoria não tinha o monopólio das dissimulações que afligiam o caso de Brendan Dassey. Algumas até foram capturadas em vídeo, mas outras, cruciais, não tiveram a mesma sorte. No dia seguinte à entrevista coletiva terrivelmente detalhista de Kratz, Brendan foi levado ao fórum em sua primeira aparição diante de um juiz. Mesmo com tudo o que aconteceu desde *Making a Murderer*, uma parte importante daquele dia ainda passou largamente despercebida, e não foi comentada.

Quando uma pessoa acusada de um crime comparece diante de um juiz pela primeira vez, costuma ser um procedimento de rotina. Em nosso sistema, a polícia e os promotores não podem decidir unilateralmente se alguém pode ser mantido na cadeia após ser detido. Em até um dia, as autoridades precisam aparecer diante do juiz e explicar brevemente por que acreditam que a pessoa em questão cometeu um crime e definir as condições para a fiança, se for o caso. Depois, o juiz decide como seguir adiante.

A promotoria quase sempre consegue satisfazer o baixo padrão de provas exigidas nesse estágio. Geralmente basta uma declaração ou petição inicial juramentada por um policial investigador, mas isso não significa que a defesa possa descartar essa aparição inicial por ser um ritual inútil. A essa altura o réu tem direito de pedir uma audiência preliminar, obrigando o promotor a chamar testemunhas que serão inquiridas pelo advogado do réu. A audiência preliminar não é um julgamento e, na imensa maioria das instâncias, não gera uma ação penal antes de ser iniciada, mas não se trata de um exercício de futilidade, pois bons advogados podem obter informações e descobrir se o estado tem provas robustas ou apontar fraquezas inesperadas. Isso pode ser valioso, porque a maioria das acusações se resolve por meio de transações penais e os termos de um acordo negociado geralmente dependem do quanto a promotoria está motivada para evitar um julgamento. Se houver fraquezas em potencial no caso do estado, a defesa precisa encontrá-las antes de entrar na transação penal. Para qualquer bom advogado de defesa, faz parte do senso comum.

Isso era particularmente verdadeiro em 2006, quando os tribunais de Wisconsin ainda não permitiam a maioria das provas testemunhais indiretas em audiências preliminares. Assim, as testemunhas podiam ser chamadas e questionadas de modo a avaliar a plausibilidade de seus depoimentos. Naquele dia, Brendan foi representado pela primeira e única vez por Ralph J. Sczygelski, advogado particular indicado pelo juiz. Ele imediatamente adotou a narrativa de Kratz, com uma pequena alteração, dizendo sobre Brendan: "Ele basicamente também foi vítima do Sr. Avery."

O juiz definiu a fiança em 250 mil dólares (cerca de R$ 780.000,00), o que estava muito além das posses da mãe de Brendan.

É costume que durante essa primeira aparição diante do juiz os advogados de defesa solicitem uma audiência preliminar, mesmo que não pretendam ir adiante com ela. Essas audiências podem levar até dez dias para acontecer, e a defesa pode cancelar o pedido antes ou no próprio dia da audiência. Porém, não foi assim que Ralph Sczygelski lidou com a situação. No dia da aparição inicial diante do juiz, ele renunciou imediatamente ao direito de Brendan Dassey ter uma audiência preliminar. Depois, ele disse aos repórteres: "Em minha opinião, colocar isso diante do juiz e das duas famílias seria terrível, e não seria de forma alguma proveitoso."[1]

Acaba que "as duas famílias" poupadas por ele da audiência preliminar incluíam uma à qual o próprio Sczygelski estava ligado. Algumas horas após tirar esse importante direito de Brendan Dassey, Sczygelski se retirou do caso, pois descobriu que era parente distante de Teresa Halbach. Essas circunstâncias me deixaram perplexo. A Sra. Halbach tinha sido assassinada havia quatro meses, e o caso vinha sendo uma das principais notícias da região, mas foi só *depois* que Sczygelski apareceu em juízo para defender Brendan Dassey contra acusações de homicídio doloso em primeiro grau, agressão sexual e mutilação de um corpo que ele soube que era parente da vítima? Bom, quando ele descobriu, a representação de Brendan virou um inequívoco conflito de interesses.

---

[1] Associated Press, "Boy 16, Pleads Not Guilty to Brutal Rape and Murder", 4 de março de 2006, *Beloit Daily News*. http://www.beloitdailynews.com/wisconsin/boy-pleads-not-guilty--to-brutal-rape-and-murder/article_ec782efa-7b0a-52ee-97d2-11582ad540f4.html.

Alguns dias depois, um advogado chamado Len Kachinsky foi indicado como suplente. Recebido no fórum por um enxame de repórteres, ele fez questão de expressar seu horror ao que tinha sido feito por Steven Avery e seu cliente:

— Temos um jovem de 16 anos que, embora seja moralmente e legalmente responsável, foi fortemente influenciado por alguém que era o mal encarnado.

Quando fez essa afirmação admitindo a culpa de seu cliente, Kachinsky ainda não tinha encontrado Brendan Dassey, nem falado uma palavra sequer com ele. Eu não sabia disso na época, mas conhecia Kachinsky. Vinte anos antes, eu havia sido um dos fundadores da Associação dos Advogados de Defesa Criminal de Wisconsin, que tinha representantes de todos os distritos judiciais do estado. Kachinsky se inscrevera como representante do distrito de Fox Valley, que incluía Appleton e Oshkosh. Ele foi a algumas reuniões do conselho e acabou saindo após alguns anos. Eu não falava com ele havia dez ou 15 anos. Agora estávamos prestes a nos reencontrar, ainda que rapidamente.

Por mais chocantes que tenham sido as afirmações feitas por Kachinsky à imprensa em seu primeiro dia de trabalho, ele ainda era advogado de Brendan Dassey. Em outro momento, em que ele esteve no fórum para resolver alguma questão ligada ao caso, fui até ele furtivamente e falei sobre Sczygelski, o advogado que ele substituíra.

Segundo minhas lembranças, eu disse:

— Len, esse cara abriu mão do direito importante a uma audiência preliminar quando descobriu o conflito de interesses e nunca deveria ter estado no caso. Você pode fazer uma petição para obter a audiência preliminar de volta. Essa renúncia não tem valor legal.

Kachinsky apenas deu um meio-sorriso e respondeu:

— Ah, tudo bem. Vou pensar nisso.

Ele não demonstrou a menor empolgação com a ideia. Estava indicando, sem dizer explicitamente, que não faria a petição.

Se havia qualquer dúvida que Kachinsky não seria agressivo ao representar Brendan, essa omissão deixou isso bem claro. Pedir para retomar o direito a uma audiência preliminar era algo simples e o óbvio, que *qualquer* bom advogado faria. Seria uma declaração em nome do cliente. Mesmo se

Kachinsky ainda não tivesse percebido que Brendan alegava que era inocente, no mínimo a audiência poderia melhorar a vantagem de seu cliente nas negociações: *Vou fazer essa petição, pois temos direito a isso e o advogado que abriu mão desse direito nunca deveria ter estado no caso, para começo de conversa. Vamos confrontar essa afirmação desde o primeiro dia, e isso inclui ter uma audiência preliminar sobre ela.*

Duas semanas depois, Ken Kratz estava no fórum pedindo que a fiança de Steven Avery, que tinha sido definida em quinhentos mil dólares (cerca de R$ 1,5 milhão) há alguns meses, fosse aumentada para dois milhões de dólares (cerca de R$ 6 milhões). Dean Strang argumentou que Avery deveria receber permissão para hipotecar a propriedade da família. Avery vinha dando entrevistas à imprensa garantindo sua inocência e não havia sinal algum de que iria fugir.

O juiz do condado de Manitowoc que cuidava do caso, Patrick Willis, aumentou a fiança para 750 mil dólares (cerca de R$ 2,5 milhões). Segundo ele, o motivo eram as novas provas do depoimento de Brendan revelando mais violência do que antes.

"Este não é mais um caso puramente circunstancial", declarou o juiz Willis. Isso significava que a acusação de Steven Avery pela morte de Teresa Halbach não se baseava mais em uma cadeia de circunstâncias como a presença dos restos carbonizados dela na propriedade dos Avery ou as gotas de sangue de Avery supostamente encontradas no carro dela. Agora, através das palavras de Brendan Dassey, Kratz alegava a existência de provas diretas quanto ao envolvimento de Avery no crime. Não estava claro para o público em geral (ou mesmo para o juiz) que o relato de Brendan jamais chegaria a fazer parte das provas oficiais contra Steven Avery. Muito menos estava aparente que o relato de Brendan era tão impossível, tão errôneo e tão *contrário* às provas físicas que os promotores não ousariam usá-lo como testemunha.

Também não houve muita discussão naqueles primeiros dias (se é que chegou a haver alguma) sobre a decisão de Len Kachinsky em relação à falta de audiência preliminar ou o escopo da rendição de Brendan.

Claro que, para quem viu o documentário e conseguiu acompanhar todo o caso, dez anos depois, a importância desses eventos não poderia estar mais clara. Contudo, na pressa das reivindicações e nos momentos chocantes que compõem o início de um julgamento, não foi fácil captar a importância disso. Porém, após ter trabalhado com defesa criminal por muitos anos, eu sabia que um episódio ou dois não necessariamente decidem um caso, especialmente quando são tirados de contexto: um pixel sozinho não forma imagem.

Esse treinamento para ver o todo começou no início da minha carreira no direito, mais de 25 anos antes de assumir o caso de Avery.

5

Eu fui o terceiro em uma família de sete filhos e vim ao mundo em setembro de 1956. Durante boa parte da minha infância, moramos em uma região de Indianápolis que não tinha sido totalmente urbanizada. A casa de dois andares onde morávamos ficava ao lado de campos de milho, tinha dois banheiros completos, um lavabo que nunca funcionou e o caos ininterrupto e geralmente feliz de uma família grande.

Nossa mãe, Margaret Mary Bateman, nasceu na Carolina do Norte. A família se mudou para French Lick-West Baden Springs, Indiana, durante a Grande Depressão, em busca de trabalho no famoso resort local. Ela conheceu nosso pai após a Segunda Guerra Mundial, enquanto estudava para o mestrado em química orgânica na Universidade Purdue e ele terminava o doutorado na mesma área. O nome dele na época era Walter Butinsky, mas pouco depois de se casarem ele mudou o sobrenome para Buting. Sempre ouvimos dizer que ele fez isso por estar preocupado que, mesmo após lutar na Batalha do Bulge e ganhar um Coração Púrpura, ter um sobrenome que soava estrangeiro poderia causar problemas no início dos anos 1950, quando o senador Joseph McCarthy fazia a caça às bruxas dos assim chamados subversivos. Muitos anos depois, surgiu uma versão mais complicada e parece que a mudança de nome foi um ato de desafio, um protesto em defesa da mulher que amava.

Meu pai era filho de imigrantes ucranianos, Wasil e Eugenia Butinsky, que tinham sido atraídos para longe da terra natal, nos arredores da Transilvânia, por panfletos que prometiam uma vida norte-americana de riqueza trabalhando nas minas de carvão da Pensilvânia. Eles se conheceram após se estabelecerem na próspera comunidade de emigrados ucranianos perto de Scranton por volta de 1910. Católicos devotos e determinados a ver os dois filhos progredirem no novo país, eles mandaram tanto meu pai quanto a irmã dele para a faculdade. Meu pai foi à Universidade de Scranton, dirigida por padres jesuítas.

Após a guerra, meu pai saiu da área de Scranton para fazer pós-graduação e acabou em Purdue. Meus avós não ficaram felizes quando ele se apaixonou por uma irlandesa-americana católica romana de Indiana. Afinal, havia um monte de belas garotas ucranianas em Scranton. Minha mãe e a mãe dela, Grace, decidiram surpreender os Butinsky com uma visita. As duas pegaram o trem de Indiana para Scranton e, quando lá chegaram, meu avô atendeu a porta. Ninguém mais as cumprimentou. A esposa e a filha deles, minha avó paterna e minha tia, ficaram no andar de cima.

Minha avó materna ficou incrivelmente aborrecida, após ter feito uma viagem tão longa. "Vocês podem não aprovar, mas estes dois jovens estão apaixonados e vim aqui para vê-los, avaliar se vocês são bons o bastante para minha filha", comentou ela segundo o folclore da família.

Os Butinsky não cediam. Meu pai também estava lá, mas não conseguiu convencer a mãe e a irmã a descerem para conhecer a noiva e futura integrante da família.

Quando eles voltaram a Indiana, meu pai escreveu cartas e mais cartas para a mãe dele, dizendo que amava Margaret e pedindo que a mãe se desculpasse, sem sucesso. Até que escreveu uma última vez e contou aos pais e à irmã que eles não estavam convidados para o casamento.

Com o doutorado, meu pai foi trabalhar para a Eli Lilly, empresa farmacêutica fundada e sediada em Indianápolis. Minha mãe estava totalmente ocupada cuidando da casa e criando os filhos, pois os cinco primeiros vieram em rápida sucessão. Uma casa com nove pessoas como a nossa não era incomum naquela época e local. Uma família da vizinhança tinha 14 filhos, outra, tinha 11. Éramos uma família de tamanho médio.

Nossa casa em Winding Way, na região nordeste de Indianápolis, ficava a uma breve caminhada da igreja católica, e a vida girava em torno de suas instituições. Todos nós estudamos em escolas católicas e tínhamos parentes que integravam ordens religiosas. Um dos meus irmãos cogitou virar padre por um tempo e, quando não estávamos brigando, nós "brincávamos" de missa. Nossa mãe chegou a costurar pequenas batinas para nós.

Com cinco meninos competitivos em casa, também encontramos muitas formas pouco devotas de brincar, disputar e brigar. Eu dividia um quarto com dois irmãos mais velhos, Tom e John, que eram bons atletas. Magro e desajeitado, eu quicava a bola de basquete e ela saía voando para longe dos meus pés. Uma vez, durante uma disputa de luta livre no quarto, fui jogado na porta de um armário, que se despedaçou e quebrou, como a parede de um *saloon* em um faroeste de TV. De alguma forma, eu naturalmente me aliava ao azarão. Todos nós tínhamos times de futebol americanos do coração, mas o meu era o Dallas Cowboys, que fãs de esportes de hoje podem não considerar digno de pena, mas, em 1966, os Cowboys eram novos na liga e tinham pouca probabilidade de superar o poderoso Green Bay Packers, com quem disputaram o campeonato da NFL por dois anos seguidos.

À medida que vinham mais filhos, meu pai percebeu que o salário de um químico orgânico não seria suficiente para sustentar a família. Um dos chefes dele na época o estimulou a ser advogado especializado em patentes. Ele seguiu o conselho e, por cinco anos, estudou direito à noite e praticou química orgânica durante o dia. Após ter me formado em direito e conhecendo as exigências do curso, fico impressionado por ele nunca ter parecido ausente para mim quando criança. Após passar no Exame da Ordem, um dos primeiros casos em que meu pai trabalhou foi negociar uma licença para a Eli Lilly com a Genentech, empresa relativamente nova de biotecnologia que tinha criado um método para fabricar insulina sintética. Anos depois, quando a Genentech buscava um advogado de patentes, a empresa convenceu meus pais a se mudarem para a Costa Oeste, onde ele trabalhou até se aposentar.

Eu segui meus dois irmãos mais velhos, Tom e John, para fazer o ensino médio na Brebeuf High School, escola dirigida por jesuítas que na época era só para meninos. Eu basicamente desisti dos esportes coletivos e entrei no clube de teatro, uma boa forma de conhecer meninas de outras escolas. Do contrário, as garotas não teriam participado de nossa vida diária.

Como meus irmãos, fui para Universidade de Indiana em Bloomington. Cresci na década de 1960, quando a chegada do homem à Lua e a exploração espacial dominavam a cultura dos Estados Unidos, e eu era fascinado por *Jornada nas Estrelas* e todo tipo de ficção científica. Eu não tinha pretensão de algum dia virar astronauta, mas talvez o estudo do espaço satisfizesse meu interesse. O plano era me graduar em astronomia. Após uma semana, contudo, percebi que ficar sentado no alto de uma montanha a noite inteira, sozinho, olhando através de um telescópio não era envolvente o suficiente para mim, em termos sociais. Astronomia era um hobby, não uma carreira.

A justiça criminal, por outro lado, parecia atraente. Entre meus programas de TV favoritos estavam *Perry Mason* e *Judd for the Defense*, dramas jurídicos que mostravam o advogado de defesa criminal como uma ocupação honrada. Então, passei a estudar no departamento de estudos forenses, que tinha bons cursos sobre assuntos importantes, como direito penal, estatuto da criança e do adolescente e processos.

Embora minhas notas fossem boas, jamais seria confundido com um "CDF". Uma das principais realizações dos meus anos de faculdade foi criar um grupo informal com alguns amigos conhecido como "Ass Kickers, Inc." ("Os Bambambãs, Ltda.", em tradução livre). Nossa ideia era organizar uma festa para estudantes que moravam fora do campus em Bloomington e não faziam parte da festança hedonista anual, organizada pelas fraternidades e outros grupos. O evento era motivado pela prova de ciclismo Little 500 (inspirada na corrida automobilística 500 Milhas de Indianápolis, mas com bicicletas, a corrida foi tema do filme *O vencedor*). Como tesoureiro, eu gerenciava os fundos. Ao emitir certificados de ação inventados em nome da "Ass Kickers, Inc.", arrecadamos o suficiente no primeiro ano para comprar dez barris de chope e contratar uma banda. No segundo ano, o evento explodiu em popularidade e passou a ser organizado por amigos que ficaram para trás em Bloomington. Acabou virando um mini-Woodstock do Meio-Oeste, com mais de cem barris de chope e sete bandas tocando noite adentro.

Como tantos colegas da minha geração, tive a infância definida pela inquietação social do movimento pelos direitos civis e pela Guerra do Vietnã, e idealizei minha capacidade de transformar o mundo em um lugar melhor. Nem a corrupção inexprimível de Watergate diminuiu esse entusiasmo. Eu estava prestes a me graduar como bacharel em estudos forenses e também em história, dois assuntos que naturalmente me preparavam para o curso de direito. Decidi que a lei seria a minha carreira e, como advogado de defesa criminal, poderia usar meu dom para advogar em prol dos oprimidos pela sociedade e, talvez, melhorar a vida deles. A ótima nota que tirei no LSAT me permitiria entrar nas principais faculdades de direito.

Ao visitar faculdades de direito onde eu poderia estudar, as viagens me levaram à Carolina do Norte, onde conheci a faculdade pública da Universidade da Carolina do Norte em Chapel Hill e a Universidade Duke, em Durham. Fui à Duke em uma quinta-feira, que teria sido noite de festa em Bloomington. Sair às quintas-feiras virou um hábito dos meus anos de faculdade tanto quanto ir à missa de domingo quando criança, mas ninguém conseguia me indicar onde poderia ir para me divertir naquela quinta-feira no campus da Duke. Todos sugeriram Chapel Hill, então, fui para lá, e acabei me matriculando.

Parando um pouco mais para pensar, eu poderia ter percebido que se eu quisesse treinamento mais clínico em direito (isto é, experiência prática no fórum, ao contrário de estudar precedentes e estatutos em livros), uma escola de cidade grande ofereceria mais oportunidades para isso, mas eu me dei bem em Chapel Hill. Dois dos meus professores, David Rudolf e Richard Rosen, estavam abrindo um programa clínico que mandava alunos aos tribunais dos condados próximos com supervisão de advogados mais experientes. Isso me deu a oportunidade de falar com pessoas acusadas de crimes e de avaliar incialmente que uma das tarefas mais importantes de um advogado de defesa criminal é representar seu cliente como ser humano, e *não* apenas como réu criminal. Você está tentando ajudar e persuadir a promotoria, o juiz e o júri a verem a pessoa que está na frente deles como mais do que um réu em um caso criminal. Você não está pedindo que negligenciem o delito, e sim garantindo que o olhar deles não pare nisso. Seja na transação penal ou em um julgamento, você quer que eles levem em conta a acusação no contexto da vida dessa pessoa. Quando é do interesse de alguém negociar um acordo, é preciso que o juiz e a promotoria entendam se o individuo estava preparado para assumir a responsabilidade pelo que fez e também como e por que as coisas deram errado. Essa experiência também me deu a oportunidade de estar em um fórum e os professores deixaram claro quando eu estava seguro o bastante para atuar sozinho.

Tenho orgulho de dizer que concorri a presidente da turma em minha primeira semana de estudos em Chapel Hill e, mesmo não conhecendo uma só pessoa em mil quilômetros, venci. Foi uma campanha simples, baseada em uma estratégia testada e aprovada que desenvolvi em Bloomington: organizar uma festa de arromba. Era isso. Afinal, éramos estudantes de primeiro ano, sem poder algum, e qualquer proposta mais séria teria sido bobagem.

Isso me jogou na vida estudantil bem rapidamente, mesmo que eu não bebesse álcool na época. Ao longo da faculdade, trabalhei para pagar as contas e, no verão antes de entrar na faculdade de direito, trabalhava no segundo turno na fábrica da General Electric em Bloomington, produzindo refrigeradores. Meus almoços eram sanduíches comprados em máquinas e, depois do trabalho, eu ia aos bares locais para provar o uísque vagabundo da região. No fim daquele verão, adquiri uma úlcera e precisei me abster do álcool. Não que isso tenha feito minha plataforma de campanha de dar festas ser totalmente altruísta: eu me curei da úlcera assim que pude.

O verão seguinte, entre o primeiro e o segundo ano de faculdade de direito, foi um pouco mais sério, além de quase tão estressante quanto o trabalho na fábrica. Ficar na Carolina do Norte permitia que eu me qualificasse para a mensalidade paga por quem vive no estado, de aproximadamente seiscentos dólares (cerca de R$ 1.800,00) por ano, então eu arranjei um emprego fazendo pesquisa para um professor que estudava como a pena de morte era aplicada. Quatro anos após a Suprema Corte dos Estados Unidos ter criado uma verdadeira moratória em relação à pena de morte com sua decisão de 1972 em *Furman v. Georgia*, o caso *Gregg v. Georgia* (1976) trouxe a punição de volta, autorizando um sistema de duplo julgamento em casos capitais. Primeiro, o júri decidiria a culpa ou a inocência do réu e, depois, se a pena seria de morte ou prisão. Isso deu a milhares de tomadores de decisão locais (leia-se: promotores) a autoridade para punir como lhes conviesse. A pesquisa desse professor tinha por objetivo mapear como esse arbítrio era exercido. Em um condado, uma briga de bar entre bêbados que terminava com alguém esfaqueado até a morte seria considerada homicídio com grau atenuado de culpa, um crime grave, sem dúvida, mas sem possibilidade de condenação à cadeira elétrica ou injeção letal, mas em outro condado o mesmo tipo de desventura seria considerado crime capital.

De modo a coletar dados para o projeto do professor, fomos ao Instituto Médico Legal de cada condado obter os registros de cada morte violenta, depois analisamos os relatórios policiais e verificamos o que aconteceu nos tribunais, quando o caso foi a julgamento. Lembro-me vividamente da mulher que despejou água fervendo no marido enquanto ele dormia. Foi um assassinato deliberadamente cruel e minuciosamente planejado, mas ela não foi acusada de um crime que poderia levar à sentença de morte. Por outro lado, um nativo americano da tribo Lumbee que matou um homem com as próprias mãos enquanto estava bêbado, em uma briga de bar, sem qualquer premeditação clara, foi condenado à pena máxima. Eu aprendi muito sobre o uso desequilibrado e injusto da pena de morte naquele verão e como a raça da vítima e do acusado eram fatores decisivos para a condenação.

No verão seguinte, tive minha única experiência trabalhando para a acusação quando atuei como estagiário no Ministério Público do Distrito de Colúmbia. Ter visto o quanto os promotores fazem seu trabalho de modo íntegro e honesto me ajuda até hoje como advogado de defesa.

Com a passagem do tempo, é intrigante olhar para meus dias na faculdade de direito e o início de minha carreira como advogado. Percebo agora que algumas das decisões fundamentais tomadas pela Suprema Corte dos Estados Unidos que consideramos pilares do nosso sistema judicial moderno — como *Gideon v. Wainwright* (1963), estabelecendo que a Sexta Emenda garantia o direito a um advogado independentemente da capacidade de pagar por ele, e *Miranda v. Arizona* (1966), exigindo que a polícia informasse as pessoas presas em relação a seus direitos — ainda eram muito novas, com poucas décadas de implementação. O concreto ainda não tinha endurecido. O sistema judicial era mais frágil do que eu imaginava.

O crack entrou na consciência nacional quando eu estava na faculdade. Muitas ideias corrosivas originadas na arena política foram impostas ao sistema de justiça criminal, incluindo sentenças mínimas obrigatórias e a diminuição da maioridade penal. Transformar problemas sociais em casos criminais por meio do encarceramento virou uma solução genérica para questões complexas, mas colocar essas pessoas atrás das grades dificilmente resolvia algo e só aprofundava o fosso que mantinha as pessoas em circunstâncias difíceis. Os Estados Unidos são o país que mais encarcera no mundo, à frente das taxas de encarceramento em países considerados muito mais autoritários.[2] E, ao longo da história norte-americana, o peso

---

[2] Roy Walmsley, *World Prison Population List*, 11ª edição, Institute for Criminal Policy Research, 2015. http://www.prisonstudies.org/sites/default/files/resources/downloads/world_prison_population_list_11th_edition_0.pdf.

da disfunção judicial caiu mais forte sobre os homens afro-americanos e outras pessoas não caucasianas.

Novas leis federais puniam o uso do crack de forma cem vezes mais severa que o da cocaína em pó. Isto é, a forma de cocaína usada em comunidades negras e latinas era punida de forma muito mais severa do que a usada entre os brancos.[3] Quase metade das prisões relacionadas a drogas nos EUA são por posse de maconha, número que aumentou na primeira década do século XXI. Embora negros e brancos usem maconha na mesma proporção, um estudo feito pela União Norte-Americana pelas Liberdades Civis em 2013 descobriu que uma pessoa negra tinha probabilidade 3,73 vezes maior de ser presa por isso.[4] Em 2014, 6% de todos os homens negros entre 30 e 39 anos estavam na prisão, comparados a 2% de hispânicos e 1% de brancos na mesma faixa etária.[5] E não são apenas crimes relacionados a drogas. De 455 homens executados por estupro na metade do século XX, 405 eram negros.[6] Considerando esses padrões contundentes, não deveria surpreender que, segundo estudo feito pelo Innocence Project em 2012, aproximadamente 70% das pessoas inocentadas por testes de DNA nos EUA fazem parte de minorias, e 63% são negras.[7] Outra análise, feita em 2015, revelou que 10% das pessoas inocentadas por testes de DNA tinham sido presas quando menores e julgados como adultos. Desse número (34),

---

[3] Jim Dwyer, "Rewriting the City's Record on Prisons", *New York Times*, 2 de janeiro de 2014, A14. http://www.nytimes.com/2014/01/03/nyregion/rewriting-the-citys-record-on--prisons.html?_r=0.

[4] American Civil Liberties Union, "The War on Marijuana in Black and White", junho de 2013. https://www.aclu.org/files/assets/aclu-thewaronmarijuana-rel2.pdf.

[5] E. Ann Carson, "Prisoners in 2014", United States Department of Justice, Office of Justice Programs, Bureau of Statistics, setembro de 2015. http://www.bjs.gov/content/pub/pdf/p14.pdf.

[6] Lincoln Caplan, "Racial Discrimination and Capital Punishment: The Indefensible Death Sentence of Duane Buck", *The New Yorker*, 20 de abril de 2016. http://www.newyorker.com/news/news-desk/racial-discrimination-and-capital-punishment-the-indefensible-death--sentence-of-duane-buck.

[7] Edwin Grimsley, "What Wrongful Convictions Teach Us About Racial Inequality", The Innocence Project, 26 de setembro de 2012. http://www.innocenceproject.org/what--wrongful-convictions-teach-us-about-racial-inequality/.

32 fazem parte de minorias e trinta desses 32 inocentados por testes de DNA são negros.[8]

Um dos meus professores favoritos em Indiana, Victor Streib, foi um defensor precoce e nacionalmente respeitado de reformas no sistema de justiça para jovens infratores. Ele destacava essas questões há quarenta anos, e hoje elas são um tema ainda mais urgente na discussão sobre justiça e os jovens nos Estados Unidos. Brendan Dassey, que era cronologicamente adolescente, mas uma criança em termos emocionais e intelectuais, foi tratado como adulto.

---

[8] Edwin Grimsley, "Lessons About Black Youth and Wrongful Convictions: Three Things You Should Know", The Innocence Project, 1º de maio de 2015. https://www.innocenceproject.org/lessons-about-black-youth-and-wrongful-convictions-three-things-you-should-know/.

6

Na década de 1980, assim como hoje, um fluxo de recrutamento fazia parte da máquina operacional dos grandes escritórios de advocacia particulares dos EUA. Eles tinham ciclos regulares nos quais contratavam recém-formados para substituir advogados que se aposentavam ou pediam demissão. Nos níveis mais altos, era algo maravilhoso de testemunhar. Recrutadores dos grandes escritórios corriam aos campi das principais faculdades de direito e entrevistavam os melhores alunos. Os candidatos promissores eram enviados em voos de classe executiva para grandes cidades como Nova York, Los Angeles, Chicago, São Francisco e Houston.

Subitamente, alunos que viveram de congelados de micro-ondas e macarrão com queijo por três anos sentiam um gostinho da vida de luxo. Eles eram colocados em hotéis quatro estrelas, levados para jantares com vinho e ganhavam ingressos com ótimos lugares em jogos importantes e nos principais sucessos da Broadway, além de cruzeiros com jantares. E se esses escritórios gostassem de você, tentariam contratá-lo. Não havia espera para ver se haveria um orçamento para as novas contratações. Você recebia uma oferta e era contratado, simples assim.

Sempre funcionou de modo diferente nas promotorias públicas.

Na primavera de 1981, quando eu terminava a faculdade em Chapel Hill, não fui convidado para nenhum desses passeios de recrutamento. Eles não estavam procurando por mim e eu não estava procurando por eles, pois estava interessado apenas na defesa criminal. Eu procurava trabalho como defensor público em cidades com fama de ter bons programas do tipo, e pagava do meu bolso para isso. Como acontece nas grandes empresas de advocacia e promotorias, os serviços de defensoria pública têm atritos e troca de funcionários. Ao contrário das grandes firmas, os escritórios de defensoria pública não têm orçamento para recrutar os melhores e mais brilhantes. Geralmente eles não fazem ideia de como será o orçamento de um ano para outro.

Como Seattle tinha uma defensoria forte, reservei a passagem para o Noroeste do Pacífico e fui de avião para Portland, onde meu irmão, John, já trabalhava como advogado generalista, atuando em uma mistura de defesa criminal, direito de família e processos por danos morais. Isso significava que eu também poderia fazer entrevistas lá quando estivesse a caminho de Seattle. E, em um golpe de sorte, meu voo para Portland teve uma parada longa em Denver. A maioria dos viajantes odeiam essas escalas, mas o escritório da defensoria pública de Colorado, em Denver, também era muito conceituado. Essa parada me deu tempo suficiente para sair do aeroporto, correr ao escritório, fazer uma entrevista e conseguir pegar meu voo para o Noroeste. Essa não foi uma turnê de recrutamento luxuosa. Se eu tivesse como arranjar tempo para encaixar outra cidade naquela escala, certamente teria feito isso.

Tal busca por emprego mostra o baixo valor que nosso país atribui aos serviços de defensoria pública, mesmo que eles existam para aplicar a garantia constitucional de que ninguém que receba uma acusação criminal seja obrigado a comparecer diante de um juiz sem advogado, não importa o quão pobre seja. Em Denver, Portland e Seattle eu fiz boas entrevistas em todos os escritórios de defensoria pública; todos pareceram interessados em me contratar, mas nenhum tinha certeza se teria vaga enquanto a legislatura estadual não aprovasse o orçamento e os governadores o assinassem. Durante minha turnê de entrevistas, também ouvi que havia um bom programa estadual de defensoria pública em Wisconsin, e guardei isso na cabeça. Wisconsin ficava no Meio-Oeste e não tinha montanhas ou praias, paisagens das quais aprendi a gostar após três anos em meio à beleza da Carolina do Norte. Além disso, eu pensava ter vivido meu último inverno frio e com neve quando saí de Indianápolis.

Quando me formei, ainda não tinha uma oferta sólida nas mãos. Complicando ainda mais a situação, havia a exigência de que todos os recém-formados fizessem o Exame da Ordem, reconhecido pelo estado onde desejavam advogar. Muitos estados agora aplicam um teste comum, mas Colorado não fazia isso na época. O teste deles também abria as inscrições bem antes dos outros, significando que eu precisaria gastar 350 dólares (em dólares de 1981) sem saber se realmente chegaria a trabalhar lá. Era uma quantia irrisória para grandes escritórios de advocacia, que ainda contratam jovens já contando que eles passem uma parte da semana de trabalho se preparando para o Exame da Ordem e até fornecem orientação para isso. Para mim, era uma quantidade *colossal* de dinheiro, mais da metade do valor anual que eu pagava na faculdade.

Liguei para o escritório da defensoria pública do Colorado e deixei claro que eu não tinha condições de pagar 350 dólares (cerca de R$ 1.000,00) se não tinha chance de ser contratado. Eles disseram ter gostado muito de mim e queriam me oferecer a vaga formalmente, mas não podiam fazer isso até o orçamento estadual ser aprovado e virar lei. Apesar disso, eles recomendaram que eu me inscrevesse no exame, mas não segui o conselho. Não estava convencido de que a vaga realmente apareceria. Eles acabaram me fazendo uma proposta depois que a data de inscrição para o teste já havia passado.

Quando veio junho, decidi tentar a sorte em Wisconsin, mandando uma carta e meu currículo.

Alguns dias depois, recebi um telefonema do defensor público adjunto, Jim Rebholz:

— Você devia vir aqui para uma entrevista.

— Não tenho condições financeiras. Se eu for, quais são minhas chances?

— Não podemos pagar suas despesas, mas, neste ano específico, fizemos um esforço para contratar estudantes de direito vindos de outros estados para obter perspectivas diferentes e trabalhar só com graduados de Wisconsin ou Marquette. Então, por que você não aparece aqui?

Fui para Indianápolis de avião, peguei emprestado o velho Chrysler dos meus pais e dirigi até Milwaukee. A maioria dos chefes não estava disponível e o único que me atendeu, Kevin Dunn, foi chamado ao fórum assim que me sentei.

— Venha comigo — convidou ele.

Depois Kevin me levou a um boteco chamado Jim Hegarty's, a um quarteirão do fórum, na West Wells Street. Lá, um dos principais supervisores do escritório, Rod Upoff, nos encontrou e fez minha entrevista de emprego junto com Kevin. Em pouco tempo, um grupo de jovens advogados do escritório juntou-se a nós. Recém-chegados de um curso de duas semanas feito em Houston e gerenciado pelo National Criminal Defense College, eles estavam empolgadíssimos porque participaram de julgamentos simulados do início ao fim, questionaram possíveis jurados, fizeram declarações iniciais, inquiriram testemunhas e fizeram considerações finais. Diariamente, eles eram entrevistados e treinados sobre o que fizeram e assistiam a uma palestra feita por um advogado experiente. O entusiasmo deles me contagiou: era um grupo apaixonadamente dedicado à defensoria pública e também a apreciar uma cerveja no Jim Hegarty's, em uma combinação vencedora. Recebi a oferta de um emprego com salário de 19.200 dólares (cerca de R$ 60 mil). Era metade do que grandes escritórios de advocacia pagavam aos funcionários em seu primeiro ano de contratação, mas não era ruim para os padrões da defensoria pública, embora isso não signifique muito. Aceitei, e nunca me arrependi de ter me mudado para Wisconsin.

Antes disso, contudo, eu precisava terminar o verão em Chapel Hill, onde já havia me inscrito em um curso para o Exame da Ordem. Wisconsin é o único estado que dispensa estudantes que frequentaram uma de suas faculdades de direito, Marquette ou Universidade de Wisconsin, de fazer o Exame da Ordem. Por ter feito direito em Chapel Hill, não recebi esse benefício e, por ser de outro estado, eu precisava fazer o exame de dois dias. Um dia era dedicado ao exame comum, que cobrava a legislação geral aplicada em todos os estados, e o curso da Carolina do Norte seria o suficiente para a preparação. Contudo, eu precisaria estudar a legislação específica do estado de Wisconsin sozinho. Em minha opinião, exames de ordem são uma medida amplamente inútil como preparação para advogar. Acredito que eles funcionam na verdade como pedágios para limitar o número de advogados que podem ir a um determinado estado e competir por empregos. As jurisdições mais procuradas por advogados, seja pelo dinheiro, poder ou clima quente (Califórnia, Nova York, Arizona), geralmente apresentam taxas de reprovação maiores no Exame da Ordem, diminuindo a probabilidade de muitos advogados ambiciosos tentarem dividir o bolo. Wisconsin não era exatamente um ímã de advogados e a taxa de aprovação no Exame da Ordem passava dos 90%, comigo incluso.

Enquanto aguardava na fila da inscrição para o exame em Madison, ouvi outras pessoas falando sobre trabalhar como defensor público. Elas também vinham de outros estados, como Georgetown, Virgínia, Boston College e outras faculdades da Costa Leste, e tinham começado no escritório da defensoria naquele verão antes de passar no Exame da Ordem. Um deles, Dudley Williams, aluno de Georgetown, acabaria virando meu sócio anos depois.

No dia 1º de setembro de 1981 eu me apresentei para o trabalho junto com três outros advogados recém-formados pela faculdade de Direito da Universidade de Wisconsin, incluindo minha futura esposa, Kathy Stilling. Usei meu único terno, que havia comprado na faculdade para ter o que vestir em entrevistas, e fui para o trabalho dirigindo meu Buick LeSabre 1971 com mais de cem mil quilômetros rodados. Apenas quatro de seus oito cilindros funcionavam. Nos dias frios, eu colocava um lápis no carburador de modo a adicionar oxigênio ao combustível para que a combustão pudesse acontecer e, talvez, fazer o motor ligar. Quando isso não funcionava, eu ia a pé ou pegava um ônibus.

Nossa primeira tarefa era entrevistar pessoas que acabaram de ser presas. Nós verificávamos se elas eram bem pobres para se qualificarem a ter um advogado público para representá-las em suas aparições iniciais diante do juiz. Como novos advogados da equipe, passamos a maior parte do tempo redigindo argumentos para determinação de fianças. Depois, passamos à seção de contravenções penais, trabalhando para subir na hierarquia e lidar com crimes mais sérios. Nós atuávamos em duplas: um ficava no fórum enquanto o outro fazia entrevistas na prisão, que fica atrás do fórum. Vários de nossos clientes eram sem-teto ou estavam em situação muito difícil. Dava para respirar o mundo deles. E, nesse mundo, ser preso era algo comum.

Apesar disso, nem todos pareciam derrotados. Um dia, uma mulher acusada de prostituição durante uma operação policial foi levada para a cadeia pública. Quando eu a encontrei, ela estava furiosa, pois tinha sido abordada por um policial disfarçado, e a regra de conduta geralmente aceita nessas situações exige que o policial disfarçado faça a prisão antes de se engajar em qualquer tipo de contato íntimo. Se um cliente avançasse para a intimidade física, a prostituta saberia imediatamente que ele não era policial. Por outro lado, se o cliente relutasse para ir adiante com o ato que acabara de negociar, ela teria tempo de recuar e talvez evitar a prisão. Aparentemente, o policial responsável pelo caso não foi tão contido.

— Aquele filho da p*** gozou na minha boca! Só depois ele me prendeu — reclamou ela quando a entrevistei.

Ela estava tão agitada que acreditei em sua versão. A moça também não era muito contida. Quando fomos ao fórum, depois, ela beliscou a minha bunda. Mantive a compostura e o juiz não ficou sabendo de nada.

Após ter passado algumas semanas em Milwaukee, aproveitei a hora do almoço para ir a um pequeno banco no mesmo quarteirão. Eu não tinha qualquer ligação com o estado, apenas um recibo de pagamento de salário para comprovar que estava trabalhando. Quando fui levado até o vice--presidente do banco, disse que precisava de um empréstimo para comprar alguns ternos.

— Quanto? — quis saber ele.

— Talvez seis mil dólares — respondi.

Ele riu e perguntou:

— É só isso?

Consegui o dinheiro, que era suficiente para quatro ternos baratos, apenas com minha assinatura. Foi um momento que teria alegrado o coração do personagem George Bailey, de *A felicidade não se compra*. Subitamente, eu parecia muito mais distinto no fórum. Ou pelo menos *achava* que parecia.

Esse fluxo inicial de casos incluía algumas acusações de dirigir sob a influência de substância entorpecente. Cerca de um ano após ter começado, eu tive um cliente acusado de dirigir bêbado particularmente inflexível, que alegava não estar embriagado e contestava o resultado do teste do bafômetro, que parecia indicar um nível de embriaguez muito mais alto comparado à descrição dada pelos policiais da condição do meu cliente. O teste se baseou na leitura de um dos bafômetros mais utilizados nos EUA, feito pela Smith & Wesson. Eu não podia ver nada obviamente errado na papelada, mas decidi pesquisar um pouco sobre o bafômetro em questão.

A primeira coisa que notei, era que os dispositivos pareciam saídos de um filme ruim de ficção científica dos anos 1950, com vários tipos de botões e uma agulha que se movia para cima e para baixo, supostamente mostrando a presença de álcool no hálito da pessoa. Já estávamos na década de 1980 e, embora o computador pessoal tivesse sido inventado havia pouco tempo, a maioria dos dispositivos eletrônicos em uso não parecia tão rudimentar quanto essa máquina. Com um pouco de pesquisa, aprendi que esses bafômetros apresentavam um grave defeito, pois os componentes não eram protegidos da interferência de equipamentos de rádio. Eles tinham sido fabricados havia muitos anos, quando as autoridades policiais tinham relativamente poucos dispositivos de comunicação via rádio, basicamente radiocomunicadores portáteis, e ninguém imaginava que a interferência causada por equipamentos de rádio seria um problema. Porém, agora todo policial tinha um rádio e geralmente o utilizava na mesma sala em que outro policial administrava o teste. Alguns estudos mostraram que isso fazia a agulha do bafômetro tremer e podia alterar os resultados. O interessante é que não havia sido feito recall para esses bafômetros e os departamentos de polícia de todo o país ainda o utilizavam diariamente. Talvez fosse essa a explicação para a leitura anormalmente alta do meu cliente.

O que eu precisava para contestar a confiabilidade desses aparelhos era de um especialista em blindagem de campos eletromagnéticos, alguém como Heinz Schlicke, que, segundo minhas pesquisas na biblioteca, provavelmente, era a principal autoridade no assunto nos Estados Unidos na época e autor do livro *Essentials of Dielectromagnetic Engineering*. Nascido na Alemanha, Schlicke teve uma trajetória interessante até os Estados Unidos. Com um doutorado em engenharia, ele tinha sido capitão de corveta na *Kriegsmarine*, a marinha da Alemanha nazista, especializando-se em radares e outros métodos para impedir a detecção de submarinos. Quase no fim da Segunda Guerra Mundial, ele foi mandado ao Japão no *U-234*, um submarino do tipo U-Boat que carregava óxido de urânio e armas avançadas. Antes do fim da viagem, Hitler se matou em um bunker e a rendição incondicional da Alemanha foi anunciada. O submarino foi capturado pela marinha norte-americana no litoral de Newfoundland e sua tripulação foi repatriada para a Alemanha no ano seguinte, exceto os dois oficiais japoneses a bordo, que cometeram suicídio. Schlicke foi convidado a voltar para os EUA como parte da Operação Clipe de Papel, um esforço feito por oficiais da inteligência norte-americana para garantir que cientistas, técnicos e engenheiros alemães (como o especialista em foguetes Werner von Braun) não fossem trabalhar para a União Soviética. A função de Schlicke no Escritório de Pesquisa Naval dos EUA era pesquisar a tecnologia *stealth*. Depois ele viajou pelo país visitando usinas nucleares e trabalhou para o Laboratório de Propulsão a Jato, com seus imensos campos magnéticos.

Heinz Schlicke era, indubitavelmente, a pessoa certa para o trabalho, mas como eu poderia convencê-lo a testemunhar em um caso de contravenção penal por dirigir embriagado em Milwaukee? Bom, por acaso esse ex-nazista e especialista mundialmente reconhecido em eletromagnetismo terminou de trabalhar para o governo dos EUA e aceitou um emprego na Allen-Bradley Company, empresa de automação industrial sediada em Milwaukee. Ele morava no litoral norte da cidade. Mandei as informações sobre os bafômetros com defeito para Heinz e falei com ele ao telefone. O cientista ficou abismado com a falta de blindagem nos dispositivos. Então, ele testemunharia em meu caso de direção embriagada?

— Isso é muito idiota para mim — retrucou ele, com forte sotaque alemão.

— Sim, mas quem seria melhor que você? — perguntei.

Quando Schlicke percebeu que pessoas estavam sendo processadas e indo para a cadeia devido a leituras feitas por equipamentos de má qualidade, ele concordou em ajudar.

Outra advogada de nosso escritório, Kathy Stilling, tinha um caso semelhante nas mãos, então fizemos uma petição conjunta para excluir as provas geradas por esses bafômetros. Vários dias de audiências se arrastaram por sete meses, e enquanto não saía o resultado da nossa petição, quase todos os outros casos de direção sob influência de álcool no estado ficaram pendentes. O juiz ficou do nosso lado e entendeu que o equipamento e seus resultados não eram confiáveis. Consequentemente, novecentas ações foram extintas ou resultaram em transações penais. Foi o primeiro caso que fez os advogados notarem minha capacidade.

Esse também foi meu primeiro caso trabalhando diretamente com um cientista. E, mais importante: passei a conhecer Kathy melhor. Nossa amizade se aprofundou e em pouco tempo participaríamos juntos de outra estranha empreitada.

Entre as peculiaridades do trabalho de um advogado de defesa criminal estão os frequentes contatos próximos com a morte. Todo ano, a Universidade Wayne State sedia uma conferência em Detroit sobre a investigação médico-legal da morte. É um evento de prestígio, organizado por muitos anos pelo Dr. Werner Spitz, professor da Wayne State que ficou famoso pelo trabalho nos assassinatos do presidente John F. Kennedy e de Martin Luther King Jr. para a Comissão Especial do Congresso dos EUA. Em várias áreas do Direito Penal, a patologia forense é importantíssima. Por exemplo, a hora da morte pode ser estimada mediante o estudo de características como o grau de *rigor mortis* ou o estágio do ciclo de vida dos vermes encontrados no corpo. A patologia pode ajudar a descobrir se o falecido tentava atacar alguém na hora da morte, um detalhe altamente importante quando um sobrevivente alega ter agido em legítima defesa. Por mais estranho que esse campo pareça, ele tem seus especialistas, linhas de estudo e reuniões anuais para compartilhar as últimas pesquisas e comprovações científicas. Se detetives de homicídios e promotores frequentam esses eventos para saber o que está acontecendo, por que não advogados de defesa? Eu e Kathy decidimos participar, fizemos a inscrição e fomos de carro a Detroit.

A conferência era um *Rocky Horror Show* bizarro de patologistas, muitos dos quais pareciam socialmente ineptos, bem diferentes dos patologistas cheios de comentários mordazes que são vistos em seriados de TV como *Bones*. Ao entrar em um elevador, nós tentávamos conversar amenidades, e não conseguíamos. Havia poucos advogados presentes. A parte mais memorável de tudo foi uma viagem a um Instituto Médico Legal para observar a realização de uma autópsia. Esta acabou sendo uma experiência emocionante, que me marcou.

Com seus longos cabelos, o falecido parecia uma versão ocidental de Jesus. Era um homem de 33 anos que tinha morrido com um tiro no peito. A bala foi direto no coração. O rosto e o crânio dele estavam intactos e dava para ver que era um homem bonito. O torso tinha sido aberto e fiquei chocado com a debilidade da camada protetora que existe entre a pele e os órgãos internos. Todo o processo que sustenta a vida e é realizado por esses órgãos fica protegido apenas por um fino exoesqueleto. Observamos o procedimento durante quase meia hora, até que alguém perguntou como o homem tinha sido morto. Menos de 12 horas antes, ele havia levado um tiro dado pela própria mãe durante uma briga. Quando comecei a ouvir sobre aquele homem, que não era muito mais velho que eu na época e estava totalmente vivo poucas horas atrás, comecei a passar mal. Isso era mais do que uma dissecação da carne. Era uma história humana ali, de peito aberto. Tive que pedir licença e me retirar. No corredor do IML, eu me apoiei na parede para me recompor.

Embora eu tenha passado muitas horas desde então estudando fotos terríveis de vítimas, essa seria a única autópsia a que assistiria. Uma foi o suficiente.

7

Enquanto eu ainda estava aprendendo em meu primeiro emprego na defensoria pública de Madison, uma frustração da justiça acontecia a 225 quilômetros de distância, no litoral oeste do lago Michigan. Eu não sabia disso na época. Era impossível saber que pouco menos de vinte anos depois isso interferiria em minha vida e carreira.

Esta história começa em um dia no fim de julho de 1985, quando Penny Beerntsen, que pertence a uma família proeminente na pequena cidade chamada Manitowoc, no Wisconsin, saiu para correr às margens do lago Michigan. Por volta das 15h50, um homem a atacou, espancou e agrediu sexualmente. O ataque levou aproximadamente 15 minutos. Dois bons samaritanos que passavam no local a encontraram nua e sangrando na floresta.

Em Wisconsin, o xerife do condado tem jurisdição em todo o condado, enquanto departamentos de polícia municipais têm autoridade para investigar apenas os crimes cometidos dentro dos limites da cidade grande ou pequena em que estão situados. O condado de Manitowoc inclui a cidade de mesmo nome, que tem sua própria força policial, mas a praia do lago Michigan onde o ataque aconteceu era fora da cidade e, portanto, dentro da jurisdição da delegacia responsável pelo condado de Manitowoc. A xerife-adjunta Judy Dvorak foi designada para o caso Beerntsen e rapidamente se concentrou em Steven Avery, então com 23 anos, integrante da família que gerenciava um ferro-velho fora da cidade. Ele teve alguns problemas com a lei, incluindo condenações por violação de propriedade — tinha arrombado um bar e roubado duas caixas de cerveja, dois sanduíches de queijo e 14 dólares (cerca de R$ 45,00) em moedas — e por maltratar um gato. Em janeiro de 1985, ele também foi acusado de jogar o carro em cima da prima Sandra Morris, que por acaso era casada com o xerife-adjunto de Manitowoc, Bill Morris (amigo da xerife-adjunta que investigava o caso, Judy Dvorak), e depois ameaçá-la com uma arma após ela ter deliberadamente espalhado boatos de que ele teria feito sexo com a esposa no jardim, à vista de todos. Steven Avery, para dizer o mínimo, não era muito querido na delegacia de Manitowoc.

Avery se parecia superficialmente com a descrição que Beerntsen fez de seu agressor, embora não fosse necessariamente idêntico. Ela descreveu inicialmente um homem mais alto que Avery e com olhos de cor diferente. O xerife de Manitowoc, Tom Kocourek, orientou o desenhista que fazia retratos falados para a delegacia, Gene Kusche, a se encontrar com Beerntsen para fazer um desenho a partir da descrição feita por ela. Kusche depois admitiu que aquele foi o primeiro e único retrato falado de sua carreira usado em um julgamento. Após a absolvição de Avery, em 2003, foram feitas acusações de que Kusche teria feito o desenho a partir de uma foto de Avery que estava no livro de suspeitos da delegacia em vez de criá-la a partir da descrição feita por Beerntsen. Em seguida, o xerife incluiu uma fotografia de Steven Avery na lista mostrada a Beerntsen quando ela ainda estava no hospital e confirmou a identificação. Ela, depois, fez o reconhecimento de Avery em uma fila de suspeitos. Ele foi a única pessoa incluída tanto no reconhecimento por fotos quanto no realizado pessoalmente.

Steven Avery alegou que fazia compras em Green Bay, a 65 quilômetros de distância, logo após o crime ter sido cometido na tarde do dia 29 de julho. Ele estava com toda a família, incluindo gêmeos com poucos dias de vida e outras três crianças. Avery até forneceu um recibo da loja, com horário de 17h16, aproximadamente uma hora após o ataque. Ele tinha 16 testemunhas de seu álibi. Por que as autoridades não acreditaram nelas? Talvez porque eram pessoas como Steven Avery. Elas se lembravam de onde ele estava e do horário em que o viram por ser depois do fim do programa de TV *Divorce Court* ou porque eram caixas de supermercado ou faziam parte do infame clã Avery. Por outro lado, a vítima e única testemunha ocular do crime fazia parte de uma família respeitável e rica.

Para superar o conflito de tempo, os investigadores fizeram uma viagem de carro da cena do crime, um parque estadual a cerca de um quilômetro e meio do estacionamento mais próximo, até o supermercado em Green Bay. Eles provaram ser possível, em tese, que Avery tivesse visitado os dois lugares sem violar as leis da física. Mas ele teria que ultrapassar o limite de velocidade em 16 quilômetros dirigindo um carro onde estavam cinco crianças e a mãe delas, todas presumivelmente esperando enquanto ele saía para atacar a moça.

Penny Beerntsen não hesitou ao relatar o terrível ataque e afirmou que estava confiante em relação à culpa de Steven Avery. E se houvesse qualquer dúvida restante, um técnico do instituto de criminalística do estado confirmou a identificação dela, relatando que um fio de cabelo encontrado em uma das camisas de Avery era consistente com o de Penny Beerntsen. Essa correspondência de fios de cabelo foi tratada como certeza, não como possibilidade, mesmo que esse tipo de identificação capilar venha sendo uma das maiores fontes de erros em institutos de criminalística há várias gerações.

Os primeiros institutos de criminalística dos EUA foram abertos por volta de 1930, como parte de um esforço para corrigir o trabalho policial e colocar fim a práticas como as de "terceiro grau", violento processo de interrogatório no qual um suspeito podia ser espancado ou atormentado fisicamente. Em 1932, J. Edgar Hoover, então chefe do Birô de Investigação (posteriormente conhecido como Birô Federal de Investigação ou FBI), criou o Laboratório Técnico Criminal.

Segundo Hoover escreveu em 1938, cientistas do FBI estavam "fazendo proezas que surpreenderiam a imaginação de Sherlock Holmes. Com microscópios, lâmpadas ultravioletas, tubos de ensaio, espectrógrafos, refratômetros e raios de luz paralelos, a ciência encontra os criminosos mais terríveis dos EUA [...] Manchas de sangue, pelos humanos, resíduos deixados embaixo das unhas, cartas queimadas e fios de tecido contam as histórias dos mortos para cientistas treinados na detecção de crimes."

Um cientista do Birô Nacional de Padrões, o Dr. Wilmer Souder, garantiu a leitores da *Scientific News Letter* de 20 de junho de 1936 que tinha identificado o autor de um bilhete de resgate de sequestro com tamanha certeza matemática que poderia ser expresso como um número quase além da compreensão humana. Apenas uma pessoa em trinta bilhões de bilhões poderia ter escrito aquele bilhete ou, como ele definiu: "Descobri que a fração tem como numerador o número um e um três seguido de 19 dígitos como denominador." Segundo ele, os cálculos foram feitos "de modo muito conservador". Em seguida, o Dr. Souder declarou: "Do ponto de vista matemático, isso confirma a identificação 'além de qualquer dúvida razoável.'" Para os simples mortais que são convocados para fazer parte de júris, a única tarefa seria decidir os méritos dos cientistas e de sua aritmética, tubos de ensaio e raios de luz paralelos e ultravioletas. Esse método valeria não só para análise de caligrafia como também para comparar dois fios de cabelo, de tecido ou marcas de mordida. A ciência parecia ser muito poderosa, e por várias décadas a autoridade desses especialistas não foi contestada. Porém, boa parte disso era ilusão, bobagens sofisticadas.

Ao aparecer com frações espantosas como essa de um em trinta bilhões de bilhões, os analistas de caligrafia apontam detalhes como o jeito que a pessoa fez o traço do *t* ou a perna do *y*. Eles podem dizer que um determinado jeito de fazer a perna do *y* só aparecia em uma pessoa em dez, por exemplo. Ao acrescentar outros detalhes, como fazer o traço horizontal do *t* bem no alto em vez de no meio do traço vertical, uma nova frequência estaria disponível. Um analista pode alegar que uma pessoa a cada três faz o traço do *t* dessa forma, então agora são duas características e duas frequências: o jeito de fazer a perna do *y* (1/10) e a altura do traço do *t* (1/3). A estatística básica manda multiplicar essas duas frações para chegar à probabilidade de uma só pessoa ter essas *duas* características. Quanto mais características forem incluídas pelos analistas, mais frações serão multiplicadas e, portanto, menor a probabilidade que uma determinada pessoa tenha todas essas características juntas. Foi assim que o Dr. Souder obteve essa fração cósmica para o autor do bilhete de resgate. Isso tudo parece razoável, exceto por algumas falhas: ninguém realmente *sabe* a frequência com que as pessoas fazem o traço do *t* no alto ou desenham a perna do *y* de um determinado jeito. Essas frequências são, basicamente, inventadas. E a "regra do produto" da estatística, que permite multiplicar frequências também não pode ser validada por não ser possível supor que essas características sejam completamente independentes umas das outras. Pode ser que a maioria das pessoas que tendem a fazer o traço do *t* no alto também faça a perna do *y* de uma determinada forma.

A análise de marcas de mordida é outra disciplina da ciência forense que foi totalmente desmascarada pelos testes de DNA. O molde em gesso da uma marca de mordida na pele não explica a variação na elasticidade ou estrutura de tecido subjacente à pele. É difícil fazer dois dentistas concordarem que o molde veio de uma determinada boca ou mesmo de uma determinada espécie. Ainda assim, testemunhos dados por "odontólogos forenses" serviram como base para condenações injustas ao corredor da morte, especialmente no sul dos EUA. Contudo, à medida que os testes de DNA feitos pelo Innocence Project e outras organizações passaram a contestar a confiabilidade dessas e de outras técnicas forenses, esses problemas não podiam mais ser ignorados.

Fios de cabelo geralmente caem durante a realização de crimes, sendo uma fonte irresistível de pistas para a identidade do criminoso. Mas como essas pistas são decodificadas? Antes dos testes de DNA, os técnicos comparavam características do fio de cabelo coletado em uma cena de crime a amostras tiradas do suspeito e da vítima lado a lado em um microscópio. Os examinadores procuravam aproximadamente vinte características para distinguir um fio de cabelo do outro, e se um determinado número de características de ambos fosse igual ou similar, o examinador declarava que eram "consistentes" ou "correspondiam". A certeza da comparação de fios de cabelo foi valorizada por gerações de casos criminais, mas ninguém podia dizer definitivamente quantas características era preciso ter para que os fios de cabelo fossem identificados como sendo da mesma pessoa nem com que frequência uma característica específica do fio de cabelo ocorre na população. Até fios de cabelo da mesma pessoa podem ser diferentes, a ponto de não "corresponderem". Além disso, os resultados também dependiam da pessoa a quem você perguntava. Considerando a falta de padrões, um examinador poderia dizer que um fio de cabelo "corresponde" ou "é consistente com" um segundo fio de cabelo, mas outro examinador poderia dar uma resposta totalmente diferente. Imagine se os testes médicos de laboratório fossem tão pouco confiáveis que você recebesse um resultado diferente se o mesmo teste fosse realizado em outro laboratório? A capacidade de replicar resultados de modo consistente é a base do procedimento científico. Em 1978, um ramo de pesquisa do Ministério de Justiça dos Estados Unidos realizava testes de proficiência em noventa institutos de criminalística estaduais e municipais para ver com que frequência eles identificavam corretamente uma prova. Os piores resultados foram encontrados nos testes feitos em fios de cabelo, cujas taxas de erro chegaram a 68%. Isto é: eles estavam certos apenas um terço das vezes. Os técnicos poderiam muito bem ter economizado tempo e jogado uma moeda. Pelo menos a probabilidade subiria para 50%. Esses resultados vergonhosos não limitaram o uso desse tipo de prova. Análises em fios de cabelo, realizados na maior parte do século XX, poderiam ter entrado no dicionário como exemplo de ciência malfeita.

Mas lá estava esse tipo de análise ajudando a garantir um caso de estupro contra Steven Avery. Afinal, se Avery realmente estava a 65 quilômetros de distância em um supermercado, como o fio de cabelo da vítima teria chegado à camisa dele?

O júri o considerou culpado. Alegando inocência durante todo o percurso até a prisão, Avery continuou a lutar.

Cada célula nucleada do corpo humano apresenta um conjunto completo de DNA, composto químico que direciona o crescimento, o desenvolvimento e o funcionamento do nosso corpo. O genoma humano é composto de aproximadamente 3,2 *bilhões* de bases de DNA, divididas em 30 mil segmentos conhecidos como genes. Cada gene tem informações suficientes para produzir moléculas, geralmente proteínas. Os genes são passados pela mãe e pelo pai e expressam características resultantes de pequenas variações que ocorrem de uma pessoa para outra. Algumas são bem óbvias, como o tipo de cabelo e a cor da pele, e outras nem tanto. Por exemplo, a variação de um gene pode fazer com que uma pessoa seja suscetível a uma forma debilitante de anemia falciforme, um tipo de doença do sangue, enquanto uma versão levemente diferente do mesmo gene pode deixar uma pessoa mais resistente à malária.

Como há um genoma humano completo em cada célula, é possível desenvolver um perfil genético a partir de sêmen, pele, sangue ou outra prova biológica encontrada na cena de um crime e que pode ter sido deixada pelo criminoso. Esse perfil pode ser comparado ao perfil desenvolvido a partir do DNA de um suspeito. Se eles forem iguais e o teste for realizado de forma adequada, pode-se afirmar, definitivamente, que a pessoa estava na cena do crime.

Na época da condenação de Steven Avery (dezembro de 1985), os testes de DNA eram um processo exótico usado em empresas de biotecnologia, não para julgamentos ou investigações criminais. Os primeiros testes forenses de DNA foram utilizados no fim da década de 1980 e exigiram material biológico grande e intacto para serem realizados. Esses primeiros testes também não conseguiam identificar a fonte do cabelo, porque a maioria dos fios de cabelo não tem células vivas. As raízes, provavelmente, têm células intactas, mas os fios de cabelo coletados em cenas de crimes geralmente não estão mais ligados a elas.

Mesmo assim, testes de DNA feitos em outros materiais, como sangue e sêmen, estavam mostrando as fraquezas inerentes às comparações de fios de cabelo. Quando condenações eram modificadas com base nos testes feitos nesses tecidos, que tinham células capazes de fornecer DNA nuclear, geralmente se descobria que a condenação injusta em questão tinha se baseado em comparações errôneas de fios de cabelo. Dois homens, Ron Williamson e Dennis Fritz, foram condenados por estupro e assassinato em 1988 em uma pequena cidade de Oklahoma devido ao testemunho de um técnico do instituto de criminalística do estado e sua alegação de que 17 fios de cabelo "correspondiam" aos dos dois homens. Na verdade, nenhum dos fios de cabelo veio desses homens, o que foi esclarecido no laboratório em 1999. Williamson ficou a cinco dias de ser executado. Ambos foram absolvidos e o caso virou um livro de sucesso escrito por John Grisham, *O inocente*.

Steven Avery teria que ficar na prisão e esperar pela evolução da ciência.

8

A equipe certa para um julgamento é maior que a soma de suas partes. A colaboração vira um multiplicador de forças. O dia a dia em uma defensoria pública me ensinou a habilidade da colaboração — como não controlar a outra pessoa nos mínimos detalhes — e seu valor, ou, pelo menos, seu potencial, especialmente em julgamentos de crimes graves, nos quais trabalhamos em duplas. Essa foi uma de muitas lições profissionais práticas que aprendi durante meu tempo na defensoria. E embora todo dia naquele trabalho fosse uma aula sobre ser advogado, também aprendi que o escopo da humanidade inclui pessoas de educação bem diferente da minha. Como todos os meus colegas, trabalhei em vários crimes, como homicídios, roubos a mão armada e agressões sexuais. Para muitos dos clientes que encontrei no sistema penal e passei a conhecer em salas na prisão ou em visitas às celas que ficam atrás do fórum, a infância não foi definida pela sorte de ter dois pais cuja atuação conjunta também era maior que a soma de suas contribuições.

Um dia, com aproximadamente sete anos de emprego, fui ao fórum para inquirir, diante de um júri, um policial com trinta anos de experiência. Ele estava chorando. Os jurados estavam soluçando. Na mesa reservada para a defesa, minha colega no caso, Kathy Stilling, estava soluçando. Ao lado dela, nosso cliente chorava.

Ele tinha matado o filho de 10 anos de idade.

O menino havia nascido em Chicago e foi abandonado pela mãe logo após o nascimento. O pai criou o filho sozinho, mas com a pressão de ser pai solteiro acabou perdendo os empregos que tinha e, consequentemente, a casa. Eles se mudaram para Milwaukee pelo sistema de abrigos da cidade, mas os abrigos eram lugares para dormir, não para moradia, e todos precisavam sair às 7h da manhã. Isso significava estar de volta às ruas diariamente, mesmo nas garras do inverno de Wisconsin. Uma vez por mês um grupo de advogados da comunidade emitia um voucher para que se hospedassem em um hotel barato, o que lhes permitia ficar em um lugar aquecido por mais tempo.

Em um dia de inverno, o menino estava com uma tosse forte, mas eles já tinham usado o voucher do hotel para aquele mês. Então, o pai fingiu ser outra pessoa para conseguir um novo voucher e tirar o filho do frio. Ele foi pego.

Os advogados o repreenderam na frente do filho: "Ele deveria estar na escola. O que você está fazendo? Você, obviamente, não pode cuidar desta criança. Vamos ter que tirá-la de você."

O menino começou a chorar: "Não deixe eles fazerem isso, não deixe!"

Naquela mesma noite, pai e filho encontraram um prédio abandonado invadido. O menino começou a chorar e implorou ao pai: "Papai, não deixe que eles me tirem de você, por favor, por favor, por favor." "Não", disse o pai. "Eles não vão tirar você de mim. Não vou deixar. Vamos ficar juntos." Então, ele surtou, cortou a garganta do filho e cortou os próprios pulsos. Antes que sangrasse até a morte, foi encontrado pela polícia. Ele tinha cortado os pulsos para manter a promessa e estar com o filho no paraíso.

O caso foi a julgamento. Eu e Kathy argumentamos que ele deveria ser inocentado por motivo de insanidade. Em Wisconsin e na maioria dos estados, se uma condição ou distúrbio mental faz com que você seja incapaz de agir de acordo com a lei ou se você for incapaz de diferenciar o certo do errado, não pode ser considerado culpado criminalmente, sendo enviado a uma instituição mental para tratamento em vez da prisão. Porém, nosso cliente sem-teto também não tinha um médico regular e, muito menos, registro de saúde para confirmar que havia um transtorno mental preexistente.

Mesmo antes de começar o julgamento, os candidatos a jurados já estavam chorando. Uma delas revelou que tinha ficado sem-teto por algum tempo. Um homem deu a entender que tinha algo para conversar em particular, longe dos outros que estavam sendo questionados. Ele contou aos advogados e ao juiz que estava passando por um divórcio, e não acreditava em divórcio. Como alternativa, ele acreditava em assassinato-suicídio. O juiz assimilou lentamente essa informação e depois encaminhou o homem para aconselhamento psiquiátrico em outra parte do prédio. Desnecessário dizer: ele não voltou para a lista de possíveis jurados.

Julgamentos de homicídio lidam com as minúcias de um instante de grande sofrimento, pois o evento é dividido em frações clínicas, o que pode embotar seu horror. Isso não ocorreu nesse julgamento. Nunca senti um desespero e angústia tão intensos em um fórum como aconteceu nesse caso. Testemunha após testemunha, que haviam encontrado o menino e o pai na comunidade de abrigos para sem-teto, confirmaram o grande amor que ele tinha pelo filho. Não surpreende que o detetive que entrevistou o homem pela primeira vez tenha ficado com a voz embargada quando testemunhou em juízo.

O júri acabou considerando o homem culpado e sem transtornos mentais. Entre a condenação e a sentença, o estado mental dele piorou na cadeia. O homem foi internado para tratamento e nunca mais se recuperou. Ele acabou no mesmo tipo de instituição para o qual iria se tivéssemos ganhado o julgamento. Sempre tive a impressão que Deus atuou nesse resultado.

Ao longo dessa saga, senti que podíamos estar andando a esmo, sem rumo, pelas páginas do Gênesis, em que Deus diz a Abraão para sacrificar o filho Isaac. No último minuto, quando Isaac já estava amarrado e deitado sobre o altar, um anjo de Deus impede Abraão. Esse homem não teve o mesmo fim e não houve orientação alguma para nós nessa história. Sabíamos, apenas, que nosso lugar era ao lado daquele homem ferido, desse Abraão na escada.

Após aquele julgamento, nós precisávamos de um tempo. Levei Kathy a um belo resort em Wisconsin e a pedi em casamento.

Ela aceitou.

Quando meu período como defensor público estava quase acabando, fui designado como advogado principal em uma ação coletiva sob condições terríveis na cadeia pública de Milwaukee, que foi construída durante a Grande Depressão e parecia nunca ter sido reformada. A maioria das cadeias públicas recebe pessoas que foram condenadas por um crime e não podem pagar fiança ou estão cumprindo penas de menos de um ano — quem tem sentenças mais longas geralmente vai para a prisão estadual. A fiança deve ser usada apenas para garantir que uma pessoa volte a comparecer ao fórum, e não como punição antecipada. Apesar disso, em muitas jurisdições ela virou uma forma encontrada pelo sistema para encarcerar pessoas sem julgamento, e sua aplicação desproporcional afeta os pobres.

Se não conseguem pagar a fiança, os réus ficam sob custódia. Os que conseguem, têm permissão de ir para casa enquanto o caso está pendente.

Sem conseguir pagar a fiança, quem tem poucas posses ou é totalmente despossuído sente-se automaticamente pressionado a encerrar o caso o mais rapidamente possível, declarando-se culpado e fazendo acordo, mesmo se for inocente. Esperar o julgamento para mostrar que não é culpado vira um luxo impossível de bancar. Como defensor público tive muitos clientes obrigados a esperar semanas ou meses na cadeia porque não podiam pagar cinquenta dólares (cerca de R$ 150,00) ou cem dólares (cerca de R$ 300,00) de fiança. Em alguns casos, o tempo que eles passaram encarcerados antes do julgamento pode se aproximar ou até exceder a punição máxima que receberiam se fossem condenados. Há um forte incentivo para que esses réus simplesmente se declarem culpados, mesmo se forem inocentes, para conseguirem sair da cadeia. As condições das cadeias públicas costumam ser piores que as das prisões estaduais: existem poucas oportunidades para exercícios físicos, faltam programas educacionais ou profissionais e não há trabalho para diminuir o tédio dos presos. Às vezes, as pessoas que estão em cadeias públicas se declaram culpadas porque ir para a prisão estadual vai melhorar suas condições de vida.

Em 1988, a cadeia pública do condado de Milwaukee foi usada exclusivamente para detenções pré-julgamento e tinha um problema intratável de insetos: baratas contaminavam a comida. Além disso, o ar não circulava no ambiente, e quando um especialista em prisões entrou nos tubos de ventilação usando roupas especiais, descobriu que todos estavam entupidos por anos de gosma e sujeira acumuladas. A configuração antiquada de celas, dispostas em uma longa fila, não permitia que os guardas vigiassem todos os detentos, como nas configurações modernas de prisão. O resultado era uma taxa extremamente alta de suicídios. Eu trabalhei no processo junto com a União Norte-Americana pelas Liberdades Civis e a Sociedade de Auxílio Jurídico de Milwaukee, que fornece assistência jurídica a pessoas pobres em casos civis, e acabamos vencendo. O condado decidiu que não havia como reformar o lugar e construiu uma prisão moderna.

Esse processo da cadeia pública me deu uma oportunidade de fazer o bem e me afastar por um tempo da montanha de casos que chegavam todos os dias. Esperava-se que atuássemos em 15 novos crimes por mês, independentemente de ter encerrado ou não os que já faziam parte da nossa carga de trabalho. E, na época, os casos não eram medidos pela dificuldade. Um julgamento de homicídio com um mês de duração contava como crime, o mesmo que um arrombamento de garagem com roubo de bicicleta, que provavelmente significava apenas uma transação penal e uma sentença de suspensão condicional da pena. Eu estava sucumbindo ao peso da carga de trabalho.

Um dia, em 1989, voltei para o escritório de péssimo humor.

— Como foi seu dia? — perguntou alguém.

— Primeiro de tudo, peguei entre 20 e 25 casos de crimes graves. Foi horrível. E ainda teve um cara com uma história ridícula — reclamei, ainda com a pilha de arquivos de casos nas mãos.

Na sondagem por novos casos, eu normalmente procuro aqueles que vão resultar em acordo rápido mediante transação penal. Tecnicamente, a única questão nessas sondagens era a fiança, mas eu analisava rapidamente a petição inicial e perguntava ao cliente se os fatos relatados eram verdadeiros. Assim eu saberia se ele aceitaria fazer um acordo, significando que eu poderia acrescentar mais um caso à cota, mas não precisaria carregá-lo por vários meses.

O cara com a história ridícula tinha sido preso por violação de domicílio em um apartamento. Testemunhas o viram no prédio na hora da invasão. Ele era conhecido na vizinhança, pois trabalhava como zelador de um prédio do outro lado da rua. E foi pego com a boca na botija, atrás das portas trancadas de um lugar onde não deveria estar. Esse foi o relato feito pelo policial mediante juramento. Meu cliente, por outro lado, contou uma história improvável sobre estar fazendo uma visita a alguém no prédio, que não foi confirmada pela investigação do policial.

— Ele diz que é inocente, não vai aceitar o acordo. Vai ter briga, o caso vai a julgamento e ele, obviamente, é culpadíssimo — expliquei.

Kathy se manifestou, calmamente:

— Eu pego o caso.

— Tudo bem. Divirta-se — respondi.

No fim das contas, um investigador enviado por Kathy descobriu que a história do homem era totalmente verdadeira. Ele tinha um bom motivo para estar no prédio e era, inequivocamente, inocente. O caso não terminou em transação penal, sendo extinto logo de cara. Foi um bom resultado para aquele homem, e que me fez pensar muito. Que tipo de advogado eu estava me tornando, se julgava pessoas nos primeiros cinco minutos de conversa?

A verdade nua e crua é que isso acontece diariamente em todo o país. Defensores públicos sob a imensa pressão causada diretamente pela falta de recursos estão prejulgando culpa e inocência quando não deveriam fazer isso. Esse episódio me fez perceber que eu não poderia mais ser o advogado que desejava quando sofria com o peso constante do excesso de casos e dos poucos recursos. Era hora de sair da defensoria pública.

E outras mudanças também estavam previstas.

— Qual juiz você acha que deveria nos casar? — perguntou Kathy depois de aceitar o meu pedido.

Minha resposta a surpreendeu e provavelmente me surpreendeu também:

— Não sei se vou me sentir realmente casado se eu não me casar na igreja.

— Que igreja? Você não vai à igreja! — retrucou ela.

Isso era verdade. Eu tinha abandonado a igreja com vinte e poucos anos. Não ia mais à missa e, basicamente, tinha parado de praticar o catolicismo. O ensino fundamental e médio em escolas católicas ficou no passado. Kathy foi batizada em uma igreja episcopal, mas cresceu sem ir à igreja. Nos oito anos que nos conhecíamos, nenhum de nós deu qualquer sinal de praticar qualquer tradição religiosa.

— Às vezes eu vou — respondi, pensando nos eventos familiares esporádicos.

Na verdade, comecei a me sentir desconfortável em relação a esse afastamento da igreja. Há quase dois anos eu vinha lendo vários artigos e livros teológicos, obras de estudiosos católicos da Bíblia como Raymond E. Brown, John P. Meier e o padre jesuíta francês Pierre Teilhard de Chardin, além de vários livros de C.S. Lewis, incluindo *Cristianismo puro e simples* e *Cartas de um diabo a seu aprendiz* e alguns textos clássicos de Santo Agostinho e Santo Tomás de Aquino. Eu estava percebendo que ao longo dos séculos várias mentes brilhantes exploraram as grandes questões da vida e da fé e, apesar de minha educação católica, minha compreensão desses assuntos era atrofiada. Algo em mim clamava para que eu compreendesse outras formas de fé e voltasse a explorar minhas tradições religiosas. Porém, eu atuava em uma profissão secular e ainda não via como minha religião e fé poderiam ajudar os que estavam enredados no sistema judicial. Eu não estava me sentindo confortável para discutir esses sentimentos com meus amigos, nem com Kathy, que não era católica na época e não tinha outra tradição religiosa.

Pelo menos não até aquele momento.

— Bom, então podemos nos casar na igreja, pois quero que você se sinta casado — concedeu ela.

Nosso casamento foi em agosto de 1989. Nosso primeiro filho, um menino, nasceu três anos depois. Nós o batizamos de Stephen, em homenagem a Santo Estêvão, a grande voz da advocacia no Novo Testamento e o primeiro mártir. Levado ao tribunal superior em Jerusalém e acusado de blasfêmia, Estêvão argumentou que, ao contrário da visão dos altos sacerdotes, a lei de Moisés estava sendo cumprida por Jesus. O discurso dele está entre os mais longos dos Atos dos Apóstolos (Estêvão foi considerado culpado e apedrejado até a morte). Dois anos depois, nossa filha nasceu, e nós a batizamos de Grace Elizabeth, em homenagem à avó de Kathy e à minha.

Com um ano de casamento, eu e Kathy tínhamos abandonado a defensoria pública para trabalhar em vários escritórios particulares. Essa foi uma etapa intermediária antes de abrirmos nosso escritório, com Dudley Williams, nosso colega de turma na defensoria pública. Dudley e eu saímos para abrir a firma enquanto Kathy ficou no escritório particular onde trabalhava para manter o salário fixo. Sendo jovens pais com filhos para criar, não estávamos prontos para colocar todos os nossos ovos financeiros em apenas um cesto. Após dois anos, quando ficou claro que nosso escritório daria certo, Kathy saiu do emprego e se juntou a nós.

Desde então nosso objetivo tem sido manter um escritório que nos permita dar a cada cliente uma representação completa, sem pegar os atalhos inevitáveis exigidos pelo alto volume de trabalho da defensoria pública. Nós escolhemos não ter um grande volume de casos, preferindo trabalhar em menos casos e cobrar um pouco mais. Essa estrutura permite que nos aprofundemos nas complicações de um caso, embora também signifique alguns meses angustiados em que o telefone não toca com novos casos para que possamos praticar esse modelo de modo confortável. Porém, descobri que o sucesso e mais clientes surgem quando você se dedica a fornecer a representação completa que cada cliente merece.

Abrir um escritório particular não restringiu nosso interesse em assuntos públicos relacionados ao direito, contudo. Eu e Kathy entramos para a Associação Nacional de Advogados de Defesa Criminal (NACDL, na sigla em inglês) alguns anos antes e continuamos ativos na organização até hoje, trinta anos depois. E agora eu tinha tempo para ser diretor da NACDL e, também, para ser presidente da Associação de Advogados de Defesa Criminal de Wisconsin. Foi uma viagem à conferência da NACDL, em 1992, que acabou me levando a esse caso épico no qual trabalhei por várias décadas: *Estado de Wisconsin v. Ralph Dale Armstrong*.

Parte II

PRESUNÇÃO DE CULPA

9

Se, por algum motivo, você quiser ficar invisível no meio da multidão, experimente levar um bebê a uma conferência de advogados. Nosso filho Stephen tinha apenas 3 meses de idade quando eu e Kathy fomos ao encontro anual da Associação Nacional de Advogados de Defesa Criminal em 1992, no Colorado. Três meses é provavelmente a única idade com que uma criança poderia ser levada com prudência a esse tipo de evento. Stephen podia ser carregado, mas não se mover, e os barulhos infantis feitos por ele eram gerenciáveis. Se não tivéssemos trazido o bebê, um de nós precisaria ter ficado em casa, e nenhum dos dois queria perder a conferência. Nós adoramos encontrar outros advogados de defesa para pensar e falar sobre as questões que temos em comum. Além disso, eu era um dos diretores na associação da categoria. Claro que esses eventos têm suas hierarquias, divos e divas, e os advogados de escritórios pequenos em Wisconsin não são, necessariamente, os mais procurados nas sessões de networking, especialmente quando estão carregando um bebê.

Fui à conferência daquele ano com um objetivo: fazer a associação falar pelos advogados que atuam em defesa dos pobres, os advogados de escritórios particulares que são indicados para representar clientes que não podem pagar quando as defensorias públicas não conseguem lidar com o caso por algum motivo, incluindo conflitos de interesse com outros clientes. Os defensores públicos assalariados (como minha esposa e eu quando começamos a carreira) são responsáveis por aproximadamente 60% dos casos em que réus não podem pagar advogados, sendo o restante dividido entre advogados particulares. Juntos, os defensores públicos e esses advogados particulares trabalham em 80 a 90% de todos os casos criminais do país. O financiamento público para a defesa dos pobres encontrava-se em estado realmente lastimável em 1992, e piorou desde então. A retração econômica de 2008 fez com que mais réus não tivessem meios para contratar advogados e houvesse menos dinheiro disponível para os governos financiarem esses programas. Em 2009, o procurador-geral Eric Holder alegou, em uma reunião da Associação Norte-Americana dos Advogados, que as defensorias públicas recebiam muito menos recursos que outros programas do sistema judiciário. Em 2016, o estado de Wisconsin pagava o valor mais baixo do país para esses advogados de defesa particulares: quarenta dólares (cerca de R$ 120,00) por hora. Com esse valor, advogados precisam pagar despesas gerais, como aluguel, serviços públicos, funcionários (se houvesse) e seguros. Um estudo nacional feito em escritórios de advocacia dos EUA há alguns anos estabeleceu que as despesas gerais em pequenas firmas somavam 64 dólares (cerca de R$ 200,00) por hora.[9] E isso antes de os advogados conseguirem pagar a si mesmos. Ainda mais chocante é que, quando me mudei para o Wisconsin, a fim de começar minha carreira no direito, em 1981, os advogados particulares indicados para defender os pobres recebiam 45 dólares (cerca de R$ 140,00) por hora trabalhada no fórum e 35 dólares (cerca de R$ 110,00) por hora trabalhada fora do fórum. Considerando a inflação, os advogados de Wisconsin atualmente ganham aproximadamente sete dólares (cerca de R$ 20,00) por hora em dólares de 1981. Levando em conta esses dados, não surpreende que a quantidade e a qualidade dos advogados dispostos a aceitar esses casos tenham caído vertiginosamente.

Sinceramente, o assunto não causou muito entusiasmo entre muitos integrantes da NACDL. Hoje em dia a associação atua fortemente em defesa dos pobres, mas em 1992 era dominada pelos advogados de defesa particulares. Quase nenhuma organização de defensores púbicos ou de auxílio jurídico tinha dinheiro para mandar pessoas a esses eventos e, muito menos, os advogados particulares que cuidavam dos réus pobres. Mas eu e Kathy nos conhecemos fazendo esse tipo de trabalho e sabíamos por experiência própria como a carga excessiva de trabalho e os salários baixos faziam com que o sistema fosse menos justo. Nós estávamos lá, em parte, para forçar as organizações a falarem pelas mulheres e homens nas trincheiras dos tribunais e também para fazer lobby por um aumento no valor pago por hora para os advogados particulares que recebiam esses casos.

---

[9] Kelli Thompson, "The Wisconsin State Public Defender Organization", IFLA Conference. 1º de novembro de 2009. http://www.laf.org.tw/ifla2009/panel_discussion/The_Wisconsin_State_public_defender_organization_en.pdf.

Em uma sessão realizada logo após eu ter entrado no conselho diretor da NACDL, um homem carismático de franjinha veio falar comigo e Kathy. O nome dele era Barry C. Scheck, um dos pioneiros no uso dos testes de DNA para reabrir antigas condenações, junto com o sócio Peter K. Neufeld. Na época, poucos advogados entenderam como isso poderia funcionar e, muito menos, a importância desses testes. No fim da década de 1980, Scheck e Neufeld perceberam que aquela tecnologia já permitia extrair perfis de DNA de provas antigas. Os princípios para coletar DNA entraram para a cultura de massa graças a um romance de 1900 escrito por Michael Crichton — que foi transformado em filme — sobre a recriação de um dinossauro no presente a partir do sangue de um dinossauro que, convenientemente, tinha sido a última refeição de um mosquito antes de ser preservado em âmbar. O livro era *O parque dos dinossauros*. Trabalhando com materiais muito mais prosaicos (antigas provas de crimes, geralmente coletadas de vítimas de estupro), os dois advogados de Nova York estavam inocentando várias pessoas que tinham sido presas antes do surgimento da tecnologia de testes de DNA. Se a questão central do julgamento tivesse sido a identidade do agressor e as provas biológicas como sêmen ou sangue tivessem sido deixadas durante o ataque, um teste de DNA poderia, definitivamente, dizer se a pessoa certa tinha sido identificada.

À medida que o trabalho deles ia sendo divulgado, Barry e Peter começaram a receber cartas de presos de todo o país solicitando a análise de seus casos. Os dois criaram o Innocence Project [Projeto Inocência, em tradução livre] na Escola de Direito Benjamin N. Cardozo da Universidade Yeshiva, na qual eles davam aulas. Alunos de um curso clínico de direito pesquisavam transcrições e arquivos para determinar se a condenação se baseava em uma identificação. Se fosse o caso, os advogados solicitavam a liberação das antigas provas para realizar novos testes.

Em 1992, Scheck já era muito reconhecido pela comunidade jurídica, mas via os colegas da NACDL como integrantes de sua tribo. Ele tinha começado como advogado de uma organização de auxílio jurídico no Bronx e entendia os desafios enfrentados pelos réus sem recursos. Na conferência do Colorado, em vez de dar um oi rápido e ir embora, ele parou para conversar comigo e Kathy enquanto empurrávamos o carrinho de bebê com nosso filho. Ele se destacou na multidão como alguém que estava tão interessado em Stephen quanto na defensoria pública.

Um ano depois, quase no final de 1993, ouvi falar de Scheck novamente. O Innocence Project em Cardozo estava recebendo uma enxurrada de pedidos de ajuda feitos por detentos, e ele e Neufeld estavam fazendo alianças com advogados locais em todo o país a fim de ajudá-los nos casos.

— Há um caso de assassinato interessante em Madison, Wisconsin, envolvendo um homem chamado Ralph Armstrong. Os alunos analisaram as transcrições e os registros e achamos que pode ter algo ali. As provas do estado parecem bem fracas. Posso conversar com você sobre isso? — perguntou Scheck.

— Claro — respondi.

A calma anual de julho começava a acontecer em Madison. A Universidade de Wisconsin-Madison, centro gravitacional da cidade, acabava de enviar a turma de 1980 para o mundo. O cantor Jackson Browne gravava um videoclipe na State Street ao lado de uma tabacaria chamada The Pipefitter. Vários jovens que arranjaram empregos de verão na cidade ou no campus ainda estavam por ali, atraídos pela liberdade adulta da vida universitária sem a pressão das aulas. No dia 23 de junho, uma segunda-feira, a temperatura girava em torno dos 32 graus e uma onda de calor estava prevista para aquela semana.

Charise Kamps, 19 anos, que tinha acabado de terminar o primeiro ano na universidade, estava de volta após visitar o namorado Brian Dillman em Iowa. Kamps e uma de suas melhores amigas, Jane May, decidiram fazer esqui aquático na terça a tarde. Elas trabalhavam juntas na tabacaria The Pipefitter. May morava em cima da loja e Kamps vivia em uma casa a menos de cinco minutos de caminhada. Naquela segunda-feira à noite, May fez uma reuniãozinha em casa. Kamps estava lá, é claro, bem como alguns amigos da Pipefitter, além do namorado de May, Ralph Armstrong, doutorando em psicologia educacional. Havia, também, um convidado especial do Texas: o irmão mais novo de Armstrong, Stephen. Os dois não se viam há vários anos. Eles poderiam ter sido cortados do mesmo bloco de granito. Ralph Armstrong tinha 1,88m de altura, cabelo comprido ondulado e era forte. Um amigo depois contaria tê-lo visto rasgar um deck de baralho inteiro ao meio uma vez. Com 1,96m e 110kg, Stephen Armstrong era ainda mais alto, mas tinha o cabelo bem parecido com o do irmão. Naquele mesmo dia, Charise Kamps recusou o convite para jantar com um amigo dizendo que "tinha um encontro" com Stephen Armstrong.

Além dessa reunião de irmãos, a festa no apartamento de May teria sido comum entre jovens naquela época e, talvez, em várias épocas. Eles fumaram maconha, tomaram cerveja e usaram cocaína. Assim, alterados, eles seguiram para o Namio's Supper Club, na South Park Street, onde comeram e beberam por quase três horas, até perto das 21h. Mas a noite ainda não havia acabado. Ralph Armstrong e Charise Kamps decidiram comprar mais cocaína, mas antes deixaram Jane no apartamento dela e Stephen Armstrong no apartamento de Ralph. Às 23h, Kamps estava em casa sozinha, lendo um livro e falando ao telefone com May sobre a viagem para fazer esqui aquático no dia seguinte. Elas planejavam se encontrar na Pipefitter por volta das 13h, onde Ralph e Stephen Armstrong as pegariam. Jane May sentiu que Kamps parecia estranhamente apressada para encerrar o telefonema.

No dia seguinte, por volta do meio-dia, May recebeu um telefonema do namorado de Charise Kamps, Brian Dillman, que disse estar em casa em Iowa e não conseguia falar com ela ao telefone. Ele tinha ligado às 2h e às 2h30 na noite anterior e ouvido o sinal de ocupado nas duas vezes. Quando ligou de novo algumas vezes naquela manhã, ainda estava dando ocupado. Ele perguntou se Jane se importaria de ver como Charise estava. May tinha se arrumado para a prática de esqui aquático, mas foi até o apartamento de Kamps no terceiro andar da Gorham Street, besuntada de filtro solar e vestindo a parte de cima do biquíni e short. Ela encontrou a amiga nua, com o rosto virado para baixo na cama e coberta de sangue. No chão estava o robe de banho amassado, também coberto de sangue. O cinto do robe estava caído por cima das costas da jovem.

May correu pela escada abaixo e por mais quatro quarteirões até a Pipefitter, onde outro funcionário chamou a polícia. Depois, ela voltou ao apartamento da Gorham Street e esperou por eles. Pouco depois, Ralph e Stephen Armstrong apareceram na Pipefitter conforme o prometido a fim de buscar as garotas para viajar e fazer esqui aquático. Naquele exato momento, May fechou a loja e falou com Ralph Armstrong, segundo testemunho do próprio: "Sai daqui agora. Charise foi estuprada e assassinada", ao que ele respondeu: "Estou indo."

Ele e o irmão entraram no carro para a curta viagem. De acordo com uma declaração de Stephen Armstrong a um repórter do jornal *Capital Times*, no caminho para encontrar May na cena do crime, "Ralph disse: 'Aquela garota com quem jantamos ontem a noite foi estuprada e morta'".[10]

Quando a polícia levou Jane May para ser interrogada, os irmãos Armstrong pegaram o que Stephen chamou de "roupas decentes" no apartamento em cima da The Pipefitter para que ela pudesse vestir por cima dos trajes de verão que usava. Na delegacia, os dois também foram interrogados sobre o que houve na noite anterior, juntamente com os outros convidados da festa. Considerando as drogas e o álcool consumidos, não surpreende que os detalhes e relatos não fossem precisos. Alguns dizem que Ralph Armstrong e Charise Kamps estavam flertando no início da noite, durante a festa na casa de Jane May, com Armstrong chegando a sentar no colo da anfitriã. Ele teria tentado beijá-la, mas ela recusou. Outra pessoa afirmou o contrário, que Charise tinha sentado no colo de Ralph. O próprio Ralph Armstrong afirmou não ter interesse sexual em Charise Kamps, mas admitiu ter achado a jovem atraente. O namorado dela, Brian Dillman, tinha ligado para Charise durante a festa. Armstrong tinha pegado quatrocentos dólares (cerca de R$ 1.200,00) emprestados com Dillman para comprar um carro, e Dillman disse à polícia ter entreouvido que Armstrong deu o dinheiro a Kamps para pagar o empréstimo.

Após a refeição no restaurante, Armstrong disse aos investigadores que foi ao apartamento de Kamps por alguns minutos e tomou uma cerveja. Eles saíram para comprar cocaína, o que foi confirmado pelo traficante. Segundo Armstrong, depois disso ele e Kamps voltaram para o apartamento de Jane May, onde todos viram um pouco do noticiário das 22h na TV. Pouco depois, May estava pronta para dormir, então Kamps foi embora, por volta das 22h30. Armstrong, que não estava cansado, saiu alguns minutos depois de Kamps e foi para seu apartamento, onde disse ter ficado com

---

[10] Rob Fixmer, "The Gorham Street Slaying: Some Pieces of the Puzzle", *Capital Times*, 9 de julho de 1980.

o irmão algum tempo. Ele alegou ter retornado ao apartamento de May por volta de 1h usando uma escada de incêndio nos fundos para entrar, porque não tinha a chave da porta da frente. Ele disse à polícia que viu Kamps pela última vez quando ela saiu do apartamento de May, por volta das 22h30.

Após uma hora, os policiais leram os direitos dos dois irmãos. A polícia tinha descoberto um mandado do Texas em nome de Stephen Armstrong e queria prendê-lo até o dia seguinte. A situação de Ralph Armstrong era bem mais grave. Além de ser uma das últimas pessoas a ter visto Kamps com vida, ele estava sob condicional. Há dez anos, quando tinha 18 anos e morava em Albuquerque, no Novo México, ele e vários outros jovens tinham cometido uma série de agressões sexuais a quatro mulheres ao longo de vários meses. Armstrong cumpriu cerca de oito anos na prisão no Novo México, onde se reabilitou e foi considerado um preso modelo. Ele acabou recebendo liberdade condicional e ganhou uma bolsa integral para o curso de graduação em Psicologia Educacional na Universidade de Wisconsin.

Agora, no meio dessa investigação de assassinato, Armstrong tinha admitido o consumo de álcool e cocaína na noite anterior, o que violava os termos de sua condicional. Ele foi imediatamente detido por isso, e a investigação continuou. A polícia vasculhou meticulosamente o apartamento e a vida de Ralph Armstrong, mas não encontrou provas do crime em nenhum de seus pertences, casa ou carro, embora uma busca de dois dias no veículo tenha encontrado um pacote de maconha e traços de cocaína. Um técnico do instituto de criminalística esfregou as cutículas das mãos e dos pés de Armstrong com Hemastix, tiras de 7,5 centímetros tratadas com um reagente que muda de cor na presença de produtos químicos contidos no sangue, mas esse teste não é definitivo. Houve vários resultados positivos, embora não houvesse sangue suficiente para análise e definição de tipo sanguíneo — se é que foi sangue mesmo que a Hemastix detectou.

Stephen Armstrong reconhecia que a situação parecia ruim para o irmão, mas disse ao *Capital Times* ter certeza de que Ralph Armstrong era inocente: "Quem fez isso com Charise tem que ser um lunático. Ralph não é um lunático. Ele é um cara brilhante, que gosta de ir para a farra, ficar doidão e se divertir, como muita gente. E às vezes ele fica um pouco briguento, claro", acrescentou Stephen, apontando um buraco na porta do armário feito por Ralph com um soco. "Ele tem um gênio muito, muito ruim. E eu também, mas ele não é assassino. Porém, com uma condenação anterior e estando em condicional, ele é culpado até que se prove o contrário. Enquanto isso, quem cometeu o crime está solto por aí. Isso é que [me aborrece.]"[11]

Levaria vários anos até as pessoas perceberem que Stephen Armstrong estava falando a verdade. Assim como aconteceu com Steven Avery, é fácil ver como Ralph Armstrong foi visto como provável suspeito. Contudo, para quem teve dúvidas quanto à plausibilidade dos elementos mais agressivos de nossa defesa de Steven Avery — as sugestões de que houve alteração ilícita nas provas, a recusa teimosa em procurar outros suspeitos, o lixo disfarçado de ciência que impregna o sistema judicial — , o caso de Ralph Armstrong fornece um modelo em termos de erros, má conduta e viradas de tirar o fôlego. A luta de Armstrong para ser inocentado precisou esperar várias gerações de avanços biotecnológicos, mas a história dele não envolve apenas redenção e revelações encontradas em um tubo de ensaio. Ela inclui um promotor idealista que ficou comprometido de modo tão cego com um resultado que criou narrativas diferentes quando surgiram provas indicando o oposto de suas alegações originais, uma testemunha hipnotizada (e não confiável), duas mulheres saindo de uma casa com os filhos pequenos após um encontro fortuito com o verdadeiro assassino 15 anos após o crime, um plano secreto feito pela defesa para um almoço em que uma amostra essencial de DNA pudesse ser discretamente coletada de uma pessoa relutante envolvida no caso e um e-mail misterioso, que recebi 26 anos após o assassinato enquanto trabalhava no julgamento de Avery. Na última hora, aconteceram duas revelações que até hoje, dez anos depois, tenho muita dificuldade de acreditar.

---

[11] *Ibid.*

10

Uma jovem que estava apenas começando a explorar as promessas do mundo tinha sido estrangulada na própria cama. O agressor foi sádico e usou um instrumento contundente para estuprá-la. Poucos crimes na história de Madison foram tão chocantes quanto esse. O mistério de quem fez aquilo não durou muito, pelo menos para os investigadores; a questão seria provar isso.

Quando a notícia do assassinato se espalhou por Madison, o Ministério Público Estadual mandou John Norsetter, um promotor jovem e idealista, para o local. Ele assumiu o caso enquanto peritos documentavam meticulosamente o estado e o conteúdo da cena do crime: o apartamento de Kamps na Gorham Street. A investigação começou pela porta da frente. Não havia sinais de arrombamento. Brian Dillman contou que Kamps sempre deixava a porta trancada. Embora um tabuleiro de gamão estivesse revirado, tudo mais parecia estar em seus devidos lugares. Depois, Dillman notaria a ausência de um vaso de flores de vidro temperado na cabeceira da cama. Na mesa da cozinha, investigadores encontraram um pequeno espelho, uma navalha e um canudo prateado, equipamentos básicos para cheirar cocaína. Técnicos especializados analisaram o quarto e encontraram duas impressões digitais em um *bong*. Uma era de Ralph Armstrong. Dois policiais buscaram os quatrocentos dólares que ele teria dado a Kamps na noite anterior. Eles vasculharam "praticamente todos os lugares possíveis em que poderia haver dinheiro escondido", contou um deles. "Gavetas, penteadeiras, armários, tudo." O único dinheiro encontrado foi 136 dólares (cerca de R$ 420,00) no bolso de uma calça jeans que estava em uma pilha de roupas. Não foi encontrado sangue no banheiro ou em qualquer lugar do apartamento além da cama, levando as autoridades a concluirem que o assassino não limpou o local após o crime.

O mais importante era coletar provas no corpo de Charise Kamps antes que fosse removido. A história do assassinato dela seria descoberta no corpo e ao redor dele. Ela foi fotografada na cama. O assassino tinha espalhado o sangue de Kamps das nádegas até as pernas e também no rosto da jovem. Testes posteriores determinaram que ela fora agredida na cabeça, e o ânus, a vagina e a garganta apresentavam lesões causadas pela inserção de um objeto contundente. O patologista estimava a hora da morte entre meia-noite e 3h, e a causa provável como estrangulamento. Tudo indicava que a arma do crime teria sido o cinto do robe.

Dois fios de cabelo foram removidos do cinto. Além disso, sêmen e sangue foram encontrados no robe. Também foram retirados fios de cabelo do sangue, de fezes que estavam perto do corpo, do ralo da pia do banheiro e do ventilador no apartamento. A área em torno da cama foi limpa com aspirador de pó, um processo que depois totalizou sete fios de cabelo, seis fragmentos de fios de cabelo, vinte pelos pubianos, dois fragmentos de pelos pubianos, sete pelos de animais, três fios de cabelo humanos. Durante o exame *post-mortem*, a virilha da vítima foi analisada em busca de pelos ou fios de cabelo estranhos.

Enquanto a investigação da cena do crime acontecia, várias testemunhas ajudavam a completar as narrativas fornecidas pelas pessoas que estiveram com Charise Kamps.

Um caixa de banco drive-thru disse que na manhã após o assassinato, Ralph Armstrong depositou 315 dólares (cerca de R$ 1 mil) em sua conta-corrente, mas não bateu papo como de praxe. Para os investigadores, esse era o mesmo dinheiro que Armstrong tinha dado a Kamps na noite anterior e não foi encontrado no apartamento dela. De acordo com a versão de Armstrong para os investigadores, a fonte do dinheiro era o irmão, que estava devolvendo uma quantia que ele tinha adiantado para a visita de Stephen. Se ele não conversou com o caixa durante a transação, disse Armstrong, era porque estava conversando com o irmão na hora.

Em um edifício próximo ao de Charise Kamps, detetives acharam uma testemunha que acreditavam ser definitivamente capaz de identificar Ralph Armstrong entrando no apartamento de Kamps após a meia-noite, no período em que ela foi assassinada. Riccie Orebia, uma prostituta problemática que se identificou como mulher na hora do julgamento e não era a parte mais robusta do caso deles. Ela contou que ficou sentada em sua varanda das 23h até quase 4h e, por volta de 00h45, viu um carro branco com capota preta dar uma parada e desaparecer de vista, ao que parecia, fazendo a curva em um estacionamento do outro lado da rua. O motorista tinha cabelo escuro na altura do ombro. Alguns minutos depois, Orebia viu um homem atravessar a rua do estacionamento e entrar e sair do prédio de Kamps várias vezes, sendo que da última vez ele estava sem camisa.

A observação de Orebia seria, sem dúvida, crucial para qualquer narrativa do assassinato de Charise Kamps. Ela garantiu ao detetive que tinha uma boa lembrança do que havia acontecido. O homem tinha 1,65m, talvez 1,70m, além de cabelo comprido e escuro. O físico era de chamar a atenção, com barriga chapada e braços fortes. "Ele tinha pelos no rosto?" Ela não sabia ao certo. Claro que Orebia precisaria identificar oficialmente o suspeito cara a cara. Antes disso, porém, os detetives tinham trabalho a fazer com essa testemunha.

Ralph Armstrong era, sem dúvida, um homem de constituição forte e cabeleira longa e ondulada. Com exceção dessas características, contudo, a descrição de Orebia era altamente problemática. Ela tinha destacado o físico do homem que viu entrando no prédio da Gorham Street, citando a pele deslumbrante do torso nu, os braços musculosos e sem tatuagem. Porém, o braço direito de Ralph Armstrong tinha o símbolo de uma fênix visivelmente tatuado, e na parte superior do braço esquerdo, havia outra tatuagem bem visível, na qual se lia WE ARE EVERYWHERE TITAN (ESTAMOS EM TODA PARTE TITÃ). Outra tatuagem na coxa direita mostrava mulheres escalando uma flor. Pelos padrões de 1980, Ralph Armstrong era um homem muito tatuado, algo que não teria escapado à percepção de uma pessoa como Orebia, que, com base na descrição ricamente detalhada que forneceu, era fascinada pelo corpo masculino.

Talvez o mais importante fosse a descrição feita por Orebia da altura do homem que vira. A própria Orebia tinha 1,65m, e relatou que a pessoa tinha 1,65m ou talvez fosse um pouco mais alta que ela, por volta de 1,70m, enquanto Ralph Armstrong, com 1,88m, era entre 13 e 18 centímetros mais alto que a descrição. Mesmo deixando de lado essa diferença, ainda havia uma discrepância visível nas alturas relativas de Armstrong e do homem descrito por Orebia. Ela disse ter visto alguém como ela, bem mais baixo que o homem comum, enquanto Ralph Armstrong estava bem acima da altura do norte-americano médio. Essa não era uma discussão sobre dois ou três centímetros.

Claro que as lembranças de Orebia poderiam não ser precisas. Os detetives recorreram a um psicólogo em Madison, o Dr. Roger McKinley, que defendia o uso da hipnose como forma de aprimorar a memória em investigações criminais. No dia 29 de junho, cinco dias após o assassinato e antes de Orebia ser solicitada a reconhecer suspeitos, o detetive Robert Lombardo pediu ao Dr. McKinley que interrogasse Orebia sob hipnose. Antes da sessão, Lombardo deu ao psicólogo uma descrição do suspeito, Ralph Armstrong, e um resumo de fatos que ele considerou pertinentes ao caso. Em seguida, o detetive acompanhou McKinley na sessão com Orebia. A sessão de hipnose foi gravada em vídeo.

Psicólogo: Qual é a sua altura?

Orebia: 1,65m.

Pergunta: E você diria que essa pessoa era mais alta que você?

Resposta: Sim.

Pergunta: Qual a altura do seu pai?

Resposta: Meu pai?

Pergunta: Ou de alguém que você conheça. Você conhece alguém com 1,80m de altura?

Resposta: Sim.

Pergunta: Essa pessoa que você viu era da mesma altura da pessoa com 1,80m?

Resposta: Não.

Pergunta: Ele era mais alto?

Resposta: Mais alto que 1,80m?

Pergunta: Sim.

Resposta: Não.

Pergunta: Mais baixo que 1,80m?

Resposta: Sim.

Pergunta: Então a altura dele fica entre 1,65m e 1,80m?

Resposta: Eu não iria tão longe.

Pergunta: Até onde você iria?

Resposta: Eu diria entre 1,65m e 1,75m.

O detetive passou a McKinley um bilhete onde se lia: "O suspeito é mais alto do que isso."

McKinley quis saber mais sobre a descrição de Orebia:

— Olhe para ele com cuidado, pois essa questão da altura é importante — orientou McKinley.

Orebia manteve a estimativa inicial, mas McKinley não estava preparado para ceder, e disse a ela:

— Você não precisa ter certeza — e continuou a fazer perguntas sobre a altura do homem.

Pergunta: Tente imaginar seu amigo de 1,80m ao lado desse homem em sua mente.

Resposta: Acho que 1,75m é alto demais. Ele não era tão alto assim.

McKinley continuou dando a entender que a resposta de Orebia estava errada, mencionando repetidamente uma altura de 1,80m. O detetive também deixou sua opinião bem clara. A certa altura, comentando uma das respostas de Orebia, é possível ouvir o detetive Lombardo dizendo: "Duvido disso." E como se o fato de insistirem até Orebia cansar e o ceticismo mostrado em relação às respostas dela não bastassem, McKinley e Lombardo também levaram quatro fotografias para a sessão. Elas mostravam o carro de Armstrong, e uma era do próprio Armstrong. O doutor e o detetive passavam as imagens um para o outro na frente de Orebia.

O poder atribuído à hipnose, de colocar pessoas em um estado de consciência que as deixe abertas a sugestões é a antítese da obtenção de lembranças confiáveis e fidedignas. Soma-se a isso o ceticismo abertamente expresso pelo médico e pelo detetive e a exibição de fotografias e todo o exercício foi apenas um processo altamente eficaz para contaminar a lembrança de Orebia. Foi o equivalente a espirrar em um tubo de ensaio.

Quatro dias após a sessão de hipnose, foi marcada uma sessão extraordinária para identificação pessoal de suspeitos. Os detetives disseram a Orebia que tinham um suspeito e pediram que ela se sentasse na varanda como tinha feito na noite do assassinato. O plano era fazer Armstrong e outros "suspeitos" (que eram na verdade policiais) andarem do estacionamento até o prédio de Kamps, mas o advogado de Armstrong o alertou que a identificação seria armada para fazê-lo se destacar e recomendou que ele não cooperasse com o procedimento, resistindo passivamente. Dessa forma, seria possível alegar no fórum que a falta de cooperação ostensiva foi o motivo pelo qual a testemunha o escolheu. Então, Armstrong ficou parado e recusou-se a fazer a caminhada. Dois oficiais o agarraram pelos braços e o arrastaram pela rua. No caminho, os sapatos dele caíram. Para dar uma aparência de objetividade ao processo, os quatro policiais do grupo também se fingiram de mortos durante a caminhada, mas um deles simplesmente andou enquanto dois policiais seguravam seus braços. Armstrong era o único participante obviamente sendo carregado e arrastado pelos policiais, então, ele realmente se destacou dos outros "suspeitos". Os detetives relataram que Orebia suspirou quando o viu. No fórum, Orebia negou o suspiro, dizendo que tinha apenas arrotado.

Após a caminhada, os cinco foram colocados na frente de um furgão para que Orebia pudesse ver todos ao mesmo tempo. Dois oficiais "suspeitos" pareciam bem mais velhos que a pessoa descrita por Orebia. Outros dois tinham cabelos curtos e usavam perucas, imediatamente notadas por Orebia, que entendia de perucas. Os quatro policiais tinham tatuagens falsas. Em uma fotografia tirada na fila de suspeitos, as perucas usadas pelos "suspeitos" estavam obviamente tortas e Armstrong era o único que estava sendo segurado pelos policiais.

Orebia acabou reconhecendo que o procedimento foi "armado". Meses depois, ela fez uma declaração juramentada desmentindo a identificação de Armstrong, alegando ter sofrido pressão da polícia. Quando o julgamento veio, contudo, ela desmentiu o desmentido e voltou a citar Ralph Armstrong como o homem que tinha visto entrar e sair do prédio de Charise Kamps no horário do assassinato.

O julgamento de Ralph Armstrong marchava rapidamente para a direção errada. Havia fotos de uma cena de crime sangrenta, provas físicas em abundância e até uma testemunha que identificou — embora de modo hesitante — o único suspeito entrando na casa da vítima quando ela foi morta.

O promotor John Norsetter repetidamente descreveu as provas físicas em termos desfavoráveis. O sêmen fazia parte de seu panorama de provas, começando pela mancha no robe de Charise Kamps, que veio de um homem com sangue do tipo A. Isso cobria uma grande porcentagem da população, incluindo Brian Dillman, namorado de Kamps, e também Ralph Armstrong.

— A mancha veio de uma pessoa com sangue do tipo A que estava em seus fluidos corporais: sêmen, saliva e lágrimas. O sangue de Ralph Armstrong é do tipo A — relatou Norsetter ao júri.

As mãos e os pés também incriminavam Armstrong, alegou Norsetter, citando o testemunho da técnica Jill Wegner.

— Os dedos do réu foram testados na delegacia. Jill Wegner passou o Hemastix nas cutículas, embaixo do polegar e das unhas, ao redor das cutículas em cada dedo e, pasmem, havia sangue embaixo de todas as unhas. Todas elas. Era o sangue de Charise Kamps.

Certamente, havia um exagero drástico nesse relato: Wegner havia explicado que o teste indicava apenas uma suposta presença de sangue, sem identificar o tipo sanguíneo. Outras substâncias não presentes no sangue poderiam ter gerado o mesmo resultado e, caso fosse realmente sangue, poderia muito bem ser do próprio Armstrong. Ele tinha se cortado no dia do assassinato de Charise Kamps quando caiu durante uma corrida com o irmão. Além disso, algumas horas antes de o corpo de Kamps ser descoberto, Armstrong e Jane May admitiram ter feito sexo. May estava menstruada e fazia tratamento para uma doença que lhe causava um fluxo anormalmente intenso, então, Armstrong poderia muito bem ter sangue embaixo das unhas por motivos que nada tinham a ver com o assassinato de Charise Kamps.

A coleta de provas na cena do crime obteve fios de cabelo na pia, no ventilador e em pequenas amostras de fezes encontradas perto do corpo de Kamps. Não era possível afirmar que eles vinham de uma pessoa, mas alguns foram associados a Ralph Armstrong por um técnico do instituto de criminalística, que os considerou "consistentes" ou "similares" aos de Armstrong, a mesma disciplina pseudocientífica que condenaria Steven Avery cinco anos depois.

— Não há explicação do motivo pelo qual esses fios de cabelo foram encontrados em todos os lugares onde o réu estava — alegou Norsetter.

Bom, na verdade há sim: May testemunhou que ela e Ralph Armstrong usaram a mesma escova de cabelo, que ela carregava em algumas ocasiões em que ficou na casa de Charise Kamps.

Norsetter mostrou ao júri uma fotografia do corpo nu de Kamps com o rosto virado para baixo e sangue espalhado pelas costas, nádegas e coxas. O cinto do robe estava estendido ao longo das costas dela.

— Dois fios de cabelo do réu estavam neste [cinto do] robe — afirmou Norsetter.

Não era verdade, era de entristecer.

Nenhuma das alegações provou de modo conclusivo que Ralph Armstrong tinha matado Charise Kamps. Mas elas não foram analisadas individualmente. Fracas e débeis como elementos isolados, elas ganharam peso maior ao serem vistas como partes de um mosaico. A sugestão se solidificava em certeza: testemunhas alegando que Armstrong e Kamps flertaram naquela noite, o caixa de banco que recebeu um depósito de 315 dólares quando faltavam quatrocentos dólares no apartamento de Kamps, uma testemunha que pode ter visto Armstrong indo e voltando do prédio após a meia-noite, um *bong* com a impressão digital dele, um apartamento onde havia fios de cabelo "consistentes ou similares" ao dele, além do sêmen no robe de Kamps que era consistente com o dele.

Nos argumentos finais, Norsetter passou por cima até da opinião do perito:

— A prova física [da presença de] Ralph Armstrong na cena do crime o liga irrevogavelmente ao assassinato de Charise Kamps — insistiu ele.

Essas ligações não eram irrevogáveis, mas ievariam décadas para serem feitas. Condenado por assassinato e estupro, Armstrong foi enviado para a prisão perpétua com mais 16 anos.

Enquanto estava preso, Ralph Armstrong, um leitor voraz, descobriu que estavam utilizando testes de DNA em novas análises de antigas provas biológicas e os resultados contradiziam as provas originais usadas para condenar outros presos. Em 1990, Armstrong advogou em causa própria e solicitou que as provas físicas usadas para condená-lo fossem analisadas com a nova tecnologia. Um amigo o ajudou a cobrir os custos. Na época, os testes ainda estavam em estágio inicial e exigiam grandes volumes de DNA intacto, funcionando apenas em provas biológicas que não tinham sido muito deterioradas. Armstrong fez parte da primeira geração de condenados a procurá-lo. Ele levou quase um ano para conseguir fazer os testes e levar os resultados ao fórum, o que aconteceu em fevereiro de 1991. As novas provas pareciam muito mais esclarecedoras do que as provas de laboratório originais do caso.

Por exemplo, o instituto de criminalística tinha determinado que o sêmen no robe de Charise Kamps foi produzido por alguém com sangue do tipo A. O tipo sanguíneo da maioria das pessoas pode ser detectado não só no sangue como também na saliva, no muco ou no sêmen. Como Armstrong tinha sangue do tipo A, a promotoria argumentou que o sêmen encontrado no robe poderia ser dele. Não era uma prova muito forte, pois o sêmen poderia ter sido deixado por qualquer pessoa com o mesmo tipo sanguíneo, incluindo o namorado de Kamps, Brian Dillman. O teste de DNA, porém, era muito mais específico. Ele mostrava definitivamente que Ralph não poderia ter sido a fonte daquele sêmen.

Mais um ano se passou até o mesmo juiz responsável pelo julgamento original decidir que as novas provas de DNA não eram importantes o suficiente para atender ao pedido de Armstrong por um novo julgamento. O caso foi para a segunda instância de Wisconsin e padeceu lá por outro ano, até o juiz declarar que a mancha de sêmen que não poderia ter vindo de Armstrong era "uma prova circunstancial insignificante ligando Armstrong a Kamps e ao apartamento dela". Muito mais importantes, segundo o juiz, eram a testemunha ocular Orebia, a prostituta hipnotizada que mudou de ideia várias vezes (até na hora do julgamento) sobre se Armstrong era o homem que tinha visto entrando e saindo do prédio de Kamps, e "outras provas físicas, como amostras de sangue e fios de cabelo encontrados no corpo dele, na cena do crime [e que] também incriminavam Armstrong". A segunda instância negou a Ralph Armstrong o direito a um novo julgamento com base nas novas provas analisadas pelo DNA.

Quando Barry Scheck me ligou, em 1993, o recurso de Armstrong estava pendente.

— O caso original tinha umas alegações absurdas sobre fios de cabelo encontrados na cena do crime que correspondiam aos de Armstrong. A principal testemunha, a vizinha, era uma prostituta travesti que foi hipnotizada antes de identificá-lo. Tudo isso parece muito fraco — explicou Barry.

Também tive a mesma impressão. Barry procurava um advogado local para trabalhar com o Innocence Project na elaboração do recurso e perguntou se eu estaria interessado em me juntar a ele.

— Eu ficaria feliz em trabalhar nisso com você — respondi.

Pelos próximos 15 anos eu trabalharia nesse caso de modo intermitente, junto com Scheck e o Innocence Project. Sempre que Ralph Armstrong parecia ter provas suficientes para garantir um novo julgamento, o juiz em Wisconsin encontrava algum motivo para não lhe conceder esse direito. Da perspectiva da segunda instância, as provas descobertas *após* um julgamento e veredito de culpado equivalem a receber uma nova leva de pratos após terminar a sobremesa e o café: o sistema não é equipado para digerir tudo isso. Portanto, juízes de segunda instância não costumam reavaliar provas, e sim decidir se o processo original do julgamento foi constitucional e administrado de modo justo pelo juiz. O principal interesse da maioria dos juízes de segunda instância é a "finalidade" dos julgamentos em vez da verdadeira justiça. Na imensa maioria dos casos, a segunda instância ratifica o julgamento original, não importa o quanto ele tenha sido falho.

Na verdade, alguns tribunais alegam que a "verdadeira inocência" não basta para garantir um novo julgamento. O DNA mostra os erros cometidos pela polícia, promotores, advogados de defesa, testemunhas e júris. Também revela o quanto os tribunais de segunda instância são ineficazes para garantir os direitos de quem os procura. Em um estudo feito nas duzentas primeiras mudanças de sentenças que inocentaram antigos condenados graças ao DNA, o professor de direito na Universidade da Virgínia, Brandon Garett, mapeou a jornada das pessoas condenadas erroneamente até serem inocentadas. Em 86% dos casos, nenhum juiz de segunda instância encontrou falhas no julgamento original ou, se encontrou, alegou que foram "erros inocentes".[12] Esses juízes, considerados (erroneamente) como proteção do nosso sistema judicial, não alteram o julgamento feito em primeira instância ou pelo júri, mesmo se novas provas lançarem grandes suspeitas sobre essa condenação ou julgamento. Ao longo dos anos, a segunda instância passou a criar obstáculos jurídicos para limitar análise de decisões "discricionárias" e impôs "testes" intrincados que precisam ser realizados para que o réu consiga reverter a condenação.

Na época em que Scheck me ligou, um dos poucos especialistas amplamente reconhecidos em testes de DNA forense era o Dr. Edward Blake, cientista da Califórnia. Blake tinha acabado de trabalhar em um caso de estupro em Nova York no qual um homem preso foi excluído como fonte de uma mancha de sêmen, mas o promotor não admitia que isso provava a inocência dele, pois o sêmen poderia ter vindo do marido da vítima em vez do estuprador. A próxima etapa lógica teria sido obter uma amostra de referência do marido, mas como essa era uma área nova do direito, o réu não tinha poder para convencer o marido a fornecer uma amostra, e mesmo agora, um quarto de século depois, essa questão permanece não resolvida em muitos estados norte-americanos. Aquele caso se arrastou por alguns anos até o marido, voluntariamente, fornecer uma amostra,

---

[12] "Judging Innocence", *Columbia Law Review 18*, nº 1 (janeiro de 2008): 55-142.

provando que nem ele, nem o homem condenado eram a fonte do sêmen. Como a mulher não teve outros parceiros sexuais além do marido, a única explicação era o sêmen ter sido deixado pelo estuprador. A condenação foi revertida.

No caso de Ralph Armstrong, a primeira rodada de testes de DNA também não incluía uma amostra de referência de Brian Dillman. Mesmo que os resultados tenham excluído Armstrong como dono do sêmen, isso não necessariamente provava que ele *não* tinha atacado Charise Kamps. O Dr. Blake assumiu a posição razoável e alegou ser essencial obter uma amostra de DNA de Brian Dillman para saber se ele era a fonte de outras provas que podiam ser testadas, como os fios de cabelo encontrados no corpo dela e, também, no cinto do robe aparentemente usado para estrangular a vítima. O interessante é que durante a investigação originalmente feita pela polícia Brian Dillman coletou sangue que poderia servir como amostra de referência para obter o DNA dele, mas, por algum motivo inexplicável, esse sangue desapareceu.

Como poderíamos obter uma nova amostra de sangue?

O promotor do caso de Ralph, John Norsetter, não fez objeção à nossa proposta e prometeu falar com Dillman em nosso nome. Ele contou que Dillman estava pensando no assunto, e isso se arrastou por tanto tempo que elaboramos outro plano.

Se alguém conseguisse pegar um copo no qual Dillman tivesse bebido ou uma guimba de cigarro fumada por ele, poderíamos obter uma amostra testável de DNA. Entre os amigos de Ralph Armstrong dos tempos de Madison, algumas pessoas continuavam a acreditar na inocência dele, e embora muitos anos tenham se passado desde então, um desses amigos ligou para Dillman e o convidou para almoçar. O plano era que o amigo discretamente pegasse algum objeto que tivesse o DNA de Dillman. Ele concordou com o almoço, mas acabou cancelando, na última hora.

Por fim, fomos até o fórum em busca de uma ordem para obrigar Brian Dillman a fornecer uma amostra de DNA, mesmo sem ter certeza se nós poderíamos fazer isso. O juiz marcou uma audiência na qual Dillman não compareceu, mas enviou um advogado que confirmou a disposição de seu cliente em fornecer uma amostra. Concordamos em revelar os resultados do teste ao advogado dele.

No fim, Ralph Armstrong foi definitivamente eliminado como fonte dos fios de cabelo encontrados no cinto do robe. O mesmo aconteceu com Brian Dillman. John Norsetter, que tinha concordado com todos esses testes, pareceu muito surpreso quando o resultado excluiu Armstrong, mas não aceitou um novo julgamento. Assim, voltamos ao fórum.

Parte III

APENAS
UM ADVOGADO

11

Enquanto o calendário entrava em um novo século e milênio, nosso escritório de advocacia continuava a crescer. Eu começava a pensar em contratar outros jovens advogados. Abrimos uma filial no litoral norte de Milwaukee, perto de onde nosso sócio Dudley mora. Enquanto isso, os testes forenses favoráveis sobre o caso de Ralph Armstrong não paravam de chegar. Barry Scheck e eu estávamos nos preparando para fazer uma petição em segunda instância solicitando um novo julgamento no condado de Dane. O dia 1º de setembro de 2001 marcava o 20º aniversário de minha permissão para atuar como advogado em Wisconsin, mas a vida estava prestes a virar de cabeça para baixo de um jeito que nunca imaginei. Eu iria vivenciar em breve o mesmo que meus clientes: a sensação de colocar toda sua fé no conhecimento de outra pessoa quando sua vida está em jogo.

Na sexta-feira antes do fim de semana do Dia do Trabalho em 2001, um radiologista entrou na sala onde eu tinha acabado de me submeter a uma tomografia computadorizada. Eu já tinha passado por exames de raio x e tomografias antes e a rotina é que o técnico sai, diz que tudo terminou e o Dr. Fulano de Tal vai enviar um relatório ao seu médico, o que costuma levar alguns ou muitos dias. Você quase nunca vê o radiologista no dia do exame. E raramente descobre de imediato quais mistérios foram revelados.

Se isso acontecer, geralmente significa que o resultado não é bom.

— Tem algo aí. Pode ser benigno, mas é bem grande. Pode ser maligno — explicou ele.

Kathy tinha razão. Duas semanas antes, na praia em Outer Banks, Carolina do Norte, ela havia notado uma protuberância na minha perna.

— Está ficando maior — observou ela.

Eu mal tinha notado aquilo havia alguns meses, e depois, basicamente, tinha esquecido. Estava me preparando para levar um caso de homicídio altamente divulgado a julgamento no meio de setembro. Aquelas férias na praia eram para ser meu último descanso antes da enxurrada de trabalho.

O caroço não doía e parecia ter menos de 2,5 centímetros.

— Provavelmente é um cisto ou algo assim — comentei, prometendo ir ao médico para verificar. Meu clínico geral observou, mas não pareceu assustado. Mesmo assim, ele me encaminhou a um ortopedista, que pediu a tomografia na mesma semana. E eu insisti para ir sozinho me submeter a esse exame.

— Você precisa ver um especialista em câncer. Um oncologista ortopédico — recomendou ele. Eu não sabia que havia especialidades dentro de outras especialidades.

Ele me deu um grande envelope de papel pardo com as imagens. Voltei para casa atordoado. Como era tarde de sexta-feira em um fim de semana de feriado prolongado, não havia médico imediatamente disponível para consultar. Fiquei surpreso quando o ortopedista que havia solicitado o exame me ligou do celular na sexta-feira à noite, durante sua viagem ao norte de Wisconsin, onde passaria o fim de semana.

— Você precisa se consultar com Don Hackbarth. Ele é *o cara*. Vou tentar entrar em contato no fim de semana e pedir que ele atenda você o mais rápido possível.

O médico me ligou de novo sábado à noite para dizer que já tinha falado com o Dr. Hackbarth e eu deveria telefonar para o consultório dele na terça-feira. Toda essa pressa extraordinária em um fim de semana de feriado nos deixou ainda mais nervosos.

Liguei para o Dr. Hackbarth na terça-feira de manhã cedo, mas o único horário disponível era na terça-feira da semana seguinte. Em casa, peguei as imagens da tomografia e tentei analisá-las: cortes transversais de tecido em cada perna, além de dúzias de imagens menores, impossíveis de identificar ou interpretar. Tive certeza de notar uma forma na perna direita que não estava presente na esquerda. Eu e Kathy pesquisamos a internet em busca de informações. Às vezes, esses tumores eram benignos, e certamente, seria o meu caso. Afinal, eu estava bem. Na verdade, após as férias na praia eu me sentia em forma e preparado como não acontecia há tempos. Estávamos modestamente esperançosos à medida que a consulta com o Dr. Hackbarth se aproximava. Mesmo assim, dessa vez Kathy iria comigo, pois aprendi trabalhando em conjunto no fórum que tê-la por perto me fazia bem.

Chegamos à clínica ortopédica do Hospital Froedtert em Milwaukee logo cedo. O Dr. Hackbarth deu uma olhada rápida na minha perna, depois colocou as imagens em uma caixa com luz e as avaliou por um instante.

— Vamos precisar de uma biópsia, provavelmente amanhã. Posso dizer de imediato: é quase certo que é maligno. É um sarcoma de tecido mole. Pode ser de dois tipos, e ambos são bem raros e letais. Costumávamos simplesmente amputar as pernas das pessoas, mas ficamos melhores nisso. Vamos tentar salvar sua vida e sua perna, mas você definitivamente vai ter um longo ano pela frente, com vários tipos de tratamento.

Enquanto eu olhava por cima do ombro dele, o Dr. Hackbarth analisou as imagens que mostravam a anormalidade e pegou uma imagem contendo as duas pernas que eu não tinha notado antes. A diferença era marcante. Eu não conseguia diferenciar o que era eu e o que era tumor. O câncer tinha tomado meu corpo de tal forma que uma amputação poderia envolver não só a perna como também o quadril. De qualquer modo, o Dr. Hackbarth prometeu fazer todo o possível para evitar isso.

Nesse momento ele foi chamado e educadamente pediu licença.

— Vou deixar vocês conversarem sobre isso. Volto em alguns minutos.

Um buraco se abriu embaixo de nós. Nossos filhos Stephen e Grace tinham 9 e 7 anos, respectivamente.

— Não entre em pânico. Nada é definitivo até a biópsia — disse eu a Kathy.

Perspicaz, Kathy não me deixou bancar o forte.

— Ele já sabe. É por isso que fez as outras recomendações — comentou ela.

O Dr. Hackbarth abriu a porta com uma expressão que não estava lá há apenas alguns minutos. Eram cerca de 10h30 da manhã no horário de Milwaukee.

— Era a minha esposa. Um avião bateu no World Trade Center e ele desabou — explicou ele.

Inicialmente, eu e Kathy nos entreolhamos como se disséssemos: "Este homem está louco. Vamos sair daqui." Durante a conversa, porém, estava claro que o Dr. Hackbarth falava a verdade.

Enquanto dirigíamos de volta para casa, os noticiários de rádio davam uma notícia alarmante após outra. Um segundo avião tinha atingido a outra torre. O Pentágono também tinha sido atacado. Ninguém sabia onde estava o avião do presidente. As pessoas estavam em bunkers. Um avião tinha caído na Pensilvânia. O governo ordenou que todos os aviões aterrissassem e não decolassem novamente até segunda ordem.

Foi uma tragédia nacional horrível. Eu me sentia péssimo por todos. Eu e Kathy tínhamos visitado Nova York há menos de um ano para outra conferência da NACDL. Nós fomos ao World Trade Center e comemos no restaurante Windows of the World. Apesar disso, eu só conseguia pensar que iria morrer em alguns meses. Aos 45 anos, até aquele momento eu não tinha pensado na mortalidade. Fiquei envolvido com Kathy, as duas crianças e o trabalho. O que fiz para deixar minha marca no mundo? Minha vida não teve sentido.

De volta em casa, liguei a TV do quarto no *Today Show* para acompanhar as calamidades que se desenrolavam em nível pessoal e global. Kathy entrava e saía, ela achava tudo horrível demais para assistir. Minha biópsia estava marcada para o dia seguinte. Geralmente biópsias são procedimentos simples para extrair pedaços de tecido, mas não dessa vez. Como o tumor estava em torno da veia femoral, a biópsia seria uma cirurgia com anestesia geral.

Quase um ano antes, quando meu pai estava na fase terminal de um câncer de bexiga, um padre veio ungi-lo e rezar. Em minha infância, esse sacramento era chamado de extrema-unção ou "unção final", enfatizando que era feita para os moribundos. Agora ela é conhecida como Unção dos Enfermos. O ritual para o meu pai tinha sido emocionante, apaziguador, reconfortante e tranquilizador. Eu queria uma experiência como aquela antes de ir para a biópsia, e gostaria que nossos filhos estivessem presentes.

Após saber dos ataques nos noticiários matinais, a escola tinha levado os estudantes à igreja para rezar. Stephen estava na quarta série e Grace, na segunda. Nós os buscamos e fomos a uma capela, onde o sacerdote associado deu o sacramento. Eu e Kathy temíamos assustá-los, especialmente porque eles tinham perdido o avô para o câncer havia um ano. Não falamos a palavra "câncer", mas dissemos que eu iria fazer uma cirurgia, e era grave.

O sacramento e o momento em silêncio com as crianças na igreja trouxeram um pouco de paz a mim e a Kathy.

Enquanto meu pai estava doente, passei muito tempo na biblioteca do hospital lendo revistas que não eram facilmente encontradas na internet. Também desenvolvi alguma proficiência ao longo dos anos pesquisando artigos médicos durante a preparação para o testemunho de peritos ou assistentes técnicos. Agora eu estava de volta à mesma biblioteca, em causa própria, mas não consegui fazer o que me propus.

Logo descobri que se você tiver câncer, é melhor que não seja raro. Não há dinheiro ou ímpeto suficiente para estimular as pesquisas. Para o meu câncer, não havia tratamento definido. A abordagem variava de acordo com o especialista, mas todos se baseavam na quimioterapia tradicional, que destruía o tecido canceroso e o saudável quase indiscriminadamente. Os medicamentos poderiam muito bem ser ácido de bateria. Seria preciso analisar as opções e decidir rapidamente qual delas utilizar e como fazê-lo.

A primeira vez que li as estatísticas sobre sobreviver cinco anos com esse tipo de câncer, passei mal, e entrei em parafuso.

— Você precisa parar com isso — recomendou Kathy.

Mas alguém tinha que pesquisar. Como eu não conseguia encarar os números terríveis, Kathy e meu irmão mais velho, Tom, assumiram a tarefa.

Enquanto isso, queríamos uma segunda opinião. Nossa primeira escolha foi um médico na cidade de Nova York, mas como os voos foram cancelados indefinidamente devido aos ataques terroristas, marcamos uma consulta com especialistas da Clínica Mayo em Rochester, Minnesota. Era fácil chegar lá de carro, uma viagem de cerca de cinco horas. Quando encontramos o oncologista e o cirurgião na Clínica Mayo, a biópsia tinha confirmado a suspeita do Dr. Hackbarth: o tumor era maligno, um subtipo do sarcoma de tecido mole conhecido como sarcoma sinovial. Os especialistas da Mayo recomendaram vários meses de quimioterapia, seguidos de radioterapia e, depois, cirurgia. Eu teria que me mudar para Rochester nesse período, pois Kathy precisava cuidar das crianças. Era uma perspectiva deprimente para quem já ouvira apenas notícias ruins.

Perto do final da tarde que passei com os especialistas da Mayo, percebi que minha perna doía muito, embora o local da cirurgia para a biópsia na perna estivesse cicatrizando bem. Será que eu estava pensando sobre o tumor e conjurando a dor? Parecia aguda demais para ser psicossomática. Quando Kathy deu uma olhada, levou um susto: toda a minha perna direita estava vermelha e quente. Até eu conseguia ver que havia algo errado, mas ninguém na Clínica Mayo estava preparado para lidar com um paciente em crise, ou pelo menos não a minha crise, pois já passava das 17h e eles estavam fechando. A recomendação foi ir para o hotel e voltar na manhã seguinte, quando a clínica reabriria.

— Nem pensar que vamos fazer isso. Que opção nós temos para descobrir agora o que está havendo com a perna dele? — interrompeu ela.

Bom, poderíamos ir a um pronto-socorro, mas a Clínica Mayo não tinha atendimento emergencial. Teríamos que ir ao Hospital Saint Mary, a alguns quilômetros de distância. Como chegar lá? Chame um táxi, recomendaram. Na época, assim como agora, pareceu uma resposta espantosa para dar a um paciente visivelmente angustiado, mas não tínhamos escolha.

No Hospital Saint Mary, a equipe do pronto-socorro não perdeu tempo quando viu minha perna. Eles logo descobriram um imenso coágulo sanguíneo, que tomava quase toda a coxa, uma emergência de vida ou morte. Uma parte do coágulo poderia se soltar, chegar aos pulmões e me matar. Se Kathy tivesse aceitado a primeira sugestão da Mayo de voltar no dia seguinte, eu poderia ter morrido no quarto do hotel durante a noite. Mas a equipe do Saint Mary foi excelente: deram anticoagulantes para dissolver o coágulo e me internaram por cinco dias para garantir que o remédio tinha funcionado. Alguns dias depois, os médicos do centro de oncologia da Clínica Mayo passaram no meu quarto e sugeriram: já que eu estava na cidade, por que não começar o tratamento quimioterápico com eles e remover o tumor em Rochester, aos cuidados da Mayo?

— Nem pensar — retruquei.

A experiência do coágulo teve dois efeitos importantes em mim. Primeiro, me ajudou a sair da tristeza e frustração causadas pelo choque de saber que tinha um câncer raro e letal e, mesmo se eu conseguisse sobreviver, poderia perder a perna. Decidi que ainda havia muito a viver, mesmo com uma perna só. Quando voltei para casa, fiquei confinado a uma cadeira de rodas por algum tempo. Aprendi a andar com ela pela casa, pesquisei como adaptar meu carro com alavancas para ativar os pedais e planejei onde poderia instalar um elevador na residência que tínhamos construído havia apenas dois anos. Se Raymond Burr da série de TV *Têmpera de aço* navegava pelo sistema de justiça criminal em cadeira de rodas, eu também conseguiria.

O coágulo também me ajudou a perceber que precisava estar em casa, em Wisconsin, para o tratamento, pois teria minha esposa e filhos por perto. Não só por termos nos assustado com a reação da Mayo à minha emergência do coágulo sanguíneo. Meu médico em Wisconsin, Don Hackbarth, havia me impressionado com a abordagem revigorante e humilde de sua missão. Ele não tinha o ar arrogante típico dos cirurgiões. Eu gostava disso.

— Acredito que Deus age pelas minhas mãos. Só posso fazer o que Deus quer que eu faça — afirmou ele uma vez.

Voltei a Froedtert e encontrei uma equipe composta por um oncologista especializado em quimioterapia, outro, especializado em radioterapia, e o Dr. Hackbarth, que era o capitão do navio. Segundo a pesquisa feita por nós, eu sabia que a melhor chance de sobrevivência era a abordagem agressiva. Com esperança renovada e perspectiva otimista, disse ao oncologista para injetar a quimioterapia mais forte possível.

— Leve-me até a beira do precipício e depois me traga de volta — brinquei.

— Não se preocupe. Você não vai sentir que recebeu menos tratamento do que deveria — respondeu ele com um sorriso irônico.

O oncologista tinha razão. Antes que o tumor pudesse ser removido, eu precisei de quimioterapia tão forte que a administração foi feita no hospital durante cinco dias, seguidos por dois dias de fortes náuseas até eu me recuperar o suficiente para receber outra dose. Após dois meses nessa rotina, eu realmente *não* senti ter recebido menos tratamento do que deveria.

Depois de tudo isso, foram 25 doses fortes e diárias de radioterapia. Como a radiação tem efeito cumulativo no organismo, há um limite máximo que a pessoa pode receber ao longo da vida. Mesmo exposições à radiação ocorridas com anos de diferença, como exames de raio x odontológicos aos 20 anos e ortopédicos aos 50, são somadas. Eu recebi a dose máxima para a vida toda em menos de um mês. Meu cabelo caiu e minha pele descascou.

Kathy depois me contou que um dia, no carro, Grace perguntou:

— Mamãe, quais são as chances de o papai morrer?

— Não, não. O papai não vai morrer. Ele só está passando por um tratamento — explicou ela. Grace não ficou satisfeita.

— Mas, mamãe, quais são as chances de ele morrer?

Após Kathy fugir da pergunta novamente, Grace a repetiu pela terceira vez. Kathy finalmente respondeu, talvez com mais confiança do que realmente sentia:

— Existe uma boa chance de o papai não morrer.

Esta última resposta pareceu satisfazer Grace. Mas não muito, como descobriríamos alguns dias depois. Como aquele cérebro de 7 anos de idade estava absorvendo todas as mudanças em nossa vida e em mim, e ela tinha outra pergunta:

— Mamãe, se o papai morrer e você morrer, o que vai acontecer comigo?

De novo, Kathy tentou evitar a pergunta e só respondeu quando Grace perguntou pela terceira vez. Ela lembrou que a menina tinha muitos primos, tias, tios e por aí, e Grace aceitou essa resposta. Aos 7 anos, essa filha de dois advogados de defesa criminais tinha intuitivamente dominado o velho truque usado por advogados para testemunhas que evitam responder a uma pergunta: continue repetindo. Na terceira vez, eles geralmente respondem.

Em fevereiro, um mês após o fim da radioterapia, chegou a hora da cirurgia. Segundo os médicos, o tumor estava crescendo há um bom tempo, possivelmente, há uns dez anos. Era mais velho que meus filhos. Localizado perto da virilha, era tão grande que seria preciso remover a veia femoral e esperar que as veias adjacentes assumissem o fluxo sanguíneo da perna para o coração.

No dia marcado, o Dr. Hackbarth chegou cedo para ler os últimos relatórios da patologia sobre o tamanho exato do tumor e visualizar como seria a cirurgia.

"A preparação dele se assemelha ao que fazemos antes de um [julgamento de homicídio, quando analisamos mentalmente todas as permutações possíveis das provas", escreveu Kathy para os amigos e para a família.

Antes de receber a anestesia, o Dr. Hackbarth explicou, como tinha feito anteriormente, que tentaria salvar minha perna, mas depois de me abrir e analisar o tumor poderia concluir que não seria possível manter a perna para salvar minha vida. Por isso, ele pediu para que eu assinasse a autorização para amputar a perna, caso fosse preciso. Eu hesitei, e recorri a Kathy.

— Por que você não pergunta a Kathy antes de amputar? — sugeri.

— Ah, não. Você não vai jogar isso para mim. Aviso desde já que se ele disser que é a perna ou a vida e a decisão ficar por minha conta, você não vai acordar com duas pernas — retrucou Kathy.

Tudo bem, então. Consegui sorrir enquanto assinava o formulário de consentimento, depois entrei no sono da anestesia.

Cirurgiões vasculares e plásticos trabalharam o dia todo e emendaram noite adentro. Só para separar os vasos sanguíneos emaranhados com o tumor eles levaram seis horas. Boa parte da coxa estava com um buraco, e para preenchê-lo os médicos desconectaram parte do músculo da costela que liga o esterno ao púbis, o reto abdominal, e o viraram para baixo, até alcançar a cavidade da coxa. O objetivo não era usar esse músculo para mexer a perna, e sim como tecido novo para as partes da coxa que tinham sido quase destruídas pela radiação e teriam dificuldade para cicatrizar após a cirurgia.

Kathy ficou de vigília na sala de espera tendo a companhia de meu irmão, Mike, nosso sócio no escritório, Dudley e uma velha amiga dos tempos de defensoria pública, Kathy Zebell. Após o tumor ter sido finalmente removido, o Dr. Hackbarth foi ao laboratório de patologia empolgadíssimo para confirmar a remoção completa, sem deixar qualquer vestígio.

Contudo, quando os cirurgiões foram procurar Kathy, a sala de espera estava fechada. Eles tinham trabalhado em mim durante 13 horas e meia.

— Ele está na sala de recuperação e muito combativo. Não se preocupe. Isso geralmente acontece quando a pessoa fica anestesiada por muito tempo — explicou um deles.

Kathy depois contou que briguei com um enfermeiro a ponto de acharem que eu iria arrancar o cateter do soro. Ela começou a falar e me acalmou, mas fiquei um tanto fora de mim pelos dias posteriores. No quarto no hospital, a TV transmitia as Olimpíadas de Inverno.

— Era para ser eu ali. Sou praticante de *bobsled*. Eu deveria estar nas Olimpíadas — comentei.

Kathy olhou para mim.

— Sou esquiador alpino. Quebrei a perna. Que pena que não posso estar lá. Talvez da próxima vez — comentei, trocando de esporte.

— Jerry. Do que você está falando? — perguntou Kathy.

— Sou esquiador, não sou?

— Não. Você está no hospital porque tem câncer. Você é advogado — respondeu ela.

Advogado. Hmm.

Não me lembro de boa parte do que aconteceu. Não me lembro de ter acordado da cirurgia, nem de quando percebi que estava com as duas pernas. Kathy informava nossos amigos e nossa família por e-mail. No fim das contas, eram boas notícias. A retirada do tumor tinha sido um sucesso, e os relatórios de patologia de acompanhamento mostraram que as bordas estavam limpas, significando probabilidade menor de haver células cancerosas que conseguiram escapar da quimioterapia, radioterapia e cirurgia. Apesar disso, houve uma complicação misteriosa.

12

"Ele não está fazendo o progresso rápido e tranquilo que esperávamos e vem tendo febre nos últimos dias", dizia o e-mail de Kathy.

Os médicos verificaram se havia algum coágulo, fizeram exames de sangue, estudaram a incisão e os drenos. Minha dor estava bem controlada por alguns narcóticos pesados. Nós até apelidamos um dos médicos de "Dr. Feelgood" ["Dr. Bem-estar," em tradução livre] porque ele prescrevia esses medicamentos sem maiores objeções.

Kathy escreveu: "Eles diminuíram um pouco os remédios, então, as alucinações deram uma folga, mas tivemos umas conversas bem doidas nos últimos dias." E ela reconheceu que eu não era o único decepcionado por não ser um esquiador. "Também fiquei desapontada", comentou.

A febre de origem misteriosa persistia. Como os médicos temiam que o músculo abdominal enxertado na coxa não estivesse cicatrizando adequadamente na perna, foi feita uma nova incisão para descobrir o problema. Nada. Eu continuava recebendo bolsas de gelo e antibióticos como precaução. Até que duas semanas depois, em outra cirurgia, fizeram uma descoberta ridícula: alguém esqueceu uma esponja na incisão original.

"Os médicos que deram a má notícia não poderiam estar mais envergonhados e infelizes, e com razão", escreveu Kathy em outro e-mail. "Afinal, se você vai esquecer uma esponja em alguém, é melhor que não seja em um advogado. Mas eles também gostam muito do Jerry e ele passou por uma grande e complicada cirurgia à qual os médicos dedicaram muita paixão e energia." Devido ao erro deles, fiz duas cirurgias desnecessárias e sofri mais do que deveria.

Analisando agora, o erro é interessante. As esponjas deixadas em pacientes cirúrgicos são um problema há décadas. Em média, isso acontece duas vezes por ano em cada hospital. Os custos de encontrá-las e reabrir o paciente adicionam em média 63.631 dólares (cerca de R$ 200.000,00) à conta de hospital, segundo um estudo feito em âmbito nacional nos EUA. Por isso, há muito tempo o procedimento padrão em centros cirúrgicos consiste em fazer um registro cuidadoso de tudo o que é utilizado no paciente e contabilizar depois.[13] Mas esponjas são incrivelmente difíceis de encontrar após o paciente ter sido fechado, porque no exame de raio x elas se parecem com o tecido comum. Até que alguém teve a ideia de colocar um pequeno marcador de metal nas esponjas, para facilitar a localização de alguma esponja esquecida no exame de raio x.

No meu caso, a equipe do centro cirúrgico fez uma contagem no fim da cirurgia e percebeu que faltava uma esponja. Eles trouxeram uma máquina de raio x antes de me fecharem totalmente, mas não a encontraram. Enquanto isso, uma esponja foi encontrada no lixo da sala de cirurgia. A-há! Lá estava a esponja perdida, pelo menos foi o que pensaram. Fui levado de maca para a sala de recuperação. E lá estava eu, dias depois, com uma febre horrível, incapaz de sair do hospital ou de me recuperar a contento. Na verdade, aquela esponja no lixo nada tinha a ver com minha cirurgia e, provavelmente, nem deveria estar lá. A esponja perdida ainda estava dentro de mim e não tinha sido detectada. Essa história foi um alerta de como é possível tirar conclusões erradas a partir de provas circunstanciais.

"O exame de raio x não foi até o fim da incisão porque ela tinha 77 centímetros de comprimento", escreveu Kathy. Analisando mais detalhadamente, a esponja tinha aparecido na radiografia, mas o pequeno marcador de metal que a identificava estava no canto da imagem e foi coberto pela placa que identificava o exame como sendo meu. No geral, a profissão médica é muito mais proativa que o sistema de justiça criminal para identificar erros sistêmicos e enfrentá-los diretamente, estabelecendo medidas para diminuí-los ou eliminá-los. Hospitais fazem reuniões semanais para analisar mortes inesperadas ou internações prolongadas. É por isso que havia um marcador na esponja. Mais recentemente, alguns hospitais começaram a usar etiquetas RFID (identificação por radiofrequência) em esponjas para localizá-las. Mesmo que o marcador metálico não tenha funcionado para mim, estudos

---

[13] Lenny Berstein, "When Your Surgeon Accidentally Leaves Something Inside You", *Washington Post*, 4 de setembro de 2014. https://www.washingtonpost.com/news/to-your--health/wp/2014/09/04/when-your-surgeon-accidentally-leaves-something-inside-you/.

mostram uma queda significativa na quantidade de esponjas perdidas e outras parafernálias cirúrgicas após o uso de novas tecnologias de localização. Na minha profissão, condenações errôneas são quase sempre falhas sistêmicas, com muitas causas contribuindo para que aconteçam, mas a análise necessária para entendê-las e criar soluções raramente acontece.

Não fiquei feliz com o erro da esponja, mas felizmente isso não causou danos permanentes. Eu estava vivo e ainda tinha as duas pernas. Os cirurgiões fizeram um trabalho incrível ao remover o tumor sem espalhar células cancerosas pelo meu corpo, além de reconfigurar minha anatomia sem fazer com que eu perdesse totalmente o movimento da perna. Até hoje sou muito grato pela habilidade e dedicação deles. E sempre serei.

Os meses seguintes trouxeram rodadas de infecções, quimioterapia, contagem de glóbulos brancos do sangue em queda livre, num vaivém entre os médicos e minha casa. Fiquei sem trabalhar por quase um ano. Kathy montou uma cama hospitalar no quarto de hóspedes, que acabou virando uma sala de estar secundária. Ela colocou uma toalha no chão para que a família pudesse fazer as refeições lá. Exceto eu, que comia na cama ou, mais precisamente, bebia na cama, pois estava em uma dieta de milk-shakes altamente calóricos. Em vez de usar as versões industrializadas, Kathy fazia tudo em casa, misturando proteína em pó com sorvete e chocolate.

Ela também aprendeu a fazer curativos, limpar o cateter intravenoso central instalado em meu peito e todas as outras tarefas entediantes que envolvem cuidar de uma pessoa gravemente doente. O fardo era triplo: além de ajudar na minha recuperação e cuidar de duas crianças, Kathy também cuidava dos novos e antigos clientes do escritório, junto com nosso sócio, Dudley. Boa parte dos casos que outros advogados encaminhavam para nós sumiu, pois ninguém queria sobrecarregar Kathy, mas nós precisávamos trabalhar para manter o plano de saúde e todas as outras obrigações em dia. No fim, ficamos com muito pouco dinheiro naquele ano, mas ninguém foi demitido e todas as contas foram pagas.

Um efeito colateral geralmente sentido por pacientes de câncer me atingiu com tudo: a mente enevoada conhecida como "quimio-cérebro". Ler ou assistir à televisão ficou impossível. Era difícil demais acompanhar. Quando as crianças voltavam da escola, subiam em minha cama e liam livros.

A presença delas era reconfortante, mas eu só conseguia ficar deitado de olhos fechados, incapaz até de falar. Depois que eles iam embora, Kathy se deitava ao meu lado. Com o tempo, acabei conseguindo assistir a um pouco de TV, então, todas as noites eu e Kathy víamos reprises de *Raymond e companhia* antes de dormir. Ver comédia no fim do dia aparentemente me ajudava a ter um sono melhor.

Os vizinhos e a comunidade da igreja também me visitavam. O pessoal da igreja se revezava para trazer comida três vezes por semana. (Até Kathy se ver obrigada a pedir: chega de lasanha ou sobremesas. Todo mundo adora fazer sobremesas.) Meus irmãos, Tom, John e Mike, junto com as esposas, Terry, Bjorn e Rina, apareciam sempre para ajudar. A certa altura, Kathy precisava trabalhar em um julgamento realizado em um fórum situado a uma hora de nossa casa, significando que precisaria pernoitar lá. Mike veio ficar comigo e com as crianças. Assim que Kathy chegou ao hotel, percebeu que tinha esquecido todos os seus terninhos. Mike pegou o carro e foi entregá-los.

Tive que reaprender a andar sem o conjunto normal de músculos que controla o quadril. Isso exigia fisioterapia rigorosa e constante, com várias sessões por semana. Amigos da igreja se ofereceram para me levar de carro à fisioterapia. Uma mulher em particular me levou a várias sessões, mesmo nos dias em que os filhos dela não estavam na escola. Ela os levava e todos esperavam enquanto eu fazia a fisioterapia. Uma vez eu sugeri que não era preciso fazer as crianças suportarem uma tarde entediante, e ela disse:

— Não. Preciso que elas saibam que isso faz parte dos pequenos sacrifícios necessários para ajudar os outros.

Esse tipo de ajuda, em boa parte fornecida por mães que não trabalhavam e podiam ceder seu tempo, permitiu que Kathy continuasse a gerenciar o escritório.

Cinco semanas após a cirurgia, Kathy mandou outro e-mail de notícias:

Devagar e sempre estamos vencendo a luta para voltar ao normal. Jerry fica mais forte a cada dia. Sua capacidade de mexer a perna e até de levantar as duas pernas na ausência de vários grupos musculares que normalmente as fortalecem é praticamente um milagre. Às vezes, eu acho que ele faz isso apenas com a força de vontade. Jerry está até dando alguns passos sem

andador. Da primeira vez que ele fez essa proeza, eu ganhei alguns cabelos brancos, mas ele ficou tão orgulhoso de si mesmo que não tive coragem de expressar minha histeria.

Quando consegui mexer no laptop novamente, descobri um artigo sobre meu tipo de câncer. As taxas de sobrevivência eram ainda mais espantosas do que eu acreditava. Ao voltar para casa naquele dia, Kathy imediatamente notou algo estranho.

— O que há de errado com você? — perguntou ela.

— Estou condenado — respondi.

— Como assim condenado?

— Você escondeu isso de mim o tempo todo. Encontrei esse artigo aqui — mostrei, cuspindo estatísticas.

— Eu não escondi de você, embora realmente tenha visto um monte de dados ruins — explicou ela, examinando o artigo. — Você se enganou. Está entendendo totalmente errado o que diz aí.

Na verdade, eu tinha invertido as estatísticas na cabeça e piorado ainda mais o quadro.

— Pare com isso. Você não vai fazer mais pesquisa alguma — proibiu ela.

À medida que os meses passavam e eu recebia mais rodadas brutais de quimioterapia, comecei a me sentir melhor e voltei a enxergar um horizonte que não acabava na cama hospitalar do quarto de hóspedes. Um dia, pela janela que dava para o brejo atrás de nossa casa, vi a grama se mexer com o vento. Aquele vento era energia que tinha viajado pela Terra com força incalculável. A grama era o vetor dele, um sinal físico. Eu pensei: "Há um Deus que criou esse movimento e energia, que são complexos e lindos." Ao longo do sofrimento, minha fé ganhou ainda mais importância. Disse a mim mesmo que nunca mais a subestimaria. Prometi apreciar cada dia e não me preocupar com as pequenas questões de praxe. Até onde sei, essa mudança de prioridades é comum entre sobreviventes de câncer e veteranos de guerra. A vida fornece uma nova lente através da qual vemos o mundo de outra forma.

Porém, a recuperação significava que a antiga rotina saía da toca. É familiar, fácil, confortável, mas não necessariamente importante. Você precisa distinguir entre o que é necessário e o que é simples força do hábito. Felizmente, nosso plano de arranjar mais sócios e expandir o escritório nunca saiu do papel. Assumir todo esse trabalho teria dificultado muito o gerenciamento do escritório e, considerando o que acabamos de passar, decidimos não seguir esse caminho. Em vez de voltar com tudo ao trabalho, eu trabalharia em meio período de modo a ficar disponível para as crianças e suas atividades escolares, a vida familiar e as férias.

Quando voltei ao escritório, havia vários e-mails não lidos de grupos de advogados criminais, comitês da associação estadual de advogados e outras organizações nas quais assumi posições de liderança. Ler tudo aquilo depois de tantos meses me fez perceber que nada havia mudado. "Esses caras brigam pelas mesmas coisas." Talvez eu precisasse mudar de carreira. Será que tudo isso foi um sinal de Deus mostrando que eu estava desperdiçando minha vida? Afinal, por que eu havia sobrevivido a esse câncer quando muita gente não conseguia? Tinha que haver um plano maior em algum lugar, era preciso descobri-lo. Foi quando me lembrei de um vizinho, um ministro luterano que costumava me visitar regularmente, assim como fazia o meu padre católico.

Uma vez o ministro disse:

—Sabe, talvez *este* seja o plano. Continue fazendo seu trabalho. Você está indo muito bem, ajudando pessoas em momentos difíceis. Talvez não haja um plano para que você faça algo diferente. É isso que você precisa continuar fazendo.

Sempre vi a carreira de advogado de defesa criminal mais como vocação do que como trabalho, mas o câncer me fez acordar. Ele me ajudou a entender como as pessoas se sentem quando são acusadas injustamente no fórum e estão totalmente à mercê de um especialista, o advogado de defesa, para guiá-los pelos labirintos do sistema de justiça criminal. Isso também me levou a entender um problema fundamental: tive a sorte de ter acesso aos melhores especialistas e frequentemente pensava que alguém sem minha educação formal, recursos financeiros, um sistema de ajuda composto por uma família forte e uma esposa amorosa, e sem uma comunidade que o aceite, não vai enfrentar tão bem uma situação semelhante. Isso também vale para os réus. Quem não tem educação formal, meios para contratar uma equipe de advogados especializados e não conta com o apoio de uma família forte, um cônjuge dedicado, além do apoio da comunidade onde vive, já sai perdendo desde o começo.

Refletindo sobre as palavras do ministro, percebi que precisava me concentrar mais em fazer a diferença na vida das pessoas pelo máximo de tempo possível, usando as ferramentas da mente, da personalidade e do espírito que me foram dadas. Graças à habilidade dos médicos e enfermeiros, da bondade dos amigos e familiares, da força do amor da minha esposa e pela graça de Deus, eu estava recuperado.

Como Kathy escreveu em um de seus e-mails para a família:

Adeus às fantasias gloriosas de ser esquiador ou atleta de *bobsled* nas Olimpíadas. Ele agora percebe totalmente que é apenas um advogado ("Isso não parece muito interessante"), mas é um advogado feliz, de volta ao seio da família.

13

Não fazia nem uma semana que eu tinha voltado ao escritório quando chegou uma carta da secretaria do fórum de Wisconsin informando a agenda para sustentações orais em dois casos há muito pendentes. Ambos eram recursos, cujas razões tinham sido enviadas havia vários meses. Eu tinha pedido ao fórum para postergar as sustentações enquanto me recuperava, e eles concordaram de imediato. Agora, como estavam se preparando para o termo inicial do outono de 2002 e a notícia da minha volta já havia se espalhado, o fórum colocou os dois casos na agenda.

A carta estabelecia a data de uma das sustentações para dali a apenas um mês.

"Bom", pensei. "Vou voltar com tudo."

Um caso era particularmente irresistível. Meu cliente tinha sido condenado pelo júri por agressão sexual, embora insistisse em sua inocência. Ele ficou em suspensão condicional de pena de um ano de prisão, com a condição de fazer um tratamento para agressores sexuais. Fui escolhido para representá-lo no recurso. Na primeira sessão do tratamento, ele disse que para completar o programa era necessário assumir a responsabilidade pela agressão. Aconselhado por mim, ele se recusou a fazê-lo, invocando o direito expresso na Quinta Emenda de não se incriminar. Afinal, o recurso ainda estava pendente e tal admissão de culpa solaparia a alegação de inocência caso ele conseguisse um novo julgamento.

Contudo, o tratamento para agressores sexuais não estava interessado nos direitos constitucionais do meu cliente, e ele foi expulso. Consequentemente, a suspensão condicional de pena foi revogada por ele não ter completado o tratamento, e meu cliente foi para a prisão. Argumentei repetidamente na audiência de revogação da condicional em primeira e em segunda instância que o direito do meu cliente não se incriminar se estendia para além do julgamento, incluindo os recursos.

Em cada nível de recurso, achei que isso seria moleza e que a vitória estivesse certa. A Suprema Corte dos Estados Unidos há muito tempo estabeleceu que um estado não pode revogar a condicional de uma pessoa pelo legítimo exercício do privilégio de invocar a Quinta Emenda. Mas como já tinha visto acontecer com Ralph Armstrong e como Steven Avery vivenciou em sua longa jornada para revogar a condenação de 1985, o sistema de recursos é um jogo de cartas marcadas contra os réus criminais. Em 2002, meu cliente já havia passado quase quatro anos na prisão, esperando o caso andar na fila da segunda instância. Os sete juízes concordaram, por unanimidade, que ele não deveria estar na cadeia. Eles restituíram a condicional e correram com a decisão para garantir que ele fosse libertado o mais rapidamente possível.

Sim, eu estava de volta ao jogo. E é bom quando você consegue vencer a primeira corrida de velocidade.

Outro caso grande estava andando na fila de recursos enquanto eu me recuperava. Ele surgiu de uma série de eventos surpreendentes ocorridos dez anos após a condenação de Steven Avery pela morte de Teresa Halbach. Contudo, esses dois casos têm muito em comum, especialmente na intensidade da divulgação feita antes do julgamento.

Em 28 de abril de 1994, James Oswald e o filho Theodore "Ted" Oswald, de 18 anos, roubaram um banco no condado de Waukesha, em Wisconsin, um subúrbio a oeste de Milwaukee. Eles fugiram e foram perseguidos por dois policiais que pararam o carro da dupla. Os integrantes da família Oswald, armados com rifles semiautomáticos, saíram do carro e atiraram nos policiais, matando um deles, que era capitão. Em seguida ocorreu uma perseguição, durante a qual os dois invadiram uma casa, pegaram uma mulher como refém e continuaram a fuga no carro dela. Uma estação de TV local acompanhou a perseguição pela frequência da polícia e soube que as autoridades iriam fazer um bloqueio na estrada ali perto. Um repórter e um fotógrafo chegaram ao local do bloqueio bem a tempo de transmitir a captura ao vivo pela TV. Quando os dois se aproximaram no carro roubado, aceleraram até bater no carro da polícia que bloqueava a estrada. A polícia atirou no carro parado e a refém dos Oswald pulou bem no meio de uma saraivada de balas. Por um milagre, ela não ficou gravemente ferida. Acelerando de novo, pai e filho dirigiram o carro da refém por algumas centenas de metros, até baterem em uma árvore. Os dois foram capturados vivos.

Essa emissora de TV local conseguiu o equivalente a filmar com exclusividade o tiroteio final entre a polícia e Bonnie e Clyde. Imagens dramáticas do tiroteio e da batida foram reprisadas centenas de vezes nos meses que levaram ao julgamento dos Oswald. Mesmo se isso não tivesse sido filmado, o caso teria imensa notoriedade antes do julgamento. Um assalto a banco, pai e filho como suspeitos, o assassinato trágico de um capitão da polícia que estava perto de se aposentar, a perseguição e seu término espetacular: todos esses elementos faziam, deste, o caso mais notório da história do condado. Chegaram até mesmo a cogitar a mudança do local do julgamento do fórum para o centro de exposições local a fim de acomodar a multidão de observadores e os veículos de comunicação de todo o país.

A filosofia de vida e a forma bizarra de criar o filho adotadas por James Oswald só aumentaram o interesse no caso. Como faziam os antigos espartanos, ele começou o "treinamento de guerra" quando Ted fez 7 anos, marretando uma ninhada inteira de cachorrinhos até a morte bem na frente da criança (que gritava de desespero), para "endurecê-lo". Onze anos de implacáveis abusos físicos, mentais e emocionais culminariam nesse assalto a banco seguido de homicídio.

Ted Oswald foi julgado separadamente, porque sua defesa alegava que ele tinha sido coagido pelo pai a cometer os crimes. Ele foi representado pela defensoria pública e teve o caso julgado primeiro. Os advogados decidiram não pedir a mudança de local, pois como parte da divulgação feita antes do julgamento havia retratado o jovem como vítima do abuso do pai, eles teorizaram que um júri local poderia ser mais receptivo à tese de coerção utilizada pela defesa.

Os advogados têm duas formas de selecionar os jurados antes do julgamento durante um processo de inquirição feito pelas partes e pelo juiz. Se não for possível esperar que a pessoa ouça as provas com a mente aberta devido a algum preconceito óbvio ou declarado, o advogado pode solicitar ao juiz para dispensar aquela pessoa "por justa causa". Além disso, tanto a acusação quanto a defesa têm um número limitado de solicitações especiais que permitem dispensar um jurado sem a aprovação do juiz. São as chamadas escusas peremptórias, e se o juiz não dispensar alguém "por justa causa", é possível invocar uma dessas escusas peremptórias. Naturalmente, como o número de escusas peremptórias permitido é limitado, os dois lados tentam economizá-las e, sempre que possível, procuram convencer o juiz a dispensar jurados "por justa causa".

Antes do julgamento de Ted Oswald, foram enviados questionários para mais de 156 possíveis jurados. Oitenta por cento disseram acreditar que Ted era culpado, com base na cobertura da mídia. Seis jurados em potencial declararam que o julgamento seria um desperdício de dinheiro do contribuinte. Outros nove expressaram a visão de que o réu deveria ter morrido no tiroteio ou receber a pena de morte, que não existia em Wisconsin. Em um estranho prenúncio da reação ao caso de Steven Avery, a viúva do capitão da polícia enviou um abaixo-assinado para a Assembleia Legislativa, no qual, com milhares de assinaturas, pedia-se a reimplantação da pena de morte, abolida no Wisconsin em 1853. Um dos possíveis jurados tinha até assinado a solicitação.

Exatamente como seria feito no julgamento de Avery, os jurados em potencial foram inquiridos individualmente. O primeiro homem a ser inquirido disse ao juiz e aos advogados que havia visto as cenas do tiroteio e da captura dos suspeitos tantas vezes que estava firmemente decidido e tinha uma opinião muito forte quanto à culpa dos dois. Quando perguntado se essa opinião poderia ser mudada no julgamento, ele respondeu: "Acho que precisaria ser uma argumentação muito forte para mudar minha opinião a essa altura." O interessante é que a acusação lutou muito contra a petição da defesa para excluir esse jurado por ter ideias preconcebidas, e o juiz se recusou a dispensá-lo. A defesa foi obrigada a usar uma de suas escusas peremptórias para dispensar o jurado. Diálogos semelhantes ocorreram com outros jurados em potencial. Os que ficaram, incluindo os que sobreviveram à petição de removê-los "por justa causa", voltaram à sala de reunião do júri e se misturaram aos jurados que ainda seriam inquiridos com orientação de *não* falar sobre o assunto entre si, exceto se eles fossem selecionados e precisassem assistir ao julgamento inteiro.

Perto do final dos quatro dias de seleção do júri, finalmente encontramos um jurado em potencial que não tinha visto as imagens na TV. Ele também alegava não ter lido muito sobre o caso. Na verdade, ele alegou ter descoberto mais sobre o caso na sala de reunião do júri, ouvindo os jurados em potencial falarem sobre os réus, do que antes de ser convocado ao fórum.

— De acordo com o que ouvi, o jovem é culpado das acusações e acho isso tudo uma perda de tempo.[14]

Essa frase nos serviu de alerta. Amplos debates sobre o caso já estavam acontecendo antes mesmo da apresentação das provas. Além disso, o que ele revelou era muito prejudicial ao direito do réu de ter um julgamento justo. Àquela altura, o advogado de defesa exigiu a reinquirição de todos os jurados qualificados anteriormente para ver se eles tinham ideias preconcebidas sobre o caso ou haviam sido expostos às preconcepções alheias. Mais uma vez, o promotor principal e o juiz se recusaram a investigar.

Após um julgamento de três semanas, Ted Oswald foi condenado em todas as acusações e recebeu duas prisões perpétuas *mais* 565 anos. A comunidade local e a mídia ficaram amplamente satisfeitas. Meu escritório foi contratado para entrar com o recurso, e por isso embarquei em uma odisseia de dez anos nos tribunais de segunda instância.

Em Wisconsin, o advogado que faz um recurso precisa voltar ao fórum após a condenação caso encontre novas provas ou deseje apresentar questões de direito sobre as quais o juiz não deliberou anteriormente. Descobrimos uma candidata a jurada que não foi escolhida e forneceu mais detalhes sobre o que acontecia na sala de reunião do júri. Ela ouvira dois ou três homens falarem que o réu era obviamente culpado e o julgamento representava uma perda de tempo e de dinheiro do contribuinte. Um desses homens acabou sendo escolhido para o júri.

Na petição para um novo julgamento, apresentei as declarações dela e de outras testemunhas. O juiz indeferiu nossa petição. A segunda instância tentou evitar a questão, pedindo que a instância superior de Wisconsin assumisse o caso. Ela recusou e devolveu o caso à segunda instância, que acabou negando meu pedido e confirmando a condenação de Ted Oswald. A comunidade de Waukesha mais uma vez ficou satisfeita.

O Tribunal de Justiça de Wisconsin novamente se recusou a receber o recurso. Então, saí do sistema de Wisconsin e fui à justiça federal, onde pedi a um juiz para emitir um *habeas corpus*, o amplo poder do Judiciário de exigir que o estado leve um prisioneiro diante do juiz para determinar

---

[14] *Oswald v. Bertrand*, 374 F.3d 475, 479 (7th Cir. 2004).

se ele está sendo detido legalmente. Como essa linha de recurso tinha sido incrivelmente dificultada na década de 1990, agora era bem mais difícil uma corte federal mudar uma condenação feita por um fórum estadual, a menos que a decisão estadual fosse considerada "desproporcional". Minha primeira razão de recurso foi feita no início de 2001, antes de eu ser diagnosticado com câncer. O caso de Oswald foi atribuído aleatoriamente ao juiz Lynn Adelman, que era juiz federal em Milwaukee. A resposta do estado de Wisconsin saiu em novembro daquele ano, quando eu estava no meio da quimioterapia. Recebi uma extensão de prazo até o fim de janeiro para apresentar minhas razões finais do recurso. Trabalhando de casa enquanto me recuperava da radioterapia, preenchi a papelada faltando apenas quatro dias para a cirurgia.

A decisão saiu no início de 2003, alguns meses depois do meu retorno ao escritório, e foi uma vitória retumbante para a defesa. O juiz Adelman decidiu que o direito constitucional do réu ao devido processo legal e a um julgamento justo e imparcial tinha sido negado. O estado recebeu a ordem de julgar Ted Oswald novamente em até seis meses ou libertá-lo da prisão (uma perspectiva improvável). Os habitantes de Waukesha encheram o juiz de criticas. Comentaristas o acusaram de ser um ativista de esquerda indicado pelo presidente Bill Clinton, e previram que a decisão de Adelman seria revogada quando o estado recorresse à segunda instância da Sétima Região, em Chicago, conhecida pelo conservadorismo.

Em junho de 2004, a Sétima Região decidiu e garantiu outra vitória total para a defesa. Todos ficaram chocados. O parecer foi escrito pelo juiz Richard Posner, indicado pelo presidente Ronald Reagan e com fama de ser um intelectual jurídico conservador. Ele concordou totalmente com o juiz Adelman (o suposto ativista de esquerda) que não só Ted Oswald não tinha recebido um julgamento justo, como os tribunais estaduais de Wisconsin dormiram no ponto, tanto durante o julgamento quanto nos recursos. Segundo ele, mais de uma década antes do julgamento de Oswald, a Suprema Corte dos Estados Unidos deixou claro em *Smith v. Phillips* (1982) que o direito do réu criminal ao "devido processo legal significa ter um júri capaz e disposto a decidir o caso apenas com base nas provas diante de si e um juiz sempre atento a impedir ocorrências prejudiciais e disposto a determinar o efeito de tais ocorrências quando elas acontecerem". Quando aquela jurada fez as declarações quase no final da seleção do júri, o juiz errou ao não investigar os relatos das "maratonas de conversas sobre a culpa de Oswald" feitas pelos jurados. O juiz Posner alegou ser altamente provável que alguns (talvez todos) os jurados que julgaram Oswald tinham ideias preconcebidas sobre o caso:

> A resposta do júri aos questionários no que diz respeito ao histórico de imensa notoriedade sobre o crime mais sensacional na história do condado, o fato de Oswald parecer tão obviamente culpado a ponto de um leigo questionar a necessidade de julgamento, o tumulto induzido pelas reclamações explícitas [feitas por uma jurada], a desobediência flagrante das instruções do juiz para que os jurados em potencial não discutissem o caso antes do julgamento, a probabilidade de [um jurado identificado] e talvez outros jurados relutantes terem votado pela condenação, independentemente do que realmente acreditavam, para fazer o julgamento acabar mais depressa, e o fato de a discussão imprópria já ter produzido um consenso de que Oswald era culpado das acusações, pelo menos de acordo com [as revelações feitas pela jurada ao final da seleção do júri]. Tudo isso, tomado não separadamente, mas em conjunto, criou uma probabilidade suficientemente alta da existência de ideias preconcebidas por parte do júri a ponto de exigir uma investigação diligente por parte do juiz.

O promotor do condado de Waukesha, "que fez todo o esforço possível para impedir o juiz de determinar se os jurados tinham ideias preconcebidas", também foi criticado por sua atuação exageradamente zelosa.

Não que o juiz Posner acreditasse na inocência de Ted Oswald. Ele não era favorável à alegação de que Ted teria sofrido bullying do pai para cometer o crime, a ponto de menosprezá-la, chamando de "defesa Patty Hearst ou Candidato da Manchúria", quando alguém mata um inocente para salvar a própria vida. Essas defesas tinham um histórico de fracasso, observou Posner, citando o caso dos passageiros de um navio naufragado que foram condenados por assassinato quando "devoraram o camareiro para não passarem fome". Apesar de tudo isso, segundo ele, "mesmo um criminoso visivelmente culpado tem direito a ser julgado de modo imparcial, algo que os jurados desse caso podem não ter compreendido".[15] A segunda instância do estado de Wisconsin foi criticada especialmente por sancionar a investigação "negligente" e inadequada feita pelo juiz das alegações de má conduta ocorrida na sala de reunião do júri: "Oswald tinha o direito a ser julgado por um júri que tomasse para si a tarefa de decidir sua culpa com base nas provas em vez do que haviam descoberto na divulgação sobre o caso feita antes do julgamento e analisado ao longo de um período de quatro dias enquanto aguardava o julgamento começar. Era natural que, após verem as imagens dos crimes cometidos por Oswald na TV, leigos iriam supor que a culpa dele fosse líquida e certa. Mas um júri que decide a culpa antes do julgamento começar não é muito diferente da multidão que atua em um linchamento."

Lutei contra o estado de Wisconsin por mais alguns meses durante a tentativa fútil de fazer a Suprema Corte dos Estados Unidos analisar o caso Oswald. Ted Oswald foi condenado novamente em um segundo julgamento, mesmo tendo outro advogado. Vítimas e testemunhas foram obrigadas a reviver eventos traumáticos porque as autoridades locais e estaduais não se importaram em garantir que o primeiro julgamento fosse justo. A reputação do promotor do condado e dos juízes do estado foi maculada ao permitirem que os direitos constitucionais do réu fossem atropelados dessa forma.

A lição de Ted Oswald, infelizmente, foi esquecida. Apenas um ano depois, as autoridades do condado de Manitowoc fariam uma paródia de justiça similar com a acusação e o julgamento de Steven Avery e Brendan Dassey. E, no caso de Brendan Dassey, seria novamente necessário um mandado de *habeas corpus* emitido por um juiz federal para corrigir o erro cometido com ele.

---

[15] *Oswald v. Bertrand*, 374 F.3d 475, 481 (7th Cir. 2004).

14

O caso de Ted Oswald provou que eu podia ir ao fórum e vencer uma argumentação. Foi satisfatório, mas completamente diferente da imersão total de corpo e alma que é estar no fórum todos os dias durante um julgamento real. Quase um ano se passaria até surgir uma oportunidade para ver se eu conseguiria fazer isso.

O cliente era um homem de 23 anos acusado de um homicídio escandaloso. Uma acompanhante tinha desaparecido e a última pessoa na lista de telefonemas era esse jovem. Quando a polícia foi até a casa dele, em um subúrbio de Milwaukee, meu cliente disse que ela não estava lá e os convidou a entrar. O lugar estava imaculado de tão limpo. Nem uma gota de sangue sequer. Então, a polícia foi olhar o lado de fora. Um policial atento viu uma bolsa com um pouco de sangue no lixo. Dentro dela encontrou partes do corpo de uma mulher. Mas isso não era tudo: havia também correspondências não solicitadas endereçadas ao réu na mesma bolsa. Ao procurar mais, descobriram outras bolsas e mais partes do corpo da mesma pessoa desafortunada. Eles também encontraram uma lista de tarefas: "Ligar para acompanhante. Matar acompanhante. Cortar o corpo. Descartar."

O homem era visivelmente insano. O caso dele teve muita repercussão. A questão não seria a inocência dele, mas se poderia ser considerado legalmente culpável, levando-se em conta que eram atos de uma pessoa muito perturbada. A ideia por trás do incidente de insanidade mental se baseia na crença que a condenação e a punição de uma pessoa estão diretamente relacionadas ao fato da má conduta do réu ser deliberada. Se uma pessoa é doente mental ou incapaz de controlar sua conduta, não seria justo, e moralmente seria inadequado, puni-la, e indica-se tratamento em vez da punição. Ao contrário do que acredita a opinião pública, o incidente de insanidade mental raramente é invocado. Apenas cerca de 1% dos réus usa essa defesa, e estima-se que seja bem-sucedida em apenas 20% das vezes em que é invocada.

No julgamento, o desafio seria convencer o juiz de que o homem tinha várias doenças mentais, mesmo sem jamais ter sido diagnosticado antes do crime. Os procedimentos variam de um estado para outro, mas em Wisconsin a defesa tem o ônus de provar que o réu tem uma doença ou defeito mental suficiente para excluir a responsabilidade criminal pela conduta. Não seria simples: até Jeffrey Dahmer, assassino em série e canibal de Wisconsin que matou 17 homens e meninos, foi considerado legalmente são e culpável por seus atos.

A essa altura eu ainda fazia tomografias a cada três meses para ver se algum vestígio do câncer tinha escapado da cirurgia e da quimioterapia. Eu poderia voltar a ficar doente a qualquer momento. Seria possível eu me comprometer a assumir um caso tão grande? Eu e Kathy conversamos sobre o assunto e concordamos em trabalhar juntos. Se eu ficasse doente, ela seguiria adiante.

Primeiro, contudo, precisávamos descobrir o que estava acontecendo com nosso cliente. Esse não foi o primeiro drama violento no qual ele se envolveu: aos 2 anos, ele foi salvo por um policial. Uma mulher tinha corrido para a rua, gritando freneticamente que o marido tentava matá-la, e quando a polícia chegou, encontrou o homem no sofá, sufocando o filho pequeno com um travesseiro. Eles o impediram, o garoto sobreviveu e o homem foi preso. A criança foi colocada em um lar provisório e os pais que o acolheram se apaixonaram por ele, formalizando a adoção. Eles não sabiam dessa história familiar trágica até ele completar 18 anos e pesquisar a história de seus pais biológicos. Cinco anos depois, a polícia encontra partes de um corpo entre as cartas dele.

Com a ajuda do decano da psiquiatria forense norte-americana, o Dr. Robert Sadoff, e após meses de reuniões, nós descobrimos um transtorno delirante muito complexo. Por algum tempo, nosso cliente acreditava que as forças do anticristo estavam presentes no mundo. Para a maioria das pessoas, essas forças não eram identificáveis, mas *ele* conseguia ver a diferença e detectá-las. No entanto, os anticristos sabiam dessa habilidade do nosso cliente. Sempre que ele tentava contar a alguém sobre as forças do mal, elas o frustravam. Por exemplo, o réu ia à missa regularmente e depois tentava abordar o padre para avisá-lo, mas as forças do anticristo na forma de duas senhoras surgiam e começavam a falar com o padre para impedi-lo.

Claro que eram apenas duas velhinhas dizendo: "Olá, padre, tudo bem?", mas devido ao transtorno ele via figuras do anticristo se intrometendo em toda parte.

Esse delírio explicava o assassinato. As forças do anticristo tentavam colocá-lo na prisão pelo resto da vida para que ele não pudesse mais enfrentá-las. Por isso, ele foi impelido a assassinar a mulher. Por duas semanas, ele tinha conseguido resistir a elas, fazendo listas de tarefas como a que foi encontrada pela polícia. Ele cumpria parte da lista, mas, caso se controlasse para não ir até o fim, poderia não fazer o que elas mandavam. A polícia encontrou muitas folhas de papel com listas desse tipo. Ao lê-las é possível ver que estava ficando cada vez mais difícil para o réu parar, que ele estava avançando cada vez mais na lista até finalmente cumpri-la até o fim.

O psiquiatra indicado pelo juiz relatou que os problemas do nosso cliente não eram tão graves a ponto de ele ser legalmente incapaz de cometer o crime. Isto é, ele entendia que fazia algo errado e era capaz de se impedir de levar o assassinato adiante. Por exemplo, o psiquiatra perito alegou que o homem precisou se recompor para limpar a cena do crime. A acusação também contratou um especialista que, após examinar o réu, concordou com a defesa. Então, nosso perito e o especialista da acusação estavam de acordo em relação à doença mental complexa da qual o homem sofria. Fomos a julgamento e vencemos. Ele foi internado em um manicômio judiciário para tratamento. Era um hospital em vez de prisão. Ele foi tratado como paciente em vez de prisioneiro e está progredindo muito bem.

Parecia que eu ainda podia levar um caso a julgamento e vencer.

Parte IV

UM PASSO PARA A FRENTE, DOIS PASSOS PARA TRÁS

15

O aniversário de um diagnóstico de câncer é difícil de esquecer, não importa o dia em que caia, mas não havia como errar o meu. Todo ano nós relembramos e pranteamos os ataques terroristas realizados em 11 de setembro de 2001. Ver as imagens assustadoras sempre me leva de volta ao turbilhão daquelas primeiras horas, quando eu estava simultaneamente vendo o noticiário dos ataques e tentando absorver a notícia de que parte do meu próprio corpo tinha sido invadida e tomada pela doença.

Dois anos depois, no dia 11 de setembro de 2003, um homem saiu da prisão após passar 18 anos atrás das grades por um crime que não cometera. Seu nome era Steven Avery. Ajudado pelo Innocence Project de Wisconsin, Avery limpou seu nome graças aos testes de DNA, o que meu cliente do Innocence Project Ralph Armstrong ainda tentava fazer. Nas primeiras narrativas sobre os erros na condenação de Avery, em 1985, a identificação incorreta feita pela vítima foi citada com destaque. Mas, à medida que as camadas de detalhes foram reveladas, a história ficou mais complexa e ainda mais fascinante.

Em 1995, uma década após a condenação de Steven Avery, a análise de antigas provas biológicas com novos testes de DNA levou à reversão de condenações ocorridas havia anos ou décadas em todos os Estados Unidos. Isso aconteceu graças aos esforços de Berry Scheck e Peter Neufeld, do Innocence Project, e de presidiários como Ralph Armstrong, pioneiro na utilização desses exames no fim dos anos 1980 e início dos anos 1990. Em 1995, os advogados de Avery que faziam parte do Wisconsin Innocence Project conseguiram fazer testes de DNA em resíduos coletados embaixo das unhas de Penny Beerntsen, alegando que poderiam incluir células da pele ou outros traços biológicos do agressor. O sangue de Avery foi colhido para comparação. Os testes de DNA mostraram que ele *não* era a fonte de nenhum dos materiais colhidos embaixo das unhas de Penny, mas o juiz, confirmado pela segunda instância, decidiu que mesmo se essa informação estivesse disponível para o júri em 1985, não teria feito diferença no veredito. Para ser bem-sucedida, a tentativa de reverter uma condenação com base em novas provas precisava mostrar três coisas: que a nova prova não estava disponível antes ou durante o julgamento, que é relevante para as questões básicas sendo julgadas e que há "probabilidade razoável" de que o júri teria chegado a um veredito diferente se a conhecesse. Ao negar um novo julgamento a Steven Avery em 1996, a segunda instância criou uma nova versão da "probabilidade razoável", alegando que o ônus dessa nova prova não tinha sido cumprido. (Quase dez anos depois, a segunda instância de Wisconsin derrubaria esse padrão.)

Em 2003, houve outro resultado, ainda mais revelador, dos testes de DNA realizados no pelo pubiano coletado em Beerntsen após o crime. Ele não tinha aparecido no julgamento por não ter sido identificado ou atribuído a alguém. Quando submetido ao teste de DNA mitocondrial, aquele pelo pubiano excluiu Steven Avery e acabou correspondendo ao perfil genético de um homem com um longo histórico de crimes sexuais, Gregory Allen. O que Avery e seus advogados de defesa não sabiam é que a polícia da cidade de Manitowoc suspeitava fortemente que ele tinha sido o autor da agressão na praia. No verão de 1985, a polícia da cidade de Manitowoc monitorou Allen duas vezes ao dia, pois achava que ele era o provável culpado em uma série de episódios perturbadores de perseguição e atos obscenos, "um indivíduo perigoso com potencial para a violência", segundo um relatório da polícia de Manitowoc. No dia da agressão, no lago Michigan, a polícia tinha verificado o paradeiro dele uma vez, mas não fez a segunda verificação, devido a outros chamados. Contudo, a polícia da cidade de Manitowoc não era responsável por investigar o ataque na praia. Isso ficou sob a jurisdição do condado de Manitowoc e de sua respectiva promotoria.

Por meio de vários canais, tanto a delegacia quanto o Ministério Público Estadual sabiam que Allen deveria ser considerado suspeito. O subchefe de polícia da cidade de Manitowoc disse ter visitado pessoalmente o xerife Tom Kocourek para sugerir que Allen fosse investigado, mas o xerife disse que Allen tinha sido descartado. A delegacia jamais cogitou Allen de modo substantivo, mesmo tendo um arquivo detalhando os crimes dos quais ele era suspeito. O promotor de Manitowoc, Denis Vogel, foi avisado pelos colegas de que Allen estava muito mais próximo da descrição feita por Penny Beerntsen, e a própria Beerntsen recebeu um telefonema de alguém da polícia da cidade de Manitowoc sugerindo que outro suspeito devesse ser considerado, além de Avery. A pessoa também perguntou se Beerntsen tinha recebido algum telefonema estranho. E isso havia acontecido. Após ter sido atacada, o telefone da casa dela tocou várias vezes, mais ou menos alguns minutos após ela ter entrado em casa, com comentários de natureza sexual. A pessoa que falava em nome da polícia da cidade de Manitowoc disse que isso era consistente com o comportamento de assédio do qual Allen era fortemente suspeito. Na época, Steven Avery já estava preso e, portanto, não poderia ter feito esses telefonemas. Ao saber disso, Penny Beerntsen entrou em contato com a delegacia e se lembra de ter ouvido a recomendação para não se preocupar, pois a polícia cuidaria disso.[16]

Após Avery ter sido inocentado em 2003, o *Milwaukee Journal Sentinel* e outros veículos de comunicação revelaram a história da condenação injusta de 1985. Em resposta a esses relatos, a Procuradoria de Wisconsin anunciou uma investigação. Até que um dia eu recebi um telefonema do republicano Mark Gundrum, presidente do comitê judiciário na Assembleia Legislativa de Wisconsin. Ele tinha decidido convocar audiências e estava montando uma força-tarefa com promotores, policiais, defensores dos direitos das vítimas, professores de direito e advogados de defesa criminal. Gundrum explicou que o objetivo da Avery Task Force (Força-tarefa Avery) era analisar os erros no caso Avery e determinar se reformas no sistema de justiça criminal poderiam impedir futuras condenações incorretas. Ele perguntou se eu aceitaria fazer parte do projeto.

Eu aceitei.

Outro integrante da força-tarefa era o promotor Norm Gahn, que depois integraria a equipe responsável por acusar Steven Avery pelo assassinato de Teresa Halbach. Norm era a escolha natural para a tarefa, pois era conhecido entre os promotores como especialista no uso de DNA. Na verdade, Gahn foi um dos primeiros promotores a usar o perfil genético de um agressor em queixas criminais quando a identidade do suspeito ain-

---

[16] Peg Lautenschlager, Memorando, Departamento de Justiça de Wisconsin, 17 de dezembro de 2003. http://www.stevenaverycase.org/wp-content/uploads/2016/03/WI-DOJ-Report-on-Avery-1985-Case.pdf.

da é desconhecida. Assim, uma vez feita a representação criminal, o relógio para de correr em termos de prescrição. Mesmo se levassem anos para prender a pessoa que correspondia ao perfil genético, os promotores poderiam alegar de modo plausível em um julgamento que procuraram diligentemente. Essa inovação foi muito admirada e imitada pelos promotores norte-americanos.

A redenção de Steven Avery veio na esteira de outras reversões de sentença feitas pelo DNA em todo o país, e muitas dessas condenações errôneas, incluindo a dele, foram substancialmente baseadas em erros de testemunhas oculares. As pessoas estavam percebendo como as provas testemunhais eram falíveis. A Força-tarefa Avery trouxe especialistas de todo o país a fim de criar outros procedimentos, mais justos, para que testemunhas olhem para suspeitos sem induções (conscientes ou não) sugerindo a existência de uma resposta "certa".

Por exemplo, em reconhecimentos de suspeitos do tipo duplo-cego e por fotos, os detetives envolvidos no caso não devem fazer o reconhecimento ou mostrar imagens à testemunha. O ideal é que isso seja feito por um detetive sem qualquer conhecimento do caso. Isso é fácil de implementar no reconhecimento por fotos. As imagens podem ser colocadas individualmente em envelopes separados, lacrados e numerados aleatoriamente. Assim, ninguém saberia qual envelope continha a foto do suspeito quando a testemunha os analisasse. Outra reforma possível seria apresentar fotografias ou pessoas à testemunha uma por vez e, sequencialmente, em vez da apresentação simultânea clássica, na qual todos os suspeitos ficam juntos em um palco enquanto a testemunha observa por meio de um espelho falso para proteger sua identidade. Vários estudos mostraram que testemunhas têm maior probabilidade de fazer uma identificação falsa quando analisam grupos de indivíduos ou imagens. Os cientistas sociais acreditam que o reconhecimento simultâneo estimula as testemunhas a avaliar uma probabilidade em relação a outra e fazer uma análise relativa de quem se parecia *mais* com o culpado.[17] No fim das contas, a força-tarefa criou di-

---

[17] National Academy of Science, "Identifying the Culprit: Assessing Eyewitness Identification", National Academies Press, 2014, pp. 16-29. http://www.innocenceproject.org/wp-content/uploads/2016/02/NAS-Report-ID.pdf.

retrizes fortemente recomendadas pelo Departamento de Justiça de Wisconsin para serem aplicadas em todas as agências policiais. Eu gostaria que fossem obrigatórias, mas o compromisso era que o estado as publicaria em um protocolo de "melhores práticas".

Durante uma reunião da força-tarefa, ouvimos tanto Steven Avery quanto Penny Beerntsen. Penny tinha aceitado imediatamente que sua identidade e foto viessem a público. Foi a primeira vez que ela encontrou Avery desde o julgamento ocorrido havia vinte anos, e ela pediu desculpas por seu erro. Steven Avery a abraçou e disse: "Esse erro não foi seu. A polícia foi responsável, não você."

Outra reforma importante implantada pela força-tarefa acabaria fornecendo, no momento certo, uma compreensão crucial para o próximo caso envolvendo Steven Avery, mas ela por pouco não foi aprovada.

16

Fazia mais de 15 anos que eu vinha lutando para obter a gravação completa dos interrogatórios de suspeitos sob custódia da polícia. Meu interesse foi despertado por um caso no qual trabalhei em 1990, quando estava saindo da defensoria pública e entrando na advocacia privada. Embora tenha atraído pouca atenção na época, o eco dessa decisão seria ouvido quase 25 anos depois, nos casos de Steven Avery e Brendan Dassey.

Meu cliente era um refugiado cubano, um entre dezenas de milhares que saíram da ilha no êxodo de Mariel em 1980. Acredita-se amplamente que Fidel Castro tenha contribuído para encher alguns barcos abrindo as prisões e instituições para doentes mentais de Cuba, e meu cliente, Marielito visivelmente sofria de alguma doença mental. Ele mal se comunicava comigo, mesmo por meio de um intérprete. Argumentei que ele era incapaz, pois não conseguia auxiliar seu advogado, e Marielito foi internado em um manicômio judiciário para observação. Os médicos também obtiveram poucas informações dele. Tão poucas, na verdade, que não concluíram se ele era incapaz, com o que o juiz concordou, o que significava que o homem enfrentaria um julgamento. Ele foi acusado do homicídio de um joalheiro durante um assalto. Havia outros dois réus, e embora meu cliente não tivesse atirado, foi considerado igualmente responsável por ser partícipe do crime. Quando interrogado por policiais na delegacia em Milwaukee, meu cliente supostamente fez comentários incriminatórios, mas será que ele *realmente* disse o que a polícia alega? Um policial tinha feito anotações em espanhol e as destruiu logo em seguida. Outro, afirmou ter traduzido os direitos do meu cliente para o espanhol, mas ele também não guardou cópia dessa tradução. Se todo o processo fosse gravado, saberíamos se a polícia estava falando a verdade. Mas não houve gravação.

De todas as delegacias de Wisconsin, a de Milwaukee era a mais avessa a gravar interrogatórios. No julgamento desse cliente, policiais testemunharam que havia uma política explícita de *não* gravar interrogatórios de pessoas sob custódia, mesmo tendo acesso a vários gravadores e ditafones.

Argumentei que tal política revelava que a delegacia de Milwaukee estava deliberadamente ocultando a verdade do júri, não só nesse caso, como em outros. Mesmo sem a suposta confissão, as provas do estado contra o réu eram fortes, e o júri o condenou. Mas esses 12 cidadãos tomaram a decisão incomum de emitir uma declaração conjunta junto com o veredito, criticando severamente a política da delegacia de Milwaukee. Isso gerou debates na TV e nos jornais por vários dias, questionando se era hora de mudar a política. Isso não aconteceu na época, mas as fissuras começavam a surgir. Com o tempo, aproximadamente uma em cada quatro condenações errôneas revertidas por meio de testes de DNA acabariam incluindo afirmações incriminatórias feitas por inocentes.[18] Precisávamos ver o que realmente acontecia em salas de interrogatórios da polícia para entender por que inocentes faziam confissões falsas.

O fato de os interrogatórios policiais não serem gravados pode surpreender quem está fora do sistema de justiça criminal. Por vários anos, mesmo se uma confissão fosse gravada e usada como prova no fórum ou para obter um acordo por meio de transação penal, não se exigia que todo interrogatório policial feito antes da prisão também fosse gravado. Em geral, a gravação começava apenas *depois* que os detetives tinham interrogado um suspeito e *depois* de terem obtido a admissão de culpa. Isso significa que jamais víamos ou ouvíamos o que havia acontecido *antes* de a câmera ou de o gravador ser ligado. Essas confissões "costuradas" eram apresentadas isoladamente, e não havia como saber se tinham sido obtidas mediante coerção, que não fora gravada. Qualquer intimidação psicológica que pudesse ter acontecido jamais seria conhecida pelo júri ou pelo público que via dramáticos trechos das gravações no noticiário de TV.

Na época em que a Força-tarefa Avery estava se reunindo, um caso envolvendo um menor, questionando a prática de tirar jovens da escola para serem interrogados, sem a presença dos responsáveis, chegou à segunda instância de Wisconsin. Eles ficaram muito próximos de decidir que declarações obtidas em tais circunstâncias não seriam mais aceitas no fórum, mas acabaram declarando que os julgamentos deveriam levar em conta o

---

[18] The Innocence Project, "False Admissions or Confessions". http://www.innocenceproject.org/causes/false-confessions-admissions/

fato de a polícia não ter conseguido entrar em contato com algum responsável pelo menor como elemento coercitivo. Esse foi um acordo ineficaz, porque juízes receberam essa mesma orientação em segunda instância havia mais de trinta anos. Ao longo das décadas seguintes, ficou óbvio que os julgamentos faziam vista grossa para a advertência e provavelmente continuariam agindo dessa forma. Os juízes de Wisconsin, em vasta maioria ex-promotores, geralmente são eleitos graças a promessas de manter a lei e a ordem. Para vários promotores, é muito difícil ignorar as consequências políticas negativas de descartar uma confissão alegando ter sido forçada. A pressão para não fazer isso fica ainda maior em casos famosos. Apesar disso, a última instância de Wisconsin deixou a questão da seguinte forma enquanto a força-tarefa estudava os interrogatórios: a polícia podia interrogar menores sem a presença de algum responsável ou de um advogado, e a primeira instância, depois, decidiria se houve coerção naquelas circunstâncias.

Contudo, a segunda instância deu um grande passo ao decretar que todos os interrogatórios futuros de menores deveriam ser registrados eletronicamente. Essa regra seria vital para lutar pela inocência de Brendan Dassey, por ter garantido a gravação total do interrogatório dele. Sem essas gravações, a apresentação feita pelo estado durante o julgamento sobre o que foi dito por Brendan teria sido ainda mais enganadora. Os detetives poderiam ter descrito a confissão de Brendan do mesmo modo que Kratz naquelas entrevistas coletivas: como se fossem uma narrativa coerente fluindo dos lábios de um jovem que só esperava uma oportunidade para desabafar. Na realidade, como os milhões de espectadores de *Making a Murderer* agora sabem, a confissão de Brendan foi obra de detetives que o instruíram e o alimentaram com "fatos" e pressionaram repetidamente até o jovem dizer o que eles queriam ouvir.

Os advogados de defesa na Força-tarefa Avery, incluindo eu e um acadêmico do comitê — o professor clínico da Faculdade de Direito da Universidade de Wisconsin, Keith A. Findley — queríamos uma exigência de gravação eletrônica mais ampla, que incluísse suspeitos adultos. Trouxemos pessoas de vários estados e delegacias que já gravavam interrogatórios. A maioria dessas autoridades apoiava a gravação. Pode-se gastar enorme quantidade de energia antes de um julgamento argumentando se a confissão de um réu foi voluntária ou não. Sem um registro confiável das circunstâncias em que ocorreu o interrogatório que produziu a confissão, essas audiências preliminares costumam virar disputas de credibilidade, invariavelmente vencidas pela polícia. As gravações forneceriam ao juiz, ou ao júri, a melhor prova do que foi realmente dito, além de *como* foi dito. As autoridades policiais convidadas pela força-tarefa, incluindo algumas que inicialmente reprovavam a gravação dos interrogatórios de suspeitos adultos, falaram que, além de abreviar as audiências preliminares por não ser necessário definirem se os interrogatórios eram ou não aceitáveis, as gravações ajudavam a derrubar falsas acusações de coerção e má conduta por parte da polícia. Os juízes podiam simplesmente assistir ao vídeo e decidir.

Apesar desses testemunhos convincentes, a força-tarefa relutava a agir. Alguns integrantes tinham uma resistência institucional à mudança. E, afinal, se uma confissão falsa não era o problema na condenação errônea de Avery, em 1985, por que deveríamos estimular essas mudanças? Isso não fazia parte de nossa agenda. A causa estava praticamente perdida, mas fiquei com tanta raiva que tentei mais uma vez. Era uma oportunidade única e imperdível para a força-tarefa. Passamos muito tempo pensando no assunto e os méritos da reforma me pareciam indiscutíveis. Se não agíssemos naquele momento, qual seria o objetivo de todo o esforço? Ninguém tinha um motivo sério para se opor à mudança, mas o sentimento coletivo era de que deveríamos esquecer o assunto e torcer para que algum painel futuro lidasse com isso. Após ter passado por um curso intensivo sobre o valor precioso do tempo, eu sentia que essa era a pior postura a ser assumida pela força-tarefa. Tal oportunidade de fazer reformas talvez não surgisse novamente por outra década ou mais. *Por que esperar?*

Houve uma espécie de pausa. Por um instante, pensei que tinha dado uma bronca no restante da comissão por ser tacanha.

Foi quando Norm Gahn se manifestou. E darei crédito a ele por isso até o dia da minha morte. Ele disse: "Concordo com Jerry. Esta é uma oportunidade que precisamos aproveitar."

Cá entre nós, acredito que salvamos o dia para a gravação de interrogatórios.

A força-tarefa decidiu propor a obrigatoriedade da gravação em todos os casos de crimes graves e pedir à Assembleia Legislativa para garantir que o estado pagasse por isso, de modo que o custo não recaísse sobre os condados com problemas de orçamento. Essa provisão seria incluída em lei, permitindo poucas exceções a serem levadas em conta pelo juiz, envolvendo fatores como defeitos mecânicos. Do contrário, se a polícia não conseguisse gravar o interrogatório, o juiz diria ao júri que a gravação era exigida por lei e, como não havia sido feita, eles podiam fazer as inferências que desejassem.

Os promotores foram totalmente contra isso. Eles achavam que era o último prego no caixão. Mas, para mim, a questão era essa: nós precisávamos de dissuasão. E isso causou impacto. Um promotor percorreu o estado treinando policiais para cumprir as exigências dessa lei, alertando que não seria possível evitar a obrigatoriedade da gravação. Ele não levaria um caso a julgamento para ver o juiz dizer ao júri que o estado não agiu corretamente.

Todas as reformas propostas pela Força-tarefa Avery foram reunidas em um projeto de lei. O governador de Wisconsin, Jim Doyle, elogiou nosso trabalho e disse que sancionaria a lei assim que fosse aprovada pelas duas casas do Legislativo. Também houve um esforço para indenizar Steven Avery. Na época, a lei de Wisconsin reservava cinco mil dólares (cerca de R$ 15 mil) por ano para indenizar pessoas condenadas erroneamente, até o máximo de 25 dólares (cerca de R$ 75 mil) ou cinco anos. Para Avery, isso representaria 16 centavos por hora pelos 18 anos que havia passado injustamente, atrás das grades. Uma lei especial foi projetada para dar a ele 428 mil dólares (cerca de R$ 1,3 milhão). Enquanto isso, ele foi convidado de honra na Assembleia Legislativa e recebeu de presente um livro assinado pelos políticos. O senador do estado, David Zien, chegou a receber Avery em seu escritório, onde ofereceu refrigerante, carne-seca e torresmo, além de pedir desculpas em nome do estado. O pacote de reformas foi aprovado pelo senado estadual em 31 de outubro de 2005 e ficou conhecido como Lei Avery. Algumas semanas depois, o governador sancionou a lei.

Na época, contudo, o nome foi mudado para Lei de Reforma da Justiça Criminal. E a indenização especial desapareceu.

17

Enquanto essas audiências sobre a condenação errônea de Steven Avery aconteciam, no início de 2005, eu também me preparava para argumentar o caso de Ralph Armstrong na segunda instância de Wisconsin. O Innocence Project me ajudava a preparar os motivos do recurso, mas eu estava trabalhando sozinho nas audiências do fórum e nas infinitas petições para o recurso de Armstrong sem receber pagamento algum desde aquele telefonema de Barry Scheck, em 1993. Levamos mais de dez anos para chegar a esse ponto.

Por meio de uma série cuidadosa de testes de DNA, em 2001, nós desacreditamos todas as provas físicas usadas para condenar Armstrong. Os testes mostraram que o fio de cabelo e o sêmen coletados junto ao corpo de Charise Kamps não eram de Ralph Armstrong, como o estado alegou no julgamento. O fio de cabelo também não era do namorado dela, Brian Dillman. Contudo, depois de conseguirmos uma nova amostra de referência de Dillman, testes de DNA realizados no sêmen encontrado no robe provavam que ele era a fonte. O estado tinha alegado que o sangue de Charise Kamps detectado embaixo das unhas de Armstrong por testes "presumidos" também não eram dela ou nem eram sangue, no fim das contas.

Quatro anos após a realização dos testes a luta ainda continuava, pois o promotor original, John Norsetter, se recusava a admitir que todas essas novas provas garantiam no mínimo um novo julgamento para Armstrong. Voltamos ao fórum em 2001, com os resultados dos testes de DNA, para solicitar um novo julgamento, mas aí a acusação mudou sua história. Ao contrário do que Norsetter disse ao júri em 1981, ele e seus colegas, agora, alegavam que o sêmen e o fio de cabelo não estavam conectados ao assassinato, e havia outros motivos para a presença deles. O fio de cabelo poderia ter surgido de qualquer lugar. Como o sêmen era de Dillman, deve ter sido depositado no robe em algum momento antes do assassinato, durante sexo consensual. A primeira instância aceitou o argumento e recusou nosso pedido.

Em 2004, incrivelmente, a segunda instância aceitou a mudança de rumo feita pelo estado, decidindo que o depoimento errático da testemunha Riccie Orebia tinha sido a base para a condenação de Armstrong, em vez das provas físicas repetidamente citadas no julgamento e agora desacreditadas. Ao longo da história, testemunhas que se enganaram foram o motivo mais comum de condenações injustas. Esses erros ocorreram em 70% das primeiras 344 pessoas cujas condenações foram revogadas por testes de DNA.[19] Apenas um ano antes, Steven Avery fora inocentado após ter sido preso devido ao engano cometido por uma testemunha, levando à criação da Força-tarefa Avery. Apesar disso, a segunda instância recorreu a uma testemunha visivelmente não confiável para manter a condenação de Ralph Armstrong. "As provas equivocadas envolvendo fio de cabelo e sêmen não 'ofuscaram' ou impediram o júri de deliberar sobre o assunto", decidiram. Da mesma forma, os testes de DNA excluindo Armstrong e Dillman como fontes do fio de cabelo "não são suficientemente importantes e utilizam-se da polêmica a fim de garantir um novo julgamento". O controle-padrão do sistema de "finalidade" superou a nova compreensão sobre as provas físicas. A ciência de 2001 demoliu a versão da realidade apresentada no fórum em 1981, mas o Judiciário se apegou à testemunha mais frágil e escolheu a ficção original.

Isso nos trouxe à primavera de 2005. Barry Scheck chegou de Nova York para dividir a argumentação comigo em segunda instância. O juiz ouviu cuidadosamente a alegação mais importante do estado, de que as provas físicas não eram tão importantes para obter a condenação, e em uma decisão de grande efeito e detalhada chamou essa alegação de "insincera" e descobriu que, "no julgamento, o estado fez mais do que usar as provas físicas para estabelecer a inferência de culpa. Ele usou as provas físicas de modo assertivo e repetitivo para afirmar a culpa de Armstrong". E após analisar todos os autos o juiz rejeitou completamente a alegação do estado:

Para reforçar a identificação feita por Orebia, o estado apresentou conclusões poderosas diante do júri, alegando que as provas físicas estabeleciam Armstrong como o assassino de modo conclusivo e irrevogável.

---

[19] The Innocence Project, "Eyewitness Misidentification". http://www.innocenceproject. org/causes/eyewitness-misidentification/.

Entretanto, o júri recebeu conclusões baseadas em provas que, descobriu-se agora, eram inconsistentes com os fatos. Os principais fios de cabelo no cinto do robe que estava por cima do corpo de Kamps não são de Armstrong, e o sêmen encontrado no robe de Kamps não é de Armstrong. Além disso, não há indicação de que o sangue nas tiras Hemastix era de Kamps.

Em julho de 2005, a segunda instância reverteu a condenação de Ralph Armstrong. Contudo, se o caso voltasse à segunda instância para um novo julgamento — ou possível exoneração, caso o estado decidisse não julgá-lo novamente —, John Norsetter continuaria a ser o promotor principal. Ele me disse que o estado queria testar mais provas encontradas na cena do crime antes de decidir se iria processar Ralph Armstrong novamente. Duas semanas após essa decisão, escrevi para ele, a fim de discutir o manuseio das provas restantes. Eu estava extremamente preocupado com isso por alguns motivos. Se o estado solicitasse mais testes, era essencial fazer um esforço para preservar o máximo possível das provas. A tecnologia dos testes de DNA evoluía rapidamente, e muitos promotores em Wisconsin e em outros locais ainda não estavam totalmente atualizados sobre sua capacidade cada vez mais abrangente. A cada ano, os testes ficavam mais sensíveis, significando que poderiam ser feitos em amostras cada vez menores, e eram mais detalhadas. Assim, era possível identificar mais marcadores do DNA, diminuindo bastante a probabilidade de identificar a pessoa errada. Além disso, eu não confiava na capacidade de John Norsetter de ser objetivo e temia a manipulação das provas por parte da polícia ou da acusação. Sempre que provas físicas da cena do crime original eram mandadas para testes, insistíamos em participar de todo o processo. Norsetter aceitou que fôssemos notificados em tempo hábil para testemunhar a abertura de pacotes selados e a recolocação na embalagem sempre que o estado quisesse verificar ou fazer testes em provas. Na verdade, fizemos um acordo com a acusação, e isso foi estabelecido como ordem oficial do juiz.

Avisei o estado de todas as formas possíveis que não poderiam mexer nas provas. Mas eles mexeram mesmo assim.

No meio das preparações para os novos testes em provas, no caso de Armstrong, eu soube da virada incrível que a vida de Steven Avery haviam sofrido em novembro de 2005, na qual ele deixou de ser homem condenado injustamente para ser acusado de assassinato. Levaria quatro meses até eu me juntar a Dean na equipe da defesa, então, em dezembro de 2005, quando me dirigia para a secretaria do fórum de Madison para conferir as provas que a acusação queria testar novamente no caso de Ralph Armstrong, eu ainda era apenas um espectador interessado no desenrolar do caso Avery.

Ao chegar a Madison, fiquei surpreso ao descobrir que todas as provas tinham sido retiradas do cofre e colocadas em uma sala onde estava o principal investigador policial no caso, sem qualquer supervisão. Eu já tinha visto as provas uma vez, há mais de cinco anos, mas o chefe da secretaria tinha tido o cuidado de conduzir as provas até mim e continuar no recinto o tempo todo. Contudo, a secretaria do fórum, aparentemente, não se preocupava em deixá-las sozinhas com um detetive da polícia.

Em janeiro de 2006 eu soube que investigadores do estado haviam mexido nas provas sem falar conosco em duas ocasiões, e até fizeram um analista do instituto de criminalística do estado examinar as provas pouco depois da reversão feita pela segunda instância no verão anterior. Isso descumpria a ordem do juiz que estava em vigor há cinco anos e também exigia que o instituto de criminalística entregasse à defesa o relatório de qualquer teste realizado por eles. Fiquei furioso. Escrevi para Norsetter reclamando dessa demonstração de favorecimento por parte do instituto de criminalística e exigi a utilização de um laboratório externo e verdadeiramente independente. A promotoria recusou, alegando que o instituto de criminalística de Wisconsin continuaria a analisar as provas, reconhecendo que o estado estaria "procedendo por sua conta e risco". Em março de 2006 eu entrei no caso de Steven Avery e passei a equilibrar os dois, à medida que o caso de Avery também progredia.

Uma analista do instituto de criminalística de Wisconsin emitiu um relatório em abril de 2006 confirmando o que já sabíamos: Ralph Armstrong foi "eliminado como a fonte" de tudo o que ela havia analisado. Mas havia outra possibilidade, que tinha sido negligenciada todos esses anos: uma mancha de sêmen no cinto do robe que aparentemente foi usado para estrangular Charise Kamps. Segundo a analista do instituto de criminalística, o resultado dos testes dessa segunda amostra de sêmen (encontrada no cinto, não no robe) não era tão informativo, mas o perfil masculino desenvolvido a partir dele também não era consistente com o de Armstrong, nem com o do namorado da vítima, Brian Dillman. Na hora do assassinato, Charise Kamps não teve outros parceiros de sexo consensual, então, essa prova física recém-descoberta era uma bomba. O cinto do robe foi posto em cima do corpo da vítima pelo assassino, e como a mancha de sêmen recém-descoberta nele não correspondia nem a Armstrong, nem a Dillman, esse DNA provavelmente indicava o verdadeiro culpado. Eu esperava que a ação penal contra Armstrong fosse extinta na audiência seguinte no fórum.

Dois meses depois, em junho, o estado me surpreendeu ao anunciar que iria julgar Ralph Armstrong novamente. Alertei o juiz sobre a nova mancha de sêmen e os testes de DNA que excluíam tanto Dillman quanto meu cliente como fonte desse sêmen, implicando uma terceira pessoa, desconhecida. Anunciei que nossos peritos tinham analisado a mancha e tentariam desenvolver um perfil genético completo. O juiz concordou, e agendou outra audiência para alguns meses adiante.

Alguns dias após essa audiência de junho, os promotores do condado de Dane, um detetive da polícia de Madison e a analista do Instituto de Criminalística do Estado de Wisconsin, que havia feito o relatório de abril de 2006, fizeram uma conferência privada. Nessa reunião, John Norsetter disse ao detetive para ir até a secretaria do fórum, pegar o cinto no cofre onde estavam guardadas as provas e levá-lo ao instituto de criminalística estadual para mais testes, nos quais ele esperava encontrar traços de Ralph. Ele pediu testes que procuravam apenas o DNA do cromossomo Y, exclusivo dos homens, por ser passado de pai para filho. Esses testes não são muito específicos, pois todos os parentes homens por parte de pai, incluindo irmãos do mesmo pai, terão o mesmo perfil.

Esse teste do cromossomo Y nem foi tão longe a ponto de identificar definitivamente os homens da família Armstrong, gerando apenas um perfil parcial, que não exclui Ralph Armstrong. Impossível afirmar que isso provava a culpa dele, pois estava incompleto, mas o resultado significava que John Norsetter, enfim, conseguira o que desejava: uma prova que *não* afirmava a inocência de Ralph. Muito pior para nós, contudo, era que, durante a realização dos testes, a técnica utilizou o restante da mancha.

Consequentemente, não havia mais nada que pudéssemos testar. Claro que na época eu não sabia nada sobre esse teste. Se eu soubesse, jamais teria concordado com ele. Era uma flagrante violação da ordem do juiz e do nosso acordo com a acusação.

Por que e como Norsetter tinha escolhido esse teste destrutivo e, além disso, por que ele tinha agido tão sorrateiramente eram mistérios para mim na época. Mais de um ano se passaria até eu descobrir as circunstâncias por trás de seus atos, mas, já naquela época, fiquei furioso. Quando falei com ele ao telefone, Norsetter pareceu indiferente, mesmo tendo adotado o que me parecia uma flagrante má conduta por parte da acusação.

No outono de 2006, fiz petições para que todas as acusações contra Ralph Armstrong fossem retiradas e também para excluir a identificação feita pela testemunha ocular enquanto estava hipnotizada.

Nessa época, eu já estava havia meses me aprofundando no caso de Steven Avery, sem fazer a menor ideia que, no meio daquela avalanche de trabalho, outra reviravolta surpreendente e crucial estava prestes a acontecer na odisseia de Ralph Armstrong.

Parte V

NADAR CONTRA A CORRENTE

18

A questão do *Estado de Wisconsin v. Steven A. Avery* se desenrola sobre dezenas de milhares de páginas de transcrições, razões de recursos e várias caixas de provas. No início de 2015, apenas os registros da pauta, uma espécie de sumário, passavam de sessenta páginas. A série *Making a Murderer* estreou na Netflix no fim de 2015, e as pessoas faziam maratona com todos os dez episódios quando chovia ou fazia frio. As comunidades na internet publicaram todo o arquivo relacionado ao caso na rede, analisaram cada palavra e decisão e se envolveram em longos debates sobre o que importava ou não. Nem casos notórios dos tempos modernos, como o julgamento de O.J. Simpson, foram submetidos a uma análise tão detalhada pela multidão.

O caso Avery não recebeu toda essa atenção por ser mais importante que vários outros, e sim porque seus detalhes foram divulgados e amplificados pela cultura popular com ferramentas que só começaram a existir bem depois da segunda década do século XXI. Enquanto escrevo este livro, no verão de 2014, não é blasfêmia nem hipérbole dizer que nenhum caso criminal foi estudado por tantas pessoas desde o julgamento de Jesus de Nazaré. Certamente, poucos leitores deste livro não sabem que Steven Avery foi condenado. Os mesmos leitores sabem que Avery alega não ter tido papel ou conhecimento da violência feita a Teresa Halbach e qualquer prova do contrário só pode ter sido plantada.

Meu objetivo aqui não é julgar o caso novamente, muito menos resumir seus gigantescos autos. Vou destacar o que considero as questões centrais da acusação e da defesa de Steven Avery. Muitos dos episódios cruciais para o caso tiveram início antes do julgamento, e podemos compreendê-los melhor quando os analisamos em sua totalidade. Minha perspectiva foi inevitavelmente moldada não só pelos fatos peculiares à investigação como também por minha experiência na linha de frente do trabalho de defesa criminal.

Ninguém pode ignorar as flagrantes irregularidades na interpretação do caso feita pela acusação. Dean Strang e eu acreditamos firmemente que não foi possível explicá-las totalmente. Analisando mais de perto, quase tudo o que parecia ser provas definitivas da acusação estava repleto de falhas. Analisadas em conjunto, elas formam um desenfreado panorama de favorecimento, conflitos de interesse, má conduta, negligência e exageros grotescos que foram longe demais.

No escritório e, depois, nos apartamentos mobiliados que alugamos durante o julgamento, eu e Dean nos revezamos para cuidar da avalanche de material que a acusação nos fornecia, como mandava a legislação estadual e federal.

Segundo a Constituição, pessoas acusadas de crimes não têm direito a confrontar o acusador e as provas contra elas. Além disso, as autoridades policiais são obrigadas por lei a dividir os frutos de suas investigações com o acusado e seu advogado. Esse procedimento, conhecido como produção antecipada de provas, é feito para reduzir a possibilidade de um julgamento de emboscada, no qual a acusação apresenta testemunhas ou provas de surpresa, sem dar à defesa oportunidade de investigar. Como acontece com tantas outras características do sistema de justiça criminal, a obrigatoriedade da produção antecipada de provas é vista por alguns promotores como oportunidade para jogar, seja enchendo a defesa de materiais essencialmente irrelevantes ou limitando imensamente a quantidade dos relatórios escritos. Quando aceitei trabalhar no caso, a acusação já havia fornecido milhares de páginas como produção antecipada de provas. O volume aumentava a cada semana, ultrapassando 25 mil páginas, mil fotografias impressas e mais CDs, com imagens digitais.

Em Appleton, o apartamento térreo que aluguei durante o julgamento virou o repositório central para nossos arquivos. Separei duas mesas para trabalhar. O material vinha em grandes caixas de papelão e mais de trinta grandes fichários de três furos, que lotavam as prateleiras de um armário sem portas. Organizei as fotografias em caixas e coloquei tudo cuidadosamente em ordem alfabética nas mesas de trabalho para facilitar o acesso.

Porém, em todo esse Monte Olimpo de material havia apenas um relatório de meia página feito pelo sargento Andrew Colborn da delegacia do condado de Manitowoc. O sargento Colborn teve papel crucial na suposta descoberta de provas incriminando Steven Avery, mas suas poucas linhas só foram protocoladas meses depois. Como descobriríamos isso era típico das autoridades de Manitowoc. Toda prova importante no caso, como a chave do carro de Teresa Halbach, foi divulgada, em primeiro lugar, pelos investigadores do condado de Manitowoc, sendo que nenhum deles deveria sequer estar no local. Apesar desse envolvimento crucial, os investigadores de Manitowoc preencheram apenas vinte páginas de relatórios. Os outros milhares de páginas de relatórios investigativos procediam do condado de Calumet ou da Divisão de Investigações Criminais do Departamento de Justiça de Wisconsin.

O papel crucial do sargento Colborn na história de Manitowoc com Steven Avery, começando pela condenação errônea de 1985, só foi revelado algumas semanas antes da morte de Teresa Halbach. Após ter sido inocentado, Steven Avery entrou com um processo civil contra o condado de Manitowoc pedindo 36 milhões de dólares (cerca de R$ 115 milhões) de indenização. No outono de 2005, os depoimentos tomados para esse processo revelaram provas havia muito escondidas de má conduta e negligência por parte das autoridades policiais, que efetivamente fabricaram a acusação pelo ataque a Penny Beerntsen. Além disso, o tempo que Avery passou na prisão pode muito bem ter sido prolongado pela arrogância dos policiais no condado de Manitowoc, ignorando continuamente os fortes indícios de que tinham condenado a pessoa errada. Apenas três semanas antes do desaparecimento de Teresa Halbach, os advogados civis de Avery inquiriram o sargento Andrew Colborn e o tenente James Lenk, sob juramento, em relação a um telefonema que Colborn tinha recebido na cadeia pública do condado em 1994 ou 1995 de um policial de outra jurisdição. Essa pessoa disse ao telefone que o condado de Manitowoc havia acusado o homem errado de estupro. Colborn não fez esforço algum para investigar a informação. No dia em que Steven Avery foi solto, em 2003, oito anos depois desse telefonema, o sargento Colborn consultou seu superior, o tenente Lenk, e os dois foram conversar com o xerife de Manitowoc. Só então, oito anos após o fato, Colborn e Lenk fizeram um breve relatório sobre aquele telefonema, que em seguida foi lacrado e guardado no cofre do xerife. Segundo a alegação dos advogados civis de Avery, os últimos oito anos de encarceramento injusto só aconteceram porque Colborn e seus superiores não seguiram a pista que lhes foi apresentada.

Considerando o quanto a delegacia do condado de Manitowoc estava profundamente envolvida na falsa condenação de Steven Avery em 1985, os atuais promotor e xerife negaram ostensivamente qualquer envolvimento no novo caso, mesmo com o carro de Teresa Halbach tendo sido encontrado no ferro-velho de Avery, na jurisdição deles. A investigação seria totalmente coordenada pela delegacia do condado de Calumet, em uma jurisdição vizinha, e o xerife do condado de Calumet, Gerald Pagel, contou a repórteres, no dia 10 de novembro, que Manitowoc não tinha feito praticamente nada importante na investigação do desaparecimento de Teresa Halbach.

— Quero enfatizar que o papel do condado de Manitowoc consistiu em fornecer recursos para nós, quando precisávamos. Itens na propriedade para conduzir buscas eles forneceram equipamentos [*sic*] e este foi o único papel deles na investigação — explicou Pagel.

Isso acabou sendo uma completa mentira, especialmente para o sargento Colborn e o tenente Lenk. Ambos se ofereceram para as buscas na casa de Steven Avery, em vez de escolherem um dos vários outros prédios e residências situados no terreno do ferro-velho. Colborn estava presente quando Lenk supostamente "descobriu" a chave do carro de Teresa Halbach no quarto de Avery, após o trailer já ter sido minuciosamente vasculhado seis vezes. Além disso, Colborn foi gravado telefonando para um atendente da polícia em seu celular pessoal a fim de confirmar o número da placa do carro desaparecido de Teresa Halbach 28 horas antes de alguém relatar sua localização no ferro-velho dos Avery. O interessante é que as placas não estavam no carro RAV4 quando ele foi descoberto por voluntários nem foram encontradas no dia seguinte, quando centenas de voluntários vasculharam quase todos os quatro mil veículos do ferro-velho em busca de provas relacionadas a Teresa Halbach. Na verdade, as placas só foram descobertas por voluntários dois dias depois, amassadas e na traseira de um veículo descartado próximo à casa de Steven Avery. Tanto o tenente Lenk quanto o sargento Colborn estavam andando perto dos veículos no ferro--velho no dia anterior.

Contudo, quando finalmente foi enviado, o relatório oficial elaborado pelo sargento Colborn sobre seu envolvimento na investigação do desaparecimento de Halbach tinha poucas linhas. Pelo menos ele estava ficando mais rápido. Em vez de esperar oito anos para escrever um relatório, como fez durante a condenação injusta de Avery, ele conseguiu redigir meia página em apenas oito meses. Mas o texto não fazia menção ao telefonema feito por ele para o atendente sobre o número da placa do carro. Nós esbarramos nessa gravação do telefonema de Colborn quase por acidente.

O material da produção antecipada de provas fornecido pelo estado antes do julgamento não incluía os telefonemas gravados para a delegacia do condado de Manitowoc e partindo dela. Na produção antecipada de provas da área criminal, as gravações de telefonemas relevantes feitos para o 911 ou comunicações com os atendentes da polícia, como solicitações para ir a um local específico ou telefonemas do policial para o atendente daquele local são liberadas. Como as transmissões de rádio feitas em ondas públicas podem ser monitoradas por qualquer pessoa com um aparelho que detecte a frequência de rádio da polícia, a comunicação pelo rádio geralmente envolve códigos numéricos que tanto os policiais quanto os atendentes conhecem. No caso de Avery, porém, não ficamos satisfeitos com as gravações comuns, pois não continham instruções completas do atendente para os policiais e vice-versa. Por isso, fizemos uma solicitação mais ampla a fim de obter todas as comunicações gravadas para a delegacia do condado de Manitowoc ou partindo dela durante as investigações do desaparecimento de Teresa Halbach e ao longo da semana em que foram realizadas as buscas na propriedade dos Avery. O pedido só foi respondido depois de uma das inquirições que fiz a um detetive durante uma audiência preliminar.

Uma das várias petições que fizemos antes do julgamento questionava as circunstâncias da descoberta supostamente milagrosa do carro de Halbach feita por Pamela Sturm no ferro-velho dos Avery no dia 5 de novembro, e, consequentemente, a admissibilidade do veículo e das manchas de sangue encontradas nele como provas. Sturm, investigadora particular profissional, foi ao ferro-velho naquela manhã e recebeu permissão para procurar, supostamente agindo como cidadã, mesmo tendo o número de telefone direto do xerife Pagel e sendo a única voluntária equipada com uma câmera. Minutos após chegar ao local, ela descobriu o carro: uma agulha em um palheiro de 17 hectares, com milhares de veículos descartados. Parecia *mais* provável que alguém tivesse entrado ilegalmente na propriedade dos Avery, plantado ou encontrado o veículo lá e as autoridades policiais, sabendo disso, recrutaram a ajuda de Sturm, porque ainda não tinham um mandado. Se no dia 5 de novembro Sturm estivesse realmente agindo em nome das autoridades policiais e não como cidadã, a busca seria ilegal.

Após o telefonema de Sturm para o xerife Pagel, investigadores do condado de Manitowoc correram em bando para a propriedade, e o detetive do condado de Calumet, Mark Wiegert, um dos interrogadores que extrairia várias "confissões" de Brendan no ano seguinte, começou a preparar um mandado de busca para que os investigadores pudessem apreender o RAV4. Ao redigir o mandado, Wiegert citou informações fornecidas pelo detetive do condado de Manitowoc, Dave Remiker. No entanto, essas informações eram diferentes do que Remiker escreveu em seu relatório: que Wiegert estava organizando voluntários para realizar buscas naquela manhã de sábado a fim de "coordenar nossos esforços". Como isso dava a entender que os voluntários estavam agindo como autoridades policiais, o que teria invalidado toda a busca, a informação foi omitida quando Wiegert redigiu o mandado.

Em uma audiência preliminar sobre essa petição, o detetive Remiker se afastou da declaração feita em seu relatório e acabou soltando uma bomba. Ele testemunhou que, ao redigir seu relatório, entendeu incorretamente o que Wiegert tinha dito sobre as autoridades policiais coordenarem as buscas feitas pelos voluntários. Mas como ele sabia disso agora? Porque antes de testemunhar naquela audiência, ele ouvira uma gravação da conversa telefônica que teve com Wiegert na manhã de sábado, 5 de novembro. A que gravação ele se referia? A gravação do telefonema que ele fez no escritório da delegacia do condado de Manitowoc. Você quer dizer que há gravações em fita dos telefonemas, e não apenas das comunicações feitas via rádio pelos policiais de Manitowoc?

A acusação disse ao juiz-presidente do julgamento de Avery, Patrick Willis, do condado de Manitowoc, que eles nunca tinham ouvido falar da existência dessas gravações até aquele momento, dez meses após a realização das buscas. Foi a primeira prova de que as ligações telefônicas na delegacia do condado de Manitowoc eram gravadas, e isso abriu as portas para que nós conseguíssemos não só aquela gravação telefônica como várias outras. O juiz Willis ordenou que as gravações fossem entregues à defesa e recebemos ligações feitas e recebidas de todas as linhas telefônicas utilizadas pelo departamento em horários relevantes, incluindo os telefones na sala dos detetives, a sala de fichamento e dos atendentes. Essas fitas incluíam ligações recebidas pelo atendente em linha telefônica em vez do rádio. Detetives e policiais falavam tão livremente nesses telefonemas que me perguntei se eles sabiam que estavam sendo gravados. Era como ouvir as fitas de Watergate envolvendo Nixon, só que com muito menos palavras de baixo calão.

Nessa mina de ouro inesperada e repleta de detalhes estava a ligação que Colborn havia feito para o despachante sobre a placa do carro de Teresa Halbach dois dias antes de o veículo aparecer oficialmente. Durante o julgamento de Avery, Dean estabeleceu que a transcrição do telefonema correspondia ao que um policial diria se encontrasse um veículo durante uma patrulha. Após o atendente ler os números da placa, Colborn perguntou: "É um Toyota 99?" Isso pareceu suspeito, como se Colborn estivesse procurando o Toyota RAV4 ano 1999 de Teresa quando deu aquele telefonema. Mas como isso seria possível se o carro de Teresa ainda não havia sido encontrado? A menos que Colborn tivesse *realmente* encontrado o carro, mas não tivesse relatado a descoberta por algum motivo.

Além disso, entre as gravações estavam telefonemas de autoridades que mostravam a determinação deles em se concentrar apenas em Steve Avery como suspeito do desaparecimento de Teresa. Quando um policial soube que o RAV4 de Teresa tinha sido encontrado no ferro-velho de Avery, ele perguntou se um corpo também havia sido recuperado. Quando lhe disseram que não havia corpo algum, ele perguntou: "Steven Avery já está sob custódia?" Steven Avery era um dos vários familiares que tinham acesso à propriedade. Além disso, havia várias estradas de acesso público para o ferro-velho. Mas mesmo nessa etapa inicial da investigação, sem corpo e sem quaisquer provas de um crime específico, a suspeita do policial recaiu imediatamente em Steven Avery.

Imagine não conseguir falar em particular com seus entes queridos e pessoas de sua confiança durante quase um ano e meio porque todas as conversas são ouvidas, gravadas e depois ouvidas novamente. Essa era a situação desumana vivida por Steven Avery e Brendan Dassey.

Nos meses antes do julgamento de Avery, nós recebíamos regularmente CDs de áudio contendo gravações dos telefonemas feitos por ele e Brendan Dassey da cadeia. Elas certamente somavam mais de cem horas, e ficou óbvio, a partir dos relatórios investigativos obtidos na produção antecipada de provas, que um policial foi incumbido de ouvir periodicamente todas as gravações. Se tudo fosse feito do nosso jeito, nenhuma dessas gravações feitas na cadeia receberia autorização para ser usada como prova. Antes do julgamento, solicitamos a preclusão delas, por uma questão de justiça. Todas as ligações telefônicas e visitas dos familiares eram gravadas, até algumas visitas do sacerdote estavam sendo gravadas. (As visitas feitas pelo advogado não deveriam ser gravadas e não tenho provas de que tenham sido, mas por algum motivo os carcereiros sempre agendavam nossas reuniões com ele em uma sala com equipamento audiovisual, que eles garantiam estar desligado.)

Não fazíamos objeção à prática de gravar os contatos feitos pelos presos, medida de segurança empregada pela maioria das prisões, e sim ao possível uso dessas gravações como provas no julgamento. A possibilidade que as conversas de Avery com seus entes queridos pudessem ser usadas contra ele era grotesca. A fiança, estabelecida em 750 mil dólares (cerca de R$ 2,5 milhões), em dinheiro, manteria Avery atrás das grades pelo menos até o julgamento. Aos olhos da lei, ele ainda era inocente na época e não era possível alegar a existência de risco de fuga. Ele viveu no condado de Manitowoc a vida inteira, e jurava inocência. Se ele tivesse recursos para pagar a fiança, estaria livre para apreciar a companhia de sua família sem se preocupar que suas conversas pudessem se transformar em prova de culpa. Uma pessoa de posses poderia ter evitado essa vigilância. Nas razões do recurso solicitando a preclusão do uso dessas gravações pelo estado, nós argumentamos: "Os abastados não fruiriam uma presunção de inocência maior do que Avery, mediante as mesmas acusações e as mesmas provas.

"Como qualquer ser humano, Avery precisa do apoio dos seus entes queridos. Um inocente na cadeia precisa do apoio de seus familiares mais próximos."

Também temíamos que, ao longo de tantos meses, algum comentário casual feito em uma conversa pudesse ser mal-interpretado ou distorcido, transformando-se em aparente confissão. Os advogados sempre advertem seus clientes a terem cuidado com o que dizem ao telefone, e para que não revelem as estratégias que serão usadas no julgamento. Além do mais, cada ligação é precedida por um aviso de que a conversa será gravada. Apesar disso, muitos clientes se esquecem desse fato, ou algum familiar desavisado pode fazer uma pergunta como: "O que seu advogado diz sobre isso?", obtendo reveladores comentários do réu. Em todo caso, nossa petição foi negada. O juiz Willis disse que, ao continuar com o telefonema após receber o aviso da gravação, Avery abriu mão de qualquer direito à privacidade.

Quis o destino que essas gravações fossem muito mais importantes para contar a história de Steven Avery em *Making a Murderer* do que no fórum. Talvez o que não pode ser ouvido seja mais revelador. Há frustração e irritação de sobra, mas, nos 16 meses em que ficou sob custódia antes do julgamento, Steven Avery teve incontáveis oportunidades de cometer um lapso e dizer algo verdadeiramente ou aparentemente incriminatório. Porém, isso nunca aconteceu. Tudo o que conseguimos descobrir ouvindo mais de cem horas das ligações feitas da cadeia era que ele desejava sair de lá e acreditava que as autoridades estavam armando contra ele. Analisando as gravações dos telefonemas feitos pelas autoridades policiais, era possível concluir que ele talvez estivesse certo.

19

O antigo fórum de Manitowoc fica na esquina sudoeste das ruas Eighth e Washington há um século, com sua grandiosa e maldita presença, como a de um monarca no trono olhando seus súditos de cima para baixo. Lá dentro, grandiosas escadas circundam o saguão central e levam aos tribunais no andar superior. No andar de baixo, a secretaria do fórum fica de um lado do saguão e, do outro lado, a delegacia do condado de Manitowoc. Muitos condados transferiram as delegacias dos antigos fóruns para prédios mais modernos e menos centrais, mas isso não ocorreu em Manitowoc.

Era uma tarde quente perto do fim de julho de 2006 quando subi aqueles degraus. Enfrentando o tumulto dos primeiros quatro meses desde que entrei para a defesa de Avery, eu tinha trabalhado para chegar a esse momento: buscar um tubo com o sangue de Steven Avery que estivesse acessível ao povo na delegacia do condado de Manitowoc. Mesmo agora, isso parecia um tiro no escuro.

Quando as autoridades alegaram que manchas e restos do sangue de Steven Avery haviam sido encontrados no carro de Teresa Halbach, os problemas dele só aumentaram. Eles também observaram explicitamente que Avery tinha um corte no dedo. O interessante, porém, é que vários conjuntos de digitais foram recuperados do veículo, e nenhum era de Steven Avery. Também havia uma impressão de palma bem clara, perto da maçaneta da porta traseira do carro, mas não era de Avery — e, até o momento em que escrevo, não tinha sido identificada. Na verdade, nenhum traço de Steven Avery foi encontrado naquele carro, além dessas manchas de sangue. Presumivelmente, o estado poderia teorizar que ele havia usado luvas e, portanto, eliminado a possibilidade de deixar impressões digitais. Mas, então, como o sangue dele estaria no para-brisa, especialmente se procedia daquele corte no dedo? Ele tinha *tirado* as luvas? Se isso aconteceu, voltamos ao problema original: por que as impressões dele não foram encontradas dentro ou fora do carro? Se Avery teve tempo de limpar as impressões digitais, por que as impressões de outras pessoas foram encontradas? E como ele *não* ia limpar o sangue se estava limpando suas impressões digitais? Essas perguntas me perturbavam, pois não havia explicação para a presença do sangue de Avery. Ou ele tinha sangrado no carro ou alguém havia plantado o sangue ali.

Uma armação era o que Steven Avery vinha alegando desde o início, mesmo antes de ser preso. Ele tinha falado a repórteres que se o sangue dele tinha sido encontrado dentro do carro de Teresa, então fora plantado por alguém.

— Absurdo — zombou o promotor Kratz. A delegacia do condado de Manitowoc não tinha acesso ao sangue de Steven Avery, insistiu.

Pensei nas possibilidades. Quais fontes do sangue de Avery estavam disponíveis?

Descobriu-se, depois, que algumas gotas de sangue encontradas no piso do banheiro do trailer de Avery eram comprovadamente dele. Não havia nada de incomum em encontrar no próprio banheiro o sangue de alguém que trabalhava cortando carros e arrancando peças emperradas. Todos que trabalhavam no ferro-velho, inevitavelmente, tinham arranhões e cortes. Em uma fotografia de uma dessas gotas no banheiro, tirada por investigadores, parecia que alguém havia removido parte da mancha. O centro sumira e restava apenas um anel externo de sangue. Deduzi que talvez as manchas de sangue pudessem ter rendido o bastante para serem plantadas no carro de Teresa. Mas o sangue recuperado do piso foi pouco e não ficou claro quem teve acesso ao sangue no banheiro.

Como os testes de DNA acabaram levando Avery a ser inocentado em 2003, pensei que o sangue tivesse sido coletado em algum momento durante o processo de recurso. Confirmei com o Wisconsin Innocence Project que a amostra de DNA tirada em 2002 fora obtida esfregando a parte interna da bochecha (fonte abundante de células epiteliais) com um tipo especial de haste com algodão na ponta, semelhante a um cotonete. Porém, as células epiteliais até podem ser plantadas, mas é impossível confundi-las com sangue.

O sangue poderia ter sido obtido em outras circunstâncias ao longo do processo? Eu me aprofundei nos autos e descobri que os testes de DNA de 2002 não tinham sido os primeiros. Uma análise do histórico processual revelou que em 1996 o DNA de Avery tinha sido comparado a raspas tiradas de debaixo das unhas de Penny Beerntsen — e não foi compatível. Será que o sangue de Avery foi coletado para *essa* série de testes?

Como não havia informações sobre isso nos autos, liguei para Rob Henak, um dos advogados que representava Avery na época. Segundo ele, o sangue de Avery tinha sido colhido na prisão e enviado durante a noite para uma filial do LabCorp na Carolina do Norte. Ele não sabe o que aconteceu com o resto da amostra após o envio dos resultados, mas deu o nome de seu contato no LabCorp. Imediatamente, telefonei para ele. Será que o LabCorp usou todo o sangue durante os testes? Longe disso: eles pegaram um mililitro, uma fração da quantidade do tubo. O que fizeram com o restante?

— Geralmente devolvemos à pessoa que nos mandou — contou o funcionário do LabCorp.

Isso fazia todo o sentido, exceto se o dono da amostra estivesse preso. O correio da prisão é altamente controlado, e Avery não teria permissão para receber sangue por lá. Então, para onde foi a amostra? Meu contato no LabCorp não sabia ao certo, mas se ofereceu para pesquisar os arquivos e ver se conseguia descobrir. A resposta veio em alguns dias: o LabCorp enviou o tubo para a secretaria da instância na qual a questão foi ouvida, no caso, o condado de Manitowoc. Eu liguei para o chefe da secretaria de lá, apresentando-me como advogado de Steven Avery, e perguntei se os arquivos do antigo caso estavam acessíveis. Afinal, após todos esses anos, eles poderiam estar armazenados em outro lugar.

— Avery? Está bem aqui. Tivemos muito interesse nele — contou o chefe da secretaria.

Claro que sim. Em 2003, quando Avery foi inocentado, repórteres interessados nos detalhes da condenação ocorrida havia duas décadas precisariam consultar aqueles arquivos para descobrir o que tinha acontecido. Era uma pista promissora, mas não a ponto de me empolgar *demais*. O sangue é considerado patogênico, então, a secretaria pode ter destruído a amostra em algum momento. Além disso, essa prova não foi usada no julgamento e, portanto, não haveria obrigação de guardá-la por um determinado período. E se o tubo ainda estivesse *realmente* nos arquivos da corte, qual seria o estado de seu conteúdo dez anos após a coleta?

Com a enxurrada de outras petições e o desenrolar do caso sobre o assassinato de Teresa Halbach, demorei a conseguir tempo para ir até o fórum de Manitowoc. No fim de julho, finalmente consegui ir até lá com nosso investigador, Pete Baetz. Essa visita, a primeira que fizemos, não apareceu em *Making a Murderer*.

Na secretaria do fórum, nós fomos levados a uma área isolada, acessível a qualquer pessoa, mas que não era visível o tempo todo para os secretários. Em cima de um gabinete de arquivos havia uma caixa de papelão amassada e meio gasta, que o secretário colocou em cima da mesa para nós. Além da caixa não estar lacrada, as abas estavam um pouco abertas. Eu esperava que as ordens do juiz, razões do recurso e petições estivessem ali, mas não as provas usadas no julgamento, pois esse tipo de material costuma ficar armazenado em um cofre, ou outro local seguro. Mas o primeiro objeto que vi, quase saindo da caixa, era uma prova exageradamente grande: uma placa de isopor, do tipo que às vezes é usado como auxílio visual para o júri. Era isso que impedia a caixa de fechar. Pete e eu começamos a vasculhar as pilhas de petições e transcrições guardadas sem nenhuma ordem lógica. Então, quase no fundo da caixa, subitamente vimos outra caixa branca, de aproximadamente 20 x 15 centímetros.

— O que é isso? — perguntei.

Havia pequenas iniciais escritas em toda a caixa, que claramente tinha sido lacrada com fita vermelha específica para isso. Em um dos lados da caixa, vi que aquele lacre original fora rompido e a caixa branca tinha sido lacrada novamente com apenas um pedaço de fita transparente comum. O texto na parte externa da caixa indicava que, em algum momento, ela guardou uma amostra de sangue. Não podíamos dizer se ainda havia um tubo lá dentro, e, caso houvesse, se a amostra permanecia líquida ou se virara uma massa cristalizada. Pete tirou uma série de fotografias da parte externa da caixa e fomos embora sem abri-la, de modo a não prejudicar nossa posição. Mas, a partir dali, imaginei que a caixa guardava um tubo com o sangue de Steven Avery e que aquele sangue poderia muito bem ter sido a fonte das manchas encontradas no carro de Teresa. Afinal, a caixa era facilmente acessível e não estava armazenada de modo seguro.

Se o sangue naquele tubo ainda estivesse líquido, provavelmente seria graças a um conservante chamado ácido etilenodiamino tetra-acético (EDTA, na sigla em inglês). O EDTA não existe naturalmente no sangue humano, mas costuma ser adicionado a amostras de sangue para impedir a coagulação. Quando o sangue coagula, suas moléculas de ferro se ligam a outras substâncias que ajudam a coagulação, e o EDTA interrompe esse processo ao se ligar às moléculas de ferro, afastando-as dessas substâncias e mantendo o sangue na forma líquida. Geralmente se usa uma tampa roxa para identificar os tubos de amostras sanguíneas tratados com EDTA.

O sangue coletado na cena de um crime não deveria conter EDTA. A presença do conservante nessas amostras indica fortemente que o sangue não era de uma pessoa que estava sangrando, e sim de alguma amostra coletada previamente e tratada com o conservante. E se não houvesse EDTA nas amostras do sangue de Avery tiradas do carro de Teresa? Por quanto tempo o EDTA pode ser detectado em uma amostra? De qualquer forma, isso provaria algo se a amostra utilizada nesse caso tivesse dez anos de idade? Além disso, seria possível fazer um teste em 2006 para detectar a presença desse produto químico em uma mancha de sangue seca encontrada na cena de um crime?

Na época, a internet não me ajudou muito. As pesquisas que encontrei online sobre o EDTA estavam incompletas, ou eram apenas breves resumos de algum estudo em revistas científicas que só poderiam ser acessadas mediante assinaturas caras. Para lê-los, eu teria que pesquisar à moda antiga e encontrar uma biblioteca com revistas científicas. O Medical College de Wisconsin tinha sido uma fonte crucial para mim, quando me preparei para os testemunhos de peritos e quando tentava saber mais sobre a doença do meu pai e, depois, sobre a minha. Essas pesquisas levam tempo, mas, mesmo havendo muito trabalho a fazer antes do julgamento, eu me dediquei a isso.

Após semanas de pesquisa na biblioteca e fazendo ligações telefônicas, eu não tinha encontrado um cientista capaz de dizer qual a possibilidade de detectar o EDTA em uma amostra de sangue dez anos após ter sido colhida e tratada com o composto ou se era possível testar manchas de sangue seco para verificar a presença do conservante. Era impossível dizer, pois quase ninguém tinha feito um teste assim, especialmente no contexto forense. Minha pesquisa revelou que apenas um laboratório comercial tentou fazer esse tipo de teste para um réu, que também argumentava ter sido incriminado injustamente. Porém, o governo usou o laboratório do FBI para refutar a prova e o laboratório comercial parou de fazer tal teste. Ao perguntar sobre a possibilidade de um laboratório fazer o teste, descobri que custaria dezenas de milhares de dólares, muito além do nosso orçamento. Contudo, o preço era o menos importante, pois fui recusado diretamente não só pelos laboratórios comerciais como também por universidades que poderiam cobrar mais barato. No fim das contas, concluí, relutantemente, que ninguém tinha uma resposta quanto à estabilidade do EDTA.

Claro que tudo poderia não dar em nada de qualquer forma. Eu só sabia que dentro de uma prova armazenada de modo inseguro em uma caixa no fórum do condado de Manitowoc havia uma caixa branca menor que presumivelmente tinha um recipiente de isopor, mas eu não sabia o que havia nele. Estava na hora de descobrir se existia um tubo para testes no arquivo da secretaria e se ainda havia sangue líquido nele.

Enquanto isso, descobri que investigadores da delegacia do condado de Manitowoc, que ficava no mesmo saguão da secretaria, tinham manuseado o arquivo do antigo caso de Avery durante o recurso da condenação, o mesmo arquivo que guardou pelo menos por algum tempo a amostra do sangue dele. Na verdade, ninguém menos que James Lenk, na época detetive-sargento, tinha se envolvido no transporte de provas do arquivo para a realização de testes durante o recurso da condenação errônea. Agora tenente, Lenk alegou ter encontrado a chave do RAV4 de Teresa Halbach bem à vista no chão do quarto de Avery, que passou completamente despercebida por todos nas seis buscas anteriores feitas no local. Junto com o sargento Colborn, Lenk foi um dos policiais de Manitowoc que *não* deveria ter se envolvido de forma alguma na investigação do desaparecimento de Teresa Halbach, por estar ligado ao processo civil movido por Avery contra o condado e o xerife.

Esse histórico complicado foi relatado na petição que fizemos em nome de Steven Avery, solicitando ao juiz não só que guardasse o arquivo do antigo caso de 1985 em lugar seguro como também que nos concedesse acesso supervisionado ao tubo de sangue. Além de revelar a teia de conexões ligando Steven Avery a Lenk e outras autoridades policiais do condado de Manitowoc e mostrar que tínhamos uma base sólida para suspeitar de armação, descrevi a caixa dilapidada que encontrei e todo o seu conteúdo, além do recipiente com o lacre rompido que, pelo menos em 1996, provavelmente, guardou o sangue de Steven Avery.

O juiz nos deu permissão, mas só depois de Ken Kratz ter determinado que nossos documentos fossem lacrados ao acesso público, pois continham informações potencialmente prejudiciais e "isso tenderia a influenciar ou contaminar os possíveis jurados nesse caso".

Se ironia acidental fosse crime, Kratz estaria cumprindo 25 anos, sem direito a condicional.

20

Em dezembro de 2006, consegui abrir a pequena caixa branca do caso Avery de 1985, na secretaria da segunda instância do condado de Manitowoc. Também estavam presentes Norm Gahn, o promotor especial de Milwaukee que se especializou em análise de provas de DNA, e o detetive do condado de Calumet, Mark Wiegert.

Quando entrei no recinto, fiquei surpreso ao ver que Wiegert segurava apenas a caixa branca de 20 x 15 centímetros. Não havia sinal da caixa de papelão maior, onde tudo havia sido jogado.

Gahn também ficou intrigado.

— É... Pois é, achei que havia uma caixa grande — comentou ele, olhando a caixinha branca.

— Também pensei que estava na caixa grande — respondi.

— No meu entendimento, é isto aqui. Os outros itens eram raspagens de unhas e fios de cabelo — respondeu Wiegert.

Calçamos luvas verdes antes de abrir a caixa branca. Dentro dela, realmente havia um recipiente de isopor com tampa. Pela primeira vez observavamos que ele também fora lacrado com fita vermelha especial para provas. E, assim como na caixa branca que o guardava, o lacre fora aberto em algum momento.

— Quer girar a caixa? Parece que o lacre foi rompido, não foi? — eu disse a Norm.

Wiegert levantou a tampa do recipiente e encontramos aninhado no isopor um tubo de sangue rotulado com o nome de Avery e a data da coleta.

Norm balançou o tubo de um lado para outro e constatou, surpreso:

— Ainda está líquido.

Três características do tubo chamaram minha atenção de imediato. Primeiro, não havia lacre. Segundo, havia um buraco visível no centro da tampa de borracha. E, terceiro, nas laterais do tubo, entre a tampa e o vidro, havia sangue *acima* da tampa.

Documentamos o estado do tubo e dos recipientes. Norm estava visivelmente surpreso. Enquanto terminávamos, ele me disse:

— Bom, isso vai mudar tudo.

Eu respondi:

— Olha, nós estávamos falando isso o tempo todo: se o sangue de Avery está lá, então foi plantado. Kratz insistia que era uma alegação absurda, pois vocês não tinham acesso ao sangue. Mas estava bem ao alcance do tenente Lenk e do sargento Colborn, que trabalham do outro lado do saguão.

— Você tem razão. Isso muda tudo — concordou Norm.

Quando saímos da delegacia de Manitowoc, ele prometeu buscar explicações para isso, e se havia algum teste para determinar se o sangue coletado do RAV4 poderia ser ligado ao sangue do tubo.

Alguns pontos cruciais sobre esse tubo não foram mencionados em *Making a Murderer*. A secretaria do fórum não tinha uma planilha para registrar a identidade das pessoas que inspecionaram o arquivo e suas respectivas provas. E mesmo se *tivesse* havido algum tipo de monitoramento, a delegacia do condado de Manitowoc tinha chaves-mestras para todos os escritórios, incluindo o da secretaria.

Como eu passaria a noite em Manitowoc, voltei ao quarto de hotel, ansioso para contar o que acontecera a Dean. Após meses de investigações, tínhamos encontrado ouro: provas conclusivas que, desde o início da investigação do desaparecimento de Teresa Halbach, a delegacia do condado de Manitowoc tinha acesso irrestrito e não monitorado a um vasto suprimento do sangue de Steven Avery. Além disso, o detetive responsável pela "descoberta" altamente suspeita da chave do carro da vítima, James Lenk, também estava envolvido no manuseio da caixa que guardava o tubo de sangue colhido havia alguns anos. Ao contrário de outros envolvidos no caso contra Avery, Lenk podia ter conhecimento daquele estoque do sangue de Avery na época.

De volta ao hotel, as cineastas se instalaram em um canto do quarto. Sinceramente, àquela altura, elas estavam presentes com tanta frequência que eu já nem as percebia. Quando telefonei para Dean, a descoberta estava brotando de mim e foi registrada em vídeo:

— Preciso falar com você. Hoje é um dia marcante para a defesa. Não poderia ter sido melhor. O lacre estava visivelmente rompido fora da caixa, e dentro dela havia um kit de isopor, com lacre rompido também. Abrimos a caixa de isopor e encontramos, em toda sua glória, um tubo onde estava escrito "Steven Avery", com seu número de presidiário e tudo. O sangue estava líquido. E ouça isto: bem no centro da tampa do tubo vimos um buraquinho, bem do tamanho de uma agulha hipodérmica. Sim. E já falei com uma pessoa do LabCorp. Ele afirmou que eles não fazem isso. Você pode... Você já caiu duro no chão ou não? Pense nisso, Dean. Se o LabCorp não enfiou a agulha na tampa, então, quem foi? Algum policial foi até o arquivo, abriu a caixa, pegou uma amostra do sangue de Steven Avery e plantou no RAV4. É, ele sabe o que vamos fazer.

Dean tinha voltado a Madison.

— O jogo virou — disse ele.

— O jogo virou, exatamente. O jogo virou — respondi.

Quando desliguei o telefone, percebi que a câmera estava filmando o tempo todo e capturou meu relato eufórico e empolgado dos acontecimentos. Naquela hora, não pensei que fossem usar as imagens. Era espontâneo demais. Acabou sendo a única cena que eu preferia não ter visto no documentário.

Naquela mesma noite, quando as câmeras já estavam longe, recebi um telefonema de Norm Gahn. Foi a primeira de algumas conversas que tivemos sobre a utilização do tubo no julgamento de Steven Avery. Como bom advogado, Gahn ficou visivelmente perturbado com as revelações daquela tarde e agiu rapidamente para buscar outras explicações e ver se as manchas de sangue no carro de Teresa poderiam ser analisadas quanto à possível presença de EDTA, a mesma pesquisa que eu tinha feito. Além disso, caso fosse possível detectar o EDTA, Gahn já havia pensado em outras explicações para a eventual presença do conservante.

Eu tinha feito o mesmo antes de irmos ao fórum: por acaso, o EDTA também é utilizado fora dos laboratórios, principalmente em produtos de limpeza. Por exemplo, ele faz parte dos produtos Armor All, usados para limpar carros, e também está presente em alguns sabões para lavar roupas, significando que pode acabar em usinas de tratamento de água. Isso levou a uma discussão sobre a sobrevivência do conservante no meio ambiente. Segundo ambientalistas, o EDTA é como um metal pesado, e não se deteriora, enquanto a indústria química diz ter provas de que o EDTA se decompõe em moléculas inofensivas quando exposto à luz do sol.

Norm Gahn também descobriu que o EDTA é encontrado no Armor All. O RAV4 era o primeiro carro de Teresa Halbach e ela, sem dúvida, o mantinha bem limpo. Era óbvio que, se algum traço de EDTA acabasse aparecendo nas amostras de sangue tiradas do veículo, Gahn poderia afirmar que não era surpreendente nem estranho, apenas resultado dos esforços de uma jovem para cuidar de seu bem mais valioso. Eu fiz anotações durante uma de nossas conversas: "O FBI pode fazer testes de EDTA, mas levaria de três a quatro meses. Eles podem fazê-los nas manchas e no tubo."

Como qualquer advogado diligente faria, Gahn já estava pensando em como os dois lados poderiam apresentar versões diferentes do mesmo fato. Durante o julgamento de O.J. Simpson, o EDTA foi encontrado em uma mancha de sangue encontrada em uma meia de Simpson e, segundo o argumento da defesa, a presença do EDTA provava que o sangue havia sido plantado. Ao longo dos anos, outras pessoas fizeram alegações similares. O FBI, que tinha sido duramente criticado por usar ciência de má qualidade para tentar explicar o EDTA encontrado no caso Simpson, não se envolveu na maioria dos outros casos. A posição deles foi que os testes eram muito sensíveis e poderiam confundir produtos químicos normalmente encontrados no ambiente com o EDTA. Agora, contudo, Gahn dizia que o FBI se considerava capaz de desenvolver um teste que não gerasse falsos positivos causados por produtos químicos irrelevantes. Isto é, em minha visão, o FBI acreditava ser capaz de elaborar um teste *menos* provável de sugerir que o sangue foi plantado.

Apesar de ter pesquisado muito, não encontrei qualquer informação sobre novos testes feitos pelo FBI, então, eu sabia apenas o que Gahn me revelara ao telefone. Ele queria pedir um adiamento para fazer o teste, e se não conseguíssemos, Gahn gostaria que não tivéssemos a permissão de argumentar para o júri que a ausência do teste foi intencional ou mesmo de inquirir as testemunhas sobre ele.

A essa altura Steven Avery já estava preso havia quase 14 meses. Adiar o julgamento por mais quatro meses estava fora de questão. "De jeito nenhum", falei.

No fim de dezembro, após nossa ida à secretaria do fórum para ver o tubo com o sangue de Avery, o estado pediu que o tubo fosse liberado para que investigadores pudessem realizar testes químicos. Norm Gahn não tinha um laboratório nem testes específicos em mente. Eu me opus a dar carta branca ao estado para acessar o sangue e estimulei o juiz a lacrá-lo em um cofre ao qual ninguém pudesse ter acesso. O juiz concordou em guardar o sangue em lugar seguro até todas as partes terem oportunidade de ver se algum laboratório faria testes químicos relevantes no sangue. O juiz também deslacrou a petição que fizemos para abrir a caixa que estava na secretaria. Nessa audiência, o público e a mídia souberam pela primeira vez da existência do tubo com o sangue e a situação suspeita na qual ele se encontrava.

É importante lembrar que Steven Avery alegou, desde o início da investigação do desaparecimento de Teresa, que a única forma de o sangue estar no veículo da vítima era alguém tê-lo plantado lá. E um ano antes dessa audiência, Kratz tinha desdenhado publicamente dessa alegação, dizendo que as autoridades de Manitowoc não poderiam ter plantado o sangue de Avery por não terem acesso a ele. Agora, era evidente que Kratz estava errado. Havia um tubo com o sangue de Steven Avery no antigo arquivo do caso o tempo todo, guardado na secretaria do fórum, a uma breve caminhada da delegacia de Manitowoc. Além disso, o lacre rompido sugeria a possibilidade ter ocorrido adulteração. Naturalmente, os repórteres que estavam no fórum naquele dia ficaram estupefatos com a situação. Até então, a narrativa tinha sido dominada pela descrição de Steven Avery feita pela acusação como sendo um monstro, e essa era a primeira prova ao contrário. Eles fizeram perguntas enquanto saíamos. Como descobrimos isso? Na conversa fora do fórum, eu basicamente repeti o que tinha falado ao juiz Willis na petição feita durante os argumentos, citando todas as informações que haviam acabado de ser discutidas no fórum público. Isso não agradou a Ken Kratz, e ele reclamou com o juiz Willis.

Considerando o histórico desse caso e da divulgação feita anteriormente pela acusação para prejudicar a oportunidade de Steven Avery ter um julgamento justo, essa reclamação era realmente deliciosa. Bem antes disso, nós realmente pedimos ao juiz para extinguir a ação penal, visto que as entrevistas coletivas dadas por Kratz nos dias 1º e 2 de março de 2006 tinham prejudicado irreparavelmente o direito de Avery a um julgamento justo. Kratz vomitara uma afirmação venenosa após outra, como se fossem fatos provados, afirmando que Teresa Halbach tinha sido torturada, estuprada, esfaqueada, estrangulada e baleada. Como descobrimos por meio da produção antecipada de provas, todas essas afirmativas não foram confirmadas, ou eram comprovadamente falsas. O juiz Willis negou a petição para extinguir a ação penal e relutava em ordenar o sigilo total do processo, temendo que isso fosse considerado violação da Primeira Emenda, feita para garantir que a imprensa tenha acesso às informações necessárias para noticiar os eventos no fórum. O juiz Willis apenas nos orientou informalmente a limitar os comentários feitos longe do fórum às questões ocorridas durante as audiências.

Após a reclamação de Kratz, recebi uma carta do juiz Willis não só me repreendendo como também sugerindo que meus comentários com repórteres no dia da audiência tinham violado o código de ética dos advogados em Wisconsin. Isso me pareceu falso e, evidentemente, injusto, considerando que ele nunca fez uma acusação similar a Kratz, cujas entrevistas coletivas violaram claramente a regra ética segundo a qual um advogado não pode fazer declarações longe do fórum sobre "a existência ou o conteúdo de qualquer confissão, admissão ou declaração feita por um réu ou suspeito". E o juiz Willis também não puniu Kratz por dar "qualquer opinião quanto à culpa ou inocência de um réu ou suspeito em um caso ou processo criminal", outra violação. Os breves comentários longe do fórum que fiz naquele dia se limitavam às questões públicas, de acordo com as regras éticas e as diretrizes do juiz Willis. Eles também se encaixavam perfeitamente na regra do "porto seguro" de Wisconsin, que permite as declarações "necessárias para proteger o cliente da probabilidade substancial de efeitos prejudiciais indevidos causados pela divulgação recente e não iniciada pelo advogado ou pelo cliente do advogado". Isto é, eu tenho permissão para defender meu cliente contra a maré de preconceito iniciado por Kratz em suas entrevistas coletivas, além da fomentada pelo xerife do condado de Manitowoc, que declarou em um especial jornalístico de três partes que se Steven Avery fosse inocentado pelo assassinato de Teresa Halbach, ele mataria de novo. E, ao falar com uma repórter de TV de Green Bay, o xerife Peterson negou a ideia de que Avery tinha sido incriminado pelas autoridades, dizendo: "Se quiséssemos eliminar Steve, teria sido muito mais fácil eliminá-lo do que armar uma acusação para ele."

A repórter pareceu não acreditar no que acabara de ouvir e perguntou o que ele quis dizer com "eliminar". Ao que o xerife Peterson prontamente explicou: "Se o quiséssemos morto, seria muito mais fácil matá-lo."

O juiz Willis acabou desistindo das sanções contra mim, mas este incidente mostrava a existência de dois pesos e duas medidas que logo se repetiria em questões ainda mais graves.

Se não foi Steven Avery, então, quem matou Teresa Halbach? Dois meses antes do julgamento de Avery, no início de janeiro de 2007, eu e Dean enviamos documentos lacrados com os nomes de dez pessoas que acreditávamos ter tanto acesso e oportunidade para matá-la quanto Steven Avery. Oficialmente chamado de "Afirmação do réu sobre a responsabilidade de terceiros", nós afirmamos explicitamente no documento que *não* estávamos acusando nenhuma daquelas dez pessoas de assassinato; apenas queríamos mostrar que era possível *outra* pessoa, além de Steven Avery, ter cometido o crime. Era importante que o júri soubesse da existência de outros possíveis suspeitos, apesar de não haver investigação oficial sobre qualquer outra pessoa, mesmo após investigadores descobrirem o que pareciam ser ossos pélvicos femininos em um poço situado em uma pedreira na propriedade de um vizinho de Avery, Joshua Radandt.

Como vários outros, o estado de Wisconsin tem uma regra, esclarecida em *Estado v. Denny* (1984), que limita a capacidade da defesa de indicar outros suspeitos ao júri. Com base no conceito de "tendência legítima", o objetivo dessa regra é estabelecer diretrizes razoáveis sobre quando e por que um terceiro suspeito pode ser apresentado. Para evitar que o julgamento discuta questões colaterais e também para evitar especulações sem base por parte do júri, é preciso haver alguma prova de conexão direta ou "tendência legítima" entre um terceiro e o crime do qual o réu está sendo acusado. Mas a regra de responsabilidade de terceiros não pode prejudicar o direito constitucional do réu de apresentar uma defesa.

Todas as pessoas em nossa lista, que incluíam outros integrantes da família e amigos de Avery, estiveram no ferro-velho no dia 31 de outubro de 2005, quando Teresa Halbach desapareceu. Um homem era cliente assíduo do ferro-velho e atacou a namorada com uma machadinha alguns dias depois. Quando foi interrogado pela primeira vez, ele negou ter matado Halbach, mas depois falou que assumiria a culpa porque iria para a prisão de qualquer jeito. Apesar dessa confissão, as autoridades policiais o ignoraram como possível suspeito.

No dia 30 de janeiro de 2007, no que talvez seja a decisão mais injusta que recebemos antes do julgamento, o juiz Willis decidiu que Steven Avery *não* tinha o direito de citar qualquer terceiro com acesso e oportunidade para matar Teresa Halbach, a menos que fornecesse um motivo. Esse ônus adicional da prova não se aplicava ao estado, que no julgamento não deu motivo para Steven Avery matá-la. Na verdade, argumentamos que ele não tinha motivo algum. Não sabíamos de ninguém que tivesse motivo. A divulgação feita por Ken Kratz antes do julgamento bloqueou as oportunidades de investigação para a defesa. Ninguém na comunidade local estava disposto a cooperar conosco. Embora isso possa ter mudado após *Making a Murderer*, há dez anos eu e Dean costumávamos empacar devido à investigação inadequada de outros suspeitos por parte das autoridades policiais. Sem os recursos praticamente ilimitados deles, além da autoridade de obrigar pessoas a cooperar, não poderíamos buscar outros possíveis suspeitos entre o círculo de amigos, parceiros românticos ou sexuais de Teresa Halbach. Um estudo feito pelo Ministério Público dos Estados Unidos no início de 1990 descobriu que 80% das vítimas de assassinatos eram mortas por conhecidos e pessoas próximas, o que é ainda mais verdadeiro quando as vítimas são mulheres, e dados mais recentes do FBI mostram padrões similares.[20,21] Mesmo assim, esses indivíduos foram ignorados como possíveis suspeitos do assassinato.

---

[20] U.S. Department of Justice, Bureau of Justice Statistics, "Murder in Large Urban Counties, 1988", 12 de maio de 1993. http://www.bjs.gov/content/pub/press/MILUC88.PR.

[21] Federal Bureau of Investigation, Expanded Homicide Data Table 10: "Murder Circumstances by Relationship, 2011." https://ucr.fbi.gov/crime-in-the-us/2011/crime-in-the-u.s.-2011/tables/expanded-homicide-data-table-10.

A decisão do juiz Willis também nos deixou vulneráveis às acusações feitas pela promotoria de que estávamos transformando as autoridades policiais em "bandidos". Convenientemente omitindo que tínhamos sido impedidos pelo juiz de apresentar outros suspeitos, Ken Kratz disse ao júri que tínhamos apresentado apenas uma opção para a autoria do crime; basicamente, autoridades policiais. Essa alegação foi possível graças à decisão do juiz Willis. Nós estávamos argumentando que provas haviam sido plantadas, porém jamais alegamos que os investigadores do condado de Manitowoc, ou qualquer outra ramificação das autoridades policiais, tinham se envolvido no assassinato de Teresa Halbach. Acreditávamos apenas que eles incriminaram Steven Avery, pois acreditavam na culpa dele ou gostariam que ele fosse culpado para encerrar logo o processo. Isso os levou a tomar todas as atitudes necessárias para incriminá-lo. No que dependesse deles, Avery não sairia livre pela segunda vez.

21

"A confissão de um réu é diferente de qualquer outra prova", escreveu Byron White juiz da Suprema Corte dos Estados Unidos, em 1991. "É provavelmente a prova mais probatória e perniciosa que pode ser admitida contra ele, e se for uma confissão completa, o júri pode ficar tentado a se basear apenas nela para tomar sua decisão."

Por mais difícil que seja acreditar que inocentes admitiriam ter cometido um crime, isso vem acontecendo sistematicamente ao longo da história. Tentar reverter uma confissão é praticamente impossível. Vejamos o caso de Margaret Jacobs que, como Brendan Dassey, era adolescente quando acusou um parente de cometer um crime hediondo junto com ela.

Após envolver a si mesma e o avô, George Jacobs Sr., em vários atos ilícitos, ela tentou desmentir a confissão. Durante o depoimento em juízo, perguntaram à jovem por que ela havia feito as afirmações incriminatórias originais.

"Eles disseram que eu seria colocada na masmorra e depois enforcada se não confessasse, mas poderia salvar minha vida com a confissão", explicou ela ao juiz.

Apesar do esforço de Margaret, o avô foi enforcado. O julgamento de George Jacobs Sr. foi realizado na cidade de Salem, Massachusetts, em 1692, quando se acreditava que Satanás andava na Terra. O avô foi uma das vinte pessoas executadas por bruxaria, quase todas com base em confissões de autoproclamadas bruxas. (O próprio julgamento de Margaret foi adiado porque ela teve um furúnculo na cabeça. Enquanto a jovem se recuperava, os julgamentos por bruxaria foram extintos e ela foi inocentada, em um novo julgamento.)[22]

Mais de dois séculos depois, em 1932, Edwin M. Borchard publicou *Convicting the Innocent: Sixty-Five Actual Errors of Criminal Justice* [Con-

---

[22] Kelly McCandlish, "Salem Witch Trials Documentary Archive and Transcription Project: Margaret Jacobs", Universidade da Virgínia, 2001. http://salem.lib.virginia.edu/people?group.num=&mbio.num=mb18

denação de inocentes: 65 erros da justiça criminal, em tradução livre], reunindo condenações errôneas até os séculos XVIII e XIX, incluindo as que se basearam em falsas confissões. Naquela época, antes da existência dos meios de comunicação de massa confiáveis ou de um serviço regular de correios, era comum as pessoas sumirem, nunca mais darem notícias e serem dadas como mortas. Um suspeito era encontrado, obrigado a confessar e eram depois condenado por assassinato. Como sabemos que essas confissões eram falsas? Em oito casos, a suposta vítima apareceu depois, "viva e forte", como escreveu Borchard, professor da Faculdade de Direito de Yale.

Trezentos anos depois de Margaret Jacobs ter sucumbido à pressão dos adultos que a interrogavam, Brendan Dassey, se encolhia de medo, sozinho em uma sala de interrogatório.

Como o ato de falar contra os próprios interesses parece absurdo, as confissões falsas são provas extraordinariamente perigosas. Os júris dão muito crédito às confissões, mesmo quando elas dão sinais de serem visivelmente duvidosas, como a de Brendan Dassey. Ela não revelava nada digno de confiança sobre a morte de Teresa Halbach, mas era uma medida visível do quanto a equipe da acusação e a delegacia do condado de Manitowoc estavam dispostos a ir longe para perseguir Steven Avery.

Desde o princípio, a descrição da confissão de Brendan Dassey, feita por Ken Kratz na entrevista coletiva em 2 de março de 2006 e repetida nos detalhes da queixa criminal, dizendo que Teresa Halbach tinha sido esfaqueada, depois teve a garganta cortada, em seguida, estrangulada e, por fim, baleada, parecia ridícula para mim. Na verdade, comecei a ficar desconfiado logo depois de Kratz ter declarado de modo triunfante:

— Nós determinamos o que ocorreu em algum momento entre 15h45 e 22h ou 23h no dia 31 de outubro.

Ao contrário da alegação feita por Kratz, a acusação não sabia o que havia acontecido no dia 31 de outubro de 2005 porque *nem o próprio Brendan* sabia. Os relatórios do instituto de criminalística chegavam em ritmo vertiginoso e nenhum sustentava o relato dele. Entre os materiais obtidos na produção antecipada de provas estavam vídeos e transcrições da "confissão" de Brendan revelando que, mesmo com a orientação e a manipulação incansáveis feitas por investigadores experientes, Brendan não podia fornecer um relato coerente da tortura e do assassinato do qual ele alegava ter participado.

Em quase todo caso em que o DNA revelou a inocência de uma pessoa que tinha confessado, o suspeito havia fornecido detalhes específicos conhecidos apenas pelo verdadeiro assassino e pelos investigadores. Como isso podia acontecer? Essas pessoas inocentes estavam obtendo as informações incriminatórias de seus interrogadores. A fita e as transcrições mostram, de maneira inequívoca, que foi isso o que aconteceu durante o interrogatório de Brendan Dassey feito pelo detetive Mark Wiegert, da delegacia do condado de Calumet, e pelo agente especial Tom Fassbender, da Divisão de Investigação Criminal de Wisconsin.

A história de Brendan se perde em relação à hora em que ele viu Steven Avery no dia 31 de outubro e se ele viu Teresa Halbach com Avery. Como ela havia morrido, afinal? Brendan disse que ela tinha sido esfaqueada na barriga.

— O que mais ele fez com ela? (pausa) Ele fez mais, nós sabemos disso. (pausa) O que mais? — perguntou Wiegert.

— Ele a amarrou — respondeu Brendan.

Aparentemente, esta não era a resposta que eles esperavam, então, Wiegert repetiu a pergunta:

— Sabemos que ele fez algo mais com ela. O que mais ele fez?

Após um momento de pausa, Brendan sugeriu:

— Ele a enforcou.

Não, ainda não estava correto. Wiegert insistiu:

— O que mais ele fez com ela? Sabemos que teve algo mais. Diga. E o que mais você fez? Vamos lá. Algo com a cabeça. Brendan?

Brendan fez uma longa pausa, incapaz de adivinhar o que eles desejavam ouvir. Por fim, disse algo que poderia ter acontecido à cabeça dela.

— Ele cortou o cabelo dela — arriscou o jovem.

Não, não era isso. (Não havia nenhum fio de cabelo de Teresa Halbach no quarto.) Os dois detetives começaram a lançar perguntas para ele.

— O que mais foi feito com a cabeça dela? — indagou Fassbender.

— Ele deu um soco nela — respondeu Brendan.

— O que mais? — perguntou Wiegert.

Brendan se manteve calado, então Wiegert repetiu a pergunta:

— O que mais?

Não houve resposta.

— Ele obrigou você a fazer algo com ela, não foi? Para que ele... Ele se sentisse melhor não sendo a única pessoa, não é isso? — perguntou Fassbender.

Brendan aquiesceu.

— É, aham — murmurou ele.

— O que ele obrigou você a fazer com ela? — continuou Fassbender.

Não houve resposta.

— O que ele obrigou você a fazer, Brendan? — perguntou Wiegert.

Não houve resposta.

Wiegert repetiu a pergunta:

— Está tudo bem, o que ele obrigou você a fazer?

— Cortar ela — Brendan enfim respondeu.

— Cortar onde? — perguntou Wiegert.

— Na garganta — respondeu Brendan.

Até então, Brendan tinha falado em esfaquear, estrangular, socar e cortar a garganta dela. Ele estava adivinhando, mas ainda não chegara ao único fato que poderia ser confirmado por provas físicas, reveladas pelo instituto de criminalística alguns dias antes. Um fragmento de osso do crânio recuperado do local usado por Avery para queimar lixo e examinado pelo antropólogo perito em nome da acusação mostrava um pequeno buraco e traços mínimos de chumbo, sinais de ferimento a bala. Esse fato ainda não tinha sido divulgado ao público, então, se Wiegert e Fassbender conseguissem fazer Brendan revelar que houve um tiro, seria uma informação que apenas os verdadeiros assassinos poderiam saber, e salvaria a história de Brendan, fazendo dele um participante crível no assassinato e, portanto, testemunha fundamental contra Steven Avery.

— Então Steve a esfaqueou primeiro e depois você cortou o pescoço dela? Brendan aquiesceu, confirmando.

— O que mais aconteceu com a cabeça dela? — continuou Wiegert.

— É extremamente importante que você nos diga isso, para que acreditemos em você — completou Fassbender.

— Vamos lá, Brendan, o que mais? — perguntou Wiegert.

Não houve resposta.

— Nós sabemos, só precisamos que você nos diga — afirmou Wiegert.

Derrotado, Brendan disse:

— Eu só me lembro disso.

Agora, Wiegert estava visivelmente frustrado por Brendan não fornecer o que ele desejava: o fato que ainda não fora divulgado ao público. Se o ferimento a bala de Teresa Halbach não viesse das afirmações de Brendan, elas não seriam consideradas confiáveis. Ansioso pela confirmação, Wiegert estava prestes a contaminar todo o interrogatório:

— Certo. Vou apenas perguntar. Quem atirou na cabeça dela?

— Foi ele — confirmou Brendan.

Após o jovem ter enfim confessado o que os investigadores desejavam, Fassbender exigiu que Brendan desse uma explicação para isso ter levado tanto tempo.

— Então, por que você não disse isso antes? — perguntou ele.

— Porque eu não consegui pensar nisso.

E assim seguiu. Mas a continuação da história de Brendan, alegando que Teresa Halbach fora levada para fora, baleada quando estava deitada no canto da garagem e depois tivera o corpo jogado em uma fogueira, tem um problema importante. Como explicar o sangue de Teresa encontrado no porta-malas do carro dela? Além disso, os detetives acreditavam que ela tinha sido baleada dentro da garagem, mas Brendan contou que não esteve lá. Então, instigado mais uma vez por Wiegert e Fassbender, ele adaptou a narrativa para incluir o porta-malas do carro de Teresa e a garagem.

— Faz sentido. Agora acreditamos em você — disse Wiegert, aliviado.

Fassbender também contou a Brendan um fato importante, que o estado depois alegou falsamente que Brendan dissera por conta própria. O promotor do julgamento de Brendan Dassey disse ao júri que Brendan vira Steven Avery fazer algo embaixo do capô do carro de Teresa Halbach, um detalhe que supostamente confirmava a presença dele, pois os cabos de bateria do RAV4 estavam desconectados quando o carro foi descoberto.

Contudo, Fassbender sugere isso a Brendan quando pergunta o que mais ele fez com o carro.

Brendan disse não saber.

Fassbender insistiu:

— Certo. Ele voltou e olhou o motor. Ele levantou o capô ou algo do tipo? Para fazer alguma coisa no carro?

Brendan respondeu que sim, mas afirmou não saber o que Avery fizera embaixo do capô. E não falou absolutamente nada sobre os cabos da bateria.

As técnicas de interrogatório empregadas por Wiegert e Fassbender foram desenvolvidas na década de 1940 por John E. Reid, ex-policial de Chicago e operador de polígrafo, que ganhou fama por conseguir obter confissões sem recorrer à força bruta. Ele abriu uma firma de consultoria, John E. Reid & Associates, Inc., em 1947, que existe até hoje, e seus métodos continuam a ser utilizados como prática padrão nos departamentos de polícia dos Estados Unidos (e é praticamente o único país onde isso acontece).

O objetivo central da técnica de Reid é bem lógico: fazer o suspeito fornecer detalhes que seriam conhecidos apenas pelo verdadeiro criminoso (onde uma arma foi descartada, por exemplo, ou uma descrição específica de uma joia roubada), qualquer coisa peculiar ao crime, mas não revelada ao público. O objetivo era ter certeza de que a pessoa que fazia as confissões *realmente tinha* cometido o delito. (Após o bebê de Charles e Anne Morrow Lindbergh ter sido sequestrado em 1932, um crime famoso que chamou a atenção do mundo devido à fama de Charles Lindbergh como pioneiro da aviação, mais de duzentas pessoas alegaram responsabilidade pelo crime.) O conhecimento de detalhes secretos é altamente incriminatório e com muita frequência impede qualquer possibilidade realista de ir a julgamento. Para muitos réus nessas circunstâncias, parece que a melhor opção é confessar em juízo.

No início do século XXI, contudo, pesquisas feitas por Brandon L. Garrett na Universidade da Virgínia revelaram o risco de confiar cegamente nesse processo de autenticação. Ele analisou 66 casos recentes nos quais uma pessoa tinha confessado, mas acabou sendo inocentada posteriormente por meio de testes de DNA. Dessas pessoas inocentes, 62 (isto é, 94%) tinham fornecido informações privilegiadas. "A contaminação da confissão é absurdamente comum entre as pessoas inocentadas por testes de DNA", contou Garrett. "Quase sem exceção, essas confissões foram contaminadas com detalhes de cena do crime com que esses suspeitos inocentes não poderiam ter se familiarizado até terem sabido deles pelas autoridades policiais."[23]

---

[23] Brandon L. Garrett, "Contaminated Confessions Revisited", *Virginia Law Review* 101 (2015): 395-454. http://www.virginialawreview.org/sites/virginialawreview.org/files/Garrett_101-395.pdf.

As técnicas de Reid fizeram parte de uma onda reformista que varreu o sistema criminal na década de 1930. Assim como o Laboratório Técnico Criminal de J. Edgar Hoover, que estimulou o crescimento de disciplinas falsas de ciência forense, elas refletem o desejo de substituir os processos brutos do passado por métodos científicos para modernizar a vida diária. O uso de força bruta (ou "terceiro grau") foi documentado em 1931 pela comissão liderada pelo procurador-geral na administração Taft George Wickersham no *Report on Lawlessness in Law Enforcement* [Relatório sobre a ilegalidade entre as autoridades policiais, em tradução livre], uma das primeiras investigações sobre a má conduta da polícia. Cinco anos depois, a Suprema Corte dos Estados Unidos tomou sua decisão. Após ouvir um recurso de três colonos negros que haviam sido torturados com chicotadas, espancamentos e um enforcamento parcial até confessarem ter matado um homem branco, o juiz anulou a condenação e a sentença de morte que lhes foi dada em *Brown v. Mississippi*. Pela primeira vez um juiz decidiu que uma condenação criminal não podia se basear em confissão obtida à força. Segundo a Décima Quarta Emenda à Constituição dos Estados Unidos, foi decidido, por unanimidade, que as pessoas tinham direito ao "devido processo legal", e confissões obtidas mediante coação física negavam esse direito. A decisão do caso *Brown* se aplicava a interrogatórios policiais em todos os estados. Com os novos limites sobre o uso de força física, a decisão da Suprema Corte abriu um vazio investigativo. Reid ocupou esse espaço desenvolvendo técnicas psicológicas retratadas como uma forma "científica" de interrogar suspeitos.

Segundo os procedimentos de Reid,[24] os investigadores garantem ao suspeito que já sabem o que aconteceu e que ele precisa confessar se quiser obter ajuda. O blefe é uma tática bastante comum: os investigadores podem sugerir a existência de testemunhas ou outras provas que incriminem o interrogado. O tempo todo, os interrogadores alegam que têm certeza do que aconteceu e estão apenas esperando alguma explicação do suspeito

---

[24] Douglas Starr, "The Interview: Do Police Interrogation Techniques Produce False Confessions?", *The New Yorker*, 9 de dezembro de 2013. http://www.newyorker.com/magazine/2013/12/09/the-interview-7.

sobre os detalhes e os motivos do ocorrido. Não era mais necessário usar o cassetete. No lugar dele surge a mente acuada. Os maus-tratos deram lugar à manipulação.

Em outra técnica criada por Reid, os investigadores criam versões do crime que minimizam a culpabilidade do suspeito. O interrogatório de Brendan Dassey é um exemplo clássico disso.

Brendan: Ele disse que era uma garota com a qual ele estava meio irritado.

Wiegert: Ele disse quem era?

Brendan: Teresa Halbach.

Wiegert: Por que ele estava irritado com ela?

Brendan: Não sei.

Wiegert: Acho que ele já contou para você. Então seja sincero. Nós já sabemos.

Fassbender: Ele, obviamente, não escondeu nada de você. Ele fez você ir lá para ver isso.

Wiegert: Nós já sabemos.

Fassbender: *Ele usou você para isso* [ênfase do autor]. Então, vamos voltar para aquela garagem. Você mencionou anteriormente que ele o ameaçou lá. Fale mais disso.

Brendan: Ele falou que me esfaquearia como fez com ela se eu dissesse algo. E que ele estava puto com ela porque queria colocar o Blazer dele no negócio lá, como aconteceu da última vez que ela veio e ele não conseguiu.

Os interrogadores de Reid aprendem a usar a abordagem do "falso amigo", presente em interrogatórios anteriores de Brendan, quando Fassbender diz a ele que não está agindo como policial naquele momento e sim como pai de um jovem de 16 anos como Brendan. Ele garante que Brendan não está com problemas e que os policiais vão "ajudá-lo".

Mesmo antes de lermos as declarações ou assistirmos às gravações, Avery zombava da plausibilidade delas. No fim de março de 2006, ele deu uma entrevista na prisão para Carrie Antflinger, da Associated Press, na qual antecipou de modo preciso a manipulação que foi feita durante os interrogatórios. "Ele tem 16 anos e, com o detetive, não é preciso muito, não [...] para coagir o menino a falar essas coisas. Imagina, ele nem consegue cortar um cervo [...] ele nem consegue fazer nada disso."

Steven estava se referindo a um fato bem conhecido na família Avery: Brendan era incapaz de tirar a pele de um cervo morto durante uma caçada. Ele sentia aversão a pegar uma faca e cortar um cervo que já estava morto.

Enquanto isso, Len Kachinsky fazia as petições para evitar o uso das declarações de Brendan, mesmo assumindo que a história atribuída ao jovem era verdadeira. De fato, a estratégia dele era fazer de Brendan uma testemunha no julgamento do tio e assim obter uma pausa. Primeiro, contudo, eles tinham que passar por uma audiência para anulação de provas.

Em geral, o juiz quer saber se uma confissão feita à polícia ocorreu voluntariamente, sem coação física ou ameaças psicológicas, e tendo plena ciência do direito de permanecer calado e de ter um advogado presente durante o interrogatório. Se o juiz descobre que uma confissão não foi obtida sob coação e foi feita após a leitura dos avisos de *Miranda*, ela será admissível no julgamento. Cabe ao júri decidir a *confiabilidade* da confissão. Esse processo se baseia na suposição de que uma pessoa que faz a confissão após ter ouvido que tem direito a um advogado e a permanecer em silêncio está fazendo isso voluntariamente. Vários estudiosos do direito argumentam que os avisos de *Miranda* não são uma garantia adequada de confiabilidade. Por um lado, há mais de oitocentas versões dos avisos de *Miranda* usadas no país. O problema fica ainda mais grave quando o interrogatório é feito com menores de idade. A vasta maioria desses avisos de *Miranda* foi escrita por adultos, para outros adultos, e a maioria exige um nível de compreensão de leitura de oitava série. Estudos mostraram que muitos avisos são formulados em uma linguagem além do nível de compreensão dos menores, especialmente diante do alto nível de estresse de um interrogatório sob custódia.

Uma questão relacionada é a suscetibilidade geral de adolescentes e outros à pressão. Talvez não surpreenda que no estudo feito por Garrett nas 66 confissões falsas feitas por pessoas que depois foram inocentadas por exames de DNA, um terço dos inocentes era menor de idade quando foi condenado e pelo menos um terço tinha alguma doença mental ou deficiência intelectual. Garrett diz que outros eram geralmente descritos como pessoas de baixa inteligência e altamente sugestionáveis, mesmo sem o diagnóstico formal de um especialista.

Seria possível confiar nas "confissões" de Brendan? Essa pergunta foi descartada por Kachinsky, que confirmou, de modo implícito, a veracidade delas antes mesmo de ver os vídeos ou falar com Brendan. Compreensivelmente, Kachinsky queria evitar a prisão perpétua para Brendan, e um acordo com a acusação mediante transação penal era um caminho que qualquer advogado responsável deveria explorar. No entanto, outra opção seria lutar para proteger um cliente inocente de ser condenado e cumprir uma sentença de prisão. Kachinsky simplesmente supôs que seu cliente era culpado antes mesmo de encontrá-lo pela primeira vez. Considerando esse raciocínio, Kachinsky fez apenas uma tentativa tímida de excluir a confissão. Não surpreende que no dia 12 de maio de 2006 um juiz de Manitowoc tenha negado a petição de Kachinsky, decidindo que as afirmações feitas por Brendan Dassey aos investigadores poderiam ser usadas como provas contra ele.

Na época nós não sabíamos, mas depois surgiu uma série de e-mails revelando que Kachinsky já estava trabalhando com os investigadores do estado para fortalecer o caso deles, ainda que na época Brendan tenha deixado bem claro que *não* tivera qualquer envolvimento na morte de Teresa Halbach. Mesmo assim, antecipando a decisão do juiz que permitiria o uso da confissão no julgamento, Kachinsky mandou um e-mail para Wiegert uma semana antes, dizendo que o investigador particular da defesa poderia ajudar as autoridades policiais a encontrar o carro dirigido pela mãe de Brendan, "que pode conter algumas provas úteis nesse caso". (Não havia prova alguma.) Kachinsky alertou Wiegert que estava fornecendo as informações em confiança. "Prefiro não ser citado em qualquer declaração juramentada ou mandado de busca, se possível", escreveu ele.

Ao mesmo tempo, Kachinsky e seu investigador, Michael O'Kelly, planejavam fazer Brendan falar assim que ele voltasse à prisão após a audiência de 12 de maio, provavelmente esperando que a petição para não utilizar as afirmações anteriores feitas por ele fosse negada. Emocionalmente frágil e vulnerável, o jovem talvez pudesse ser convencido a se incriminar de modo crível, o que não tinha ocorrido até então. O raciocínio deles era que, ao fazê-lo parecer *mais* culpado, Brendan ficaria mais atraente como testemunha contra o tio, consequentemente fortalecendo a posição dele para um eventual acordo por meio de transação penal.

"A menos que você considere isso má ideia, eu planejo ir até Sheboygan na quarta à tarde para ter uma conversa com o objetivo de levantar o moral como um todo e falar com ele para lhe dar uma declaração completa na sexta", escreveu Kachinsky no e-mail para O'Kelly na terça, 9 de maio.

O'Kelly respondeu dizendo não querer que Kachinsky visitasse Brendan apenas dois dias antes da visita planejada por O'Kelly:

Brendan pode se afundar ainda mais. Ele pode ficar mais obstinado por sua posição ilógica e distorcer ainda mais os fatos. Ele vem se baseando em uma orientação dada pela família sobre o que dizer em relação ao dia 31 de outubro de 2005 em diante. Isso vai me exigir mais tempo para desfazer o que for possível mesmo sem a sua visita.

Precisamos separá-lo da fantasia e fazê-lo ver a realidade a partir de nossa perspectiva. Precisamos separá-lo do mundo irreal no qual a família dele vive.

Brendan precisa estar sozinho. Quando ele me vir nesta sexta-feira, serei uma fonte de alívio. Nós poderemos criar um vínculo. Ele precisa confiar em mim e no caminho por onde vou guiá-lo. Brendan precisa dar uma explicação que coincida com os fatos/provas.

Gostaria de obter a confissão dele nesta sexta-feira. Brendan deverá fornecer detalhes da cena do crime e dados que não foram revelados anteriormente e que são iguais aos da cena do crime.

No mesmo e-mail, O'Kelly expressou desdém pela família Avery, dizendo: "Ali é onde o diabo realmente mora. Não consigo achar algo de bom em nenhum de seus integrantes. Essas pessoas são o mal encarnado."

A decisão tomada por Kachinsky de contratar O'Kelly foi surpreendente, visto que Kachinsky nunca tinha trabalhado com ele. Brendan, naquela altura, estava inflexível em relação a sua inocência e queria fazer um teste do polígrafo para provar que falava a verdade. O'Kelly, primeiro, foi contratado com o único objetivo de administrar um teste de polígrafo, cujo resultado foi inconclusivo. O'Kelly, em seguida, descreveu Brendan como um garoto sem consciência. Apesar dessa opinião, Kachinsky contratou O'Kelly para ser investigador e trabalhar com a equipe de defesa de Brendan.

O'Kelly gravou o encontro que teve com Brendan na cadeia em 12 de maio, cujos trechos apareceram em *Making a Murderer*. Eu só assisti àquela gravação em vídeo quando vi o documentário, e fiquei chocado, pois nunca tinha visto um investigador da defesa fazendo o trabalho do promotor de maneira tão explícita e extraindo uma confissão de seu cliente. E O'Kelly conseguiu ser ainda mais absurdamente coercivo do que Wiegert e Fassbender. Ele mentiu para Brendan, dizendo que ele não tinha passado no teste do polígrafo, mesmo após dizer a Kachinsky que os resultados na verdade eram inconclusivos.

— Que tal você desenhar outra imagem aqui dele esfaqueando ela? Que tal desenhar uma imagem aqui embaixo... De você fazendo sexo com ela ali? — diz O'Kelly para Brendan a certa altura.

E em seguida:

— Certo, que tal fazer isso? Que tal desenhar uma imagem da cama e de como ela foi amarrada? Mas desenhe bem grande para que possamos ver — sugeriu O'Kelly.

Fiquei ainda mais aflito ao ver que O'Kelly mostrou a Brendan um formulário impresso, o que significava que ele provavelmente já o utilizara com outros clientes. O formulário oferecia apenas duas escolhas:

1. "Estou arrependido do que fiz."
2. "Não estou arrependido do que fiz."

— Que tal uma terceira opção, onde se lê "Eu não fiz isso"? — praticamente gritei com a televisão.

Terminada a orientação a seu cliente, Kachinsky convidou Wiegert e Fassbender para voltar no dia seguinte, 13 de maio, e confirmar a história de Brendan. "Nenhuma contraprestação está sendo oferecida pelo estado por essa informação adicional neste momento", escreveu ele em um e-mail para os investigadores e promotores que definia os termos de seu convite.

Em outras palavras, era uma amostra grátis.

Segundo Kachinsky, O'Kelly os informaria sobre as conversas que tivera com Brendan antes da visita. Normalmente isso *nunca* seria feito, pois as conversas de O'Kelly com Brendan estavam cobertas pelo privilégio da relação entre advogado e cliente. E a situação fica ainda pior: "A entrevista precisa ocorrer sem a minha presença física, pois tenho obrigações militares a cumprir no dia 13 de maio de 2006", continuou. Então, sem qualquer promessa de leniência ou imunidade nas mãos, Kachinsky entregou seu cliente de 16 anos e setenta pontos de QI a investigadores que tentavam resolver um assassinato famoso. E Kachinsky deixou Brendan enfrentar seus acusadores sozinho.

Nas sessões de 13 de maio com os investigadores, Brendan deu outra versão dos fatos, que mudava a hora, o local e o método do assassinato. A história atualizada não mencionava o carro de Teresa. Quando perguntado sobre o motivo de ter omitido esse detalhe, ele alegou que não tinha visto o veículo naquele dia. Isso não funcionou para os investigadores, pois o sangue de Teresa Halbach foi encontrado no porta-malas do carro. Wiegert se irritou, dizendo:

— Brendan, em algum momento, ela está naquele carro. Sabemos disso, certo? Sangrando. Então você não pode dizer que não viu o carro ou não sabe onde ele estava, porque ela precisa estar naquele carro após estar sangrando. Certo? Foi assim que as coisas aconteceram. Não vou sentar aqui e deixar você mentir para mim. Você precisa ser sincero.

Fassbender voltou a usar a técnica do "falso amigo", enfatizando que eles queriam ajudá-lo. Afinal, eles tinham ido até lá em pleno sábado de manhã!

— Sabemos que você está envolvido. Não há dúvida em relação a isso, mas estamos buscando os detalhes para conferir tudo com as provas e assim poder acreditar no que você diz. Você entende isso?

Brendan entendeu a dica e mudou sua história. Sim, ele tinha visto o carro de Teresa na garagem de Steven Avery, e Teresa foi colocada no veículo após ter sido esfaqueada e estar sangrando. Por que a versão dele nesse sábado era diferente da declaração de 1º de março? Brendan disse que alguns detalhes eram mentiras ou adivinhações.

Se alguém está inventando uma história, não tem lembrança do que realmente aconteceu para se basear. É uma história que foi contada, e quando alguém pede para repeti-la, depois, a pessoa não consegue lembrar todos os detalhezinhos que incluiu anteriormente. É o que acontece com mentiras.

Carimbo do correio de 29 de junho de 2006:

Caro juiz Jerome Fox. Oi, eu ia escrever para o senhor há muito tempo, mas não tinha um lápis. Todas as afirmações que fiz aos investigadores não são verdadeiras.

A família Dassey logo percebeu que Len Kachinsky tentava ajudar o estado a obter uma condenação em vez de lutar para proteger Brendan de uma condenação injusta. Eles procuraram um novo advogado, mas tiveram o pedido recusado pelo juiz até ele saber que Kachinsky tinha deixado Brendan ser interrogado sem acompanhá-lo.

Brendan seria testemunha no julgamento de Avery? Kratz se recusou a descartar essa opção até janeiro do ano seguinte, alegando que havia possibilidade de conseguir um acordo. Esperamos que isso seja verdade.

Antecipando o testemunho de Brendan no julgamento de Steven Avery, eu e Dean contratamos um especialista que poderia explicar ao júri como acontecem as confissões falsas. Estávamos confiantes de que poderíamos convencer o júri de que essa confissão fora obtida mediante coação, mesmo sem o uso de violência física. O estado entregou esse adolescente como se fosse uma picanha em um churrasco e até o acusou de homicídio doloso de primeiro grau, tudo para condenar o tio dele.

Em vez de prejudicar Steven Avery, sentíamos que o testemunho de Brendan poderia na verdade ajudar a reforçar nossa tese de que as poucas provas físicas supostamente encontradas na cena do crime tinham na verdade sido plantadas, a saber: uma chave extra do carro de Teresa Halbach, aparentemente encontrada em local visível no chão do quarto de Steven Avery após o local já ter sido vasculhado seis vezes; o telefonema de Colborn sobre a placa do carro e tudo mais que não se encaixava. Analisando tudo isso em conjunto com a confissão fabricada de Brendan poderíamos argumentar (com bons motivos) que o sangue coletado no painel do carro e atribuído a Steven Avery tinha sido plantado.

Se investigadores foram tão longe com Brendan, seria tão absurdo assim pensar que também seriam capazes de plantar sangue?

22

Acusado do assassinato hediondo da esposa, um homem chamado John McCaffray, de Kenosha, Wisconsin, compareceu diante do juiz para solicitar que seu julgamento fosse transferido para outro país. Os jornais locais já o haviam condenado antes mesmo de o julgamento começar e o sentimento público estava fortemente contra ele. Reunir um grupo de jurados de mente aberta nessas circunstâncias parecia uma tarefa quase impossível, mas o juiz negou o pedido do réu.

Em 1851, após o júri do condado de Kenosha considerar McCaffray culpado pelo homicídio da esposa, Bridget, afogando-a em um barril no quintal de casa, o juiz E.V. Whiton o sentenciou à morte por enforcamento. Milhares se reuniram no local, 800 metros ao sul de Kenosha, na quinta-feira, 21 de agosto, para ver McCaffray ser executado. O que aconteceu naquele dia foi um horripilante espetáculo, responsável por mudar a história de Wisconsin. O enforcamento foi pavoroso. McCaffray ficou pendurado na forca por 20 minutos enquanto sufocava lentamente, chutando o ar. Depois disso, o código penal de Wisconsin foi modificado e estabelecida a prisão perpétua como pena máxima para homicídio de primeiro grau. A sentença de morte de McCaffray foi a última na lei estadual de Wisconsin.

Em fevereiro de 2005, mais de um século e meio depois e menos de três anos após Steven Avery ter sido inocentado, os senadores estaduais de Wisconsin Alan Lasee, da cidade de De Pere, e Scott Fitzgerald, da cidade de Juneau, propuseram a realização de um referendo consultivo como a primeira etapa a fim de restaurar a pena capital em Wisconsin. Embora tenha havido vários esforços para reimplementar a pena de morte ao longo do século XX, como a petição no caso dos Oswald, todos falharam. Segundo a proposta de Lasee-Fitzgerald, as sentenças de morte seriam reservadas para condenados por múltiplos homicídios culposos de primeiro grau e apenas quando essas condenações fossem baseadas em provas de DNA. Contudo, o estágio avançado das audiências da Força-tarefa Avery naquela altura, e o fato de ele ter sido inocentado arrefeceram o entusiasmo de um senador importante, David Zien, da cidade de Eau Claire, que era o presidente do Comitê do Senado Estadual para o Judiciário, Sistema Penitenciário e Privacidade e tinha sido um dos principais defensores da pena de morte.

— Não sou leniente em relação à pena de morte. Sou apenas mais criterioso em relação a ela — explicou.

Porém, o clima mudaria antes do fim do ano. Cinco dias após a prisão de Steven Avery pelo assassinato de Teresa Halbach, em novembro, o senador Lasee anunciou que estava acrescentando um novo elemento ao referendo. Ele alterou a proposta para que a sentença de morte pudesse se aplicar a alguém condenado por apenas um homicídio.

— É triste que este assassinato tenha ocorrido, mas ele traz de volta ao noticiário toda a questão da pena de morte — comentou Lasee.

Enquanto isso, outro senador propôs que a pena de morte também se aplicasse a pessoas condenadas por assassinato, assédio sexual e mutilação de cadáver, ajustando perfeitamente o novo referendo às acusações feitas contra Steven Avery, O referendo foi inserido às pressas no fim da sessão legislativa da primavera de 2006 e marcado para novembro seguinte, tendo como pano de fundo dramático a acusação feita por Ken Kratz pela imprensa.

Nos 155 anos desde que John McCaffray ficou pendurado naquela corda por vinte minutos, o estado de Wisconsin acusou vários criminosos notórios *sem* recorrer à pena de morte: anarquistas que mataram nove policiais em um atentado a bomba, um assassino em série e profanador de túmulos cujos crimes eram tão depravados que inspirou Norman Bates em *Psicose* e James Gumb em *O silêncio dos inocentes* e o canibal Jeffrey Dahmer, que matou 17 homens e meninos. Todos esses réus tinham recebido a pena máxima de prisão perpétua. Mesmo com vinte leis solicitando a reimplantação da pena de morte tendo sido apresentadas após o impressionante caso de Dahmer, nenhuma delas foi aprovada pelo Legislativo.

Naquela primavera, argumentei com Dean que as ações das autoridades policiais e do referendo sobre a pena de morte que se aproximava impossibilitavam que Steven Avery recebesse um julgamento justo. Nós fizemos uma petição sincera, porém sem a menor chance de sucesso, para que as acusações fossem retiradas. Desde a prisão, todos os meios de comunicação de Wisconsin estavam repletos de cobertura jornalística e editoriais sobre

Steven Avery. A entrevista coletiva feita por Kratz em 2 de março foi exibida ao vivo no rádio e na TV em todo o estado. Àquela altura, o julgamento foi marcado para o meio de outubro de 2006, significando que o referendo sobre a pena de morte aconteceria assim que a acusação terminasse de apresentar o caso contra Avery. Na sustentação oral, Dean aproveitou o hobby de estudar a história do direito e citou alguns dos crimes famosos de Wisconsin no último século.

— Em um estado com essa história, Steven Avery virou o garoto-propaganda para os políticos que almejam o referendo sobre a pena de morte — disparou Dean.

E, obviamente, o julgamento precisaria fazer um recesso no dia da eleição.

— Os próprios jurados não deveriam tirar o dia de folga para votar no referendo sobre a pena de morte. — continuou ele.

Nem precisava dizer, mas nós perdemos a petição para extinguir a ação penal e, em novembro de 2006, o referendo foi realizado, com 55% votando a favor da reinstalação da pena capital. Em Manitowoc, 61% votaram a favor, mas o Legislativo acabou não adotando a pena capital. Felizmente, o julgamento de Steven Avery tinha sido adiado para fevereiro do ano seguinte. Porém, considerando o inegável viés negativo da mídia em relação a ele, alimentado em boa parte pela acusação, onde nós teríamos a maior probabilidade de conseguir um júri justo? Nas decisões preliminares, o juiz Willis não só tinha nos proibido de apresentar outros possíveis suspeitos, como também limitou gravemente nossa capacidade de mencionar detalhes sobre a condenação errônea de 1985. As pessoas do condado de Manitowoc provavelmente conheceriam bem essa história e, consequentemente, talvez fossem céticas em relação a essas novas acusações. Nós questionamos se Ken Kratz estava tentando nos provocar em algum tipo de trama indireta ao pedir que o julgamento fosse levado para outro condado, onde poucos jurados em potencial teriam conhecimento detalhado do relacionamento difícil entre Avery e as autoridades policiais do condado de Manitowoc.

Por outro lado, se ficássemos no condado de Manitowoc e tivéssemos um júri composto por moradores locais, a logística de refeições, transporte e tudo mais seria realizada pela delegacia que considerávamos responsável por incriminar Avery. Os funcionários teriam contato direto com os jurados de Steven Avery, incluindo a função de garantir alimentação e conforto a eles. Isso não era aceitável. No fim, conseguimos um acordo. O julgamento de Steven Avery aconteceria no fórum do condado de Calumet. Afinal, ele já estava preso na cadeia pública de Calumet. O juiz Patrick Willis, de Manitowoc, continuaria a presidir o julgamento, mas o júri seria composto por moradores de Manitowoc, que seriam levados diariamente de ônibus ao fórum pela delegacia do condado de Calumet. O pessoal da delegacia do condado de Manitowoc não teria contato com os jurados. E assim, em 1º de fevereiro de 2007, um grupo de moradores de Manitowoc foi convocado para o júri.

Pergunte a qualquer pessoa sobre o que acontece durante a seleção do júri e você provavelmente vai ouvir que os advogados "escolhem" seus jurados nesse momento. Na maioria dos casos, cada lado busca um determinado tipo de jurado. Entretanto, os advogados na verdade não estão *escolhendo* os jurados, e sim *excluindo* os inadequados. O objetivo real da defesa durante a inquirição dos jurados é procurar pistas de quais candidatos podem prejudicar o cliente e tentar se livrar deles.

Ao iniciar a inquirição dos jurados para o caso Steven Avery, eu e Dean sabíamos que haveria muito trabalho pela frente. Cada lado poderia usar sete recusas peremptórias, mas, devido à alta porcentagem de candidatos a jurados que já entraram no fórum acreditando na culpa de Avery, elas precisariam ser utilizadas com cuidado. Assim, seria especialmente importante persuadir o juiz Willis a remover o máximo possível de jurados com ideias preconcebidas "por justa causa".

Um mito comum é que os jurados se comportam de acordo com estereótipos de idade, gênero, raça, etnia, classe socioeconômica, nível educacional, hobbies ou tipo de leitura. A maioria dos estudos mostra que estereotipar não funciona ao selecionar um júri. Grupo demográfico não é destino. Por outro lado, não há dúvida que a raça é um fator crucial para formar a experiência das pessoas em relação à autoridade policial, indicando se a polícia é vista como útil e cortês ou autoritária e desonesta. Da mesma forma, em um caso que se baseia muito em provas científicas, jurados com nível educacional maior (que até podem refletir diferenças de idade, gênero, raça ou classe social, mas isso dificilmente acontece) costumam ter maior capacidade de entender as limitações e nuances da ciência e da tecnologia.

No caso de Steven Avery, queríamos jurados ponderados, com educação superior, que poderiam analisar criticamente as acusações e entender a ciência apresentada pelos dois lados. O componente de educação superior seria difícil de conseguir em Manitowoc: o condado é basicamente rural, com níveis proporcionalmente inferiores de educação superior. Apenas 19% da população do condado tinham diploma universitário, contra 27% no resto de Wisconsin e 29% nos EUA como um todo. Muitas fábricas saíram do país nos últimos anos e a perda mais devastadora foi da Mirro Aluminium, popular fabricante de utensílios de cozinha com raízes na região há mais de cem anos. No fim do século XX, quase todas as operações da Mirro em Manitowoc tinham sido transferidas para outros países, e a última fábrica de Manitowoc fechou em 2003. Esses fechamentos acabaram com os postos de trabalho para operários e afetaram todo o ecossistema econômico do condado. Previsivelmente, tínhamos apenas um pequeno grupo de jurados com nível superior no grupo, e poucos deles chegaram ao júri final.

Nosso principal objetivo, porém, era encontrar jurados capazes de aplicar a presunção de inocência de Steven Avery, apesar do massacre da divulgação antes do julgamento. Nós também sabíamos que poderíamos dizer no fórum que essa divulgação se baseou na falsa narrativa fornecida por Ken Kratz. Contudo, é raro que pessoas expressem diretamente suas visões preconcebidas. A maioria dos jurados vai dizer que consegue deixar de lado as ideias preconcebidas, mesmo quando não fazem isso na prática, pois as pessoas gostam de pensar que são justas, e também devido à pressão social de "dizer o que é certo". Excluir esses indivíduos é o desafio central para a defesa durante a inquirição dos jurados. Quando a defesa se levanta para avaliar possíveis ideias preconcebidas com mais cuidado ou sutileza, muitos jurados em potencial já receberam a mensagem clara de negar qualquer possível dificuldade para deixar de lado opiniões formadas por fatores como a divulgação antes do julgamento. O juiz e os promotores geralmente formulam a frase de modo a sugerir aos jurados em potencial que existe uma resposta "certa" para as perguntas deles ("Você pode seguir as instruções do juiz para manter a mente aberta?"). E se um jurado em potencial *for* bastante honesto e admitir seus preconceitos, todos tentam reabilitá-lo até ele concordar em seguir as instruções do juiz sobre a lei. Também precisamos desconfiar de todos que desejem muito estar no júri. A maioria das pessoas não gosta de reservar seis semanas da vida para um julgamento criminal, e os que aceitam podem muito bem ter motivos ocultos fomentados por ideias preconcebidas. Assim, a seleção do júri se resume ao julgamento de um advogado sobre a honestidade dos jurados em potencial em relação à própria capacidade de decidir o caso apenas com base nas provas apresentadas durante o julgamento. É um método inexato, sem dúvida.

Além da complexidade da seleção do júri, especialmente para um julgamento longo, há a questão da dinâmica interpessoal. Quais jurados têm personalidade mais forte e mais fraca? Quem pode ser escolhido como chefe dos jurados? Quais vão manter a opinião e quais têm mais probabilidade de ceder quando pressionados? No ambiente estéril da inquirição dos jurados, é muito difícil prever quais vão se relacionar bem uns com os outros para que os votos se harmonizem no final.

Pensamos em contratar um consultor de júri, alguém capaz de montar uma estratégia com os advogados sobre os tipos de jurado a evitar. Esses consultores podem ser úteis, mas antes mesmo do julgamento começar nós enfrentamos grandes restrições orçamentárias. Devido ao imenso volume do material entregue pela acusação durante a revelação antecipada de provas (milhares de páginas, a maioria delas em papel), precisamos contratar um assistente jurídico para digitalizar e organizar tudo. Também foi necessário contratar um investigador para entrevistar testemunhas, e os especialistas que consultamos em relação ao DNA em restos mortais carbonizados, e à confissão de Brendan, além dos custos de viagens para todas as testemunhas que planejávamos utilizar no julgamento. Um consultor de júri vem depois de tudo isso na lista de prioridades do orçamento e vira um verdadeiro luxo. Nunca vi um desses profissionais em um caso envolvendo indigentes. O caso Avery estava pouco acima disso. Por outro lado, havia boatos de que o estado tinha contratado um consultor de júri. Não havia outras pessoas na mesa dos promotores, mas alguns jornalistas pareciam acreditar que a acusação havia colocado uma pessoa na plateia que dava orientações a eles longe dos olhos do público. Havia muita gente no fórum, então fica difícil dizer se isso era verdade. Acredito que os repórteres tenham perguntado aos promotores sobre a presença do consultor, e eles foram esquivos. Jamais descobri a verdade em relação a isso.

Em vez de um consultor de júri, acabamos preparando um questionário de 15 páginas e 75 perguntas para cada jurado, com a intenção de medir o impacto da divulgação feita antes do julgamento. Os jurados em potencial foram convocados ao fórum em uma quinta-feira e preencheram o questionário na hora para não serem influenciados pela família ou amigos. O juiz Willis os mandou para casa com instruções firmes de não ler nada sobre o caso ou assistir aos noticiários sobre o assunto porque eles voltariam na segunda-feira para a inquirição formal. Tivemos o fim de semana para analisar as respostas escritas, mas estávamos tão envolvidos com as outras preparações para o julgamento que Kathy nos ajudou nessa etapa. Ela até leu os questionários no sábado de manhã enquanto cuidava das crianças, que faziam aulas de natação na piscina da escola, algo que provavelmente causou estranheza nos outros pais. Após revisar cada questionário, ela preparava um resumo dos pontos principais, no qual baseávamos as perguntas a serem feitas no fórum. No fim do dia, os resumos estavam esperando por mim. Em 129 de 130 questionários os jurados em potencial expressaram suas crenças de que Avery era culpado.

Começando naquela segunda-feira, os jurados em potencial foram levados ao fórum. Pelos próximos cinco dias eu e Dean nos revezamos nas inquirições. Já começamos mal quando o juiz Willis negou a petição para excluir uma das primeiras juradas cujo marido tinha sido advogado em Calumet e regularmente participava de jantares com Ken Kratz. Ela alegou que não falava do caso com ele, mas admitiu ter encontrado Tim Halbach, um dos irmãos de Teresa, que também era advogado na região, e era muito solidária com ele. Além disso, ela acreditava que Steven Avery provavelmente era culpado. E ainda assim o juiz acreditou que ela poderia deixar de lado essas opiniões e ser justa. Nós precisamos usar a primeira recusa peremptória para dispensá-la.

Outro jurado acabou revelando que *já havia* violado as instruções do juiz de não ler ou assistir nada nos meios de comunicação sobre o caso: ele sabia da decisão tomada de última hora pelo juiz na sexta à tarde, permitindo que o estado mandasse as amostras de sangue ao FBI para fazer os testes de EDTA, que ficariam prontos apenas quando o julgamento estivesse quase no fim. Minha petição para removê-lo "por justa causa" foi negada pelo juiz Willis, mas não usamos mais uma das seis recusas peremptórias porque os outros jurados eram ainda piores.

Poucos jurados depois, outro homem admitiu ter violado a ordem do juiz para não ler o jornal ou assistir ao noticiário. Esse candidato disse ter lido um artigo no jornal local sobre a seleção do júri, pois decidiu que não continha fatos sobre o caso de Avery, conclusão a que ele não poderia ter chegado sem ter lido o artigo. Mais uma vez o juiz Willis negou a petição para excluir o homem, decidindo que a violação da ordem dada por ele era "sem importância". Usamos uma recusa peremptória com esse jurado, que também revelou a disposição de seguir o grupo e votar como os outros caso fosse pressionado.

As últimas cinco recusas peremptórias foram gastas em jurados que tiveram dificuldade em explicar como haviam deixado de lado suas ideias preconcebidas de culpa; pareciam minimizar deliberadamente o conhecimento que tinham dos fatos relacionados ao caso e das entrevistas coletivas de Kratz; e estavam ligados ao ex-xerife do condado de Manitowoc, Tom Kocourek, a quem Avery tinha processado pela condenação errônea.

O painel de 12 jurados e quatro suplentes, dividido igualmente entre homens e mulheres, tinha forte tendência operária. Os nove que trabalhavam fora incluíam dois trabalhadores braçais, um mecânico, um operário de manutenção, um carpinteiro, um telefonista e uma garçonete. Sete estavam aposentados ou eram donas de casa. Entre os incluídos no grupo estavam um homem cujo filho trabalhava como carcereiro na delegacia do condado de Manitowoc e outro cuja esposa trabalhava na secretaria do fórum do condado de Manitowoc. O ideal seria não ter esses dois no júri, mas havia outros piores, que precisamos remover por meio das recusas peremptórias.

Quando avaliei os 16 jurados finais, não fiquei satisfeito, mas era preciso jogar com as cartas que recebemos.

Ao longo do julgamento, o juiz Willis precisou dispensar quase todos os suplentes, devido a conflitos ou violações das instruções do juiz, restando apenas um. Os 16 jurados não foram isolados até começarem as deliberações, significando que podiam voltar para casa no fim do dia, em vez de ficarem em um hotel, onde estariam supervisionados e impedidos de ver a cobertura da imprensa. Descobriu-se que uma entre os 16 jurados falou sobre o caso e a culpa de Avery em um restaurante enquanto bebia em uma noite de sexta-feira, perto do fim do julgamento. Ela negou a acusação, mas acabou dispensada pelo juiz, porque a testemunha era confiável. Outra jurada era uma dona de casa cujo marido assistia ao noticiário sobre o julgamento e contava a ela o que acontecia quando o júri saía do fórum. Ele também expressou repetidamente sua opinião de que Avery era culpado, e ela foi dispensada. Houve ainda o jurado que agiu de modo suspeito, enquanto outros questionavam se poderiam ser descobertos caso buscassem informações sobre o caso na internet. Esse jurado tinha afirmado de modo confiante que ninguém poderia saber se eles fizessem buscas na internet, mas ficou pálido quando outro explicou que uma busca no computador poderia revelar isso, mesmo se ele tentasse apagar as informações. Esse jurado não foi dispensado. O juiz Willis também se recusou a dispensar a jurada que revelou no meio do julgamento, ao contrário da resposta dada sob juramento, que conhecia o detetive de Manitowoc, David Remiker, parceiro frequente de duas figuras centrais no drama relacionado às provas de Avery: James Lenk e Andrew Colborn. Ambos estavam na cena do crime quando praticamente todas as provas incriminatórias foram "encontradas". Ela admitiu ter participado de um júri anterior que chegou a um veredito civil e deu uma indenização de mais de 100 mil dólares (cerca de R$ 300.000,00) a Remiker, indicando que a credibilidade dele foi julgada de modo favorável.

No fim das contas, seria um pequeno milagre se conseguíssemos convencer sete dos 12 jurados a votar pela absolvição na rodada inicial de deliberações.

23

Pouco antes do julgamento de Avery começar, em uma reunião no escritório do juiz Willis, Ken Kratz tinha uma proposta a fazer. Os repórteres queriam falar com ele ao final de cada dia de julgamento, mas Kratz disse ao juiz que não pretendia dar entrevista *todos* os dias, preferindo fazer isso dia sim, dia não. Embora eu e Dean não planejássemos dar entrevistas coletivas àquela altura, Kratz propôs que falássemos com a imprensa nessas mesmas condições. Nos outros dias, a única pessoa a dar entrevistas seria Mike Halbach, um dos irmãos de Teresa.

Não tínhamos objeção alguma a Mike Halbach falar com os repórteres, mas, até onde sabíamos, ele via a situação da mesma forma que o promotor. A ideia de que não poderíamos contrapor nossos comentários aos dele era ridícula. A proposta de Ken Kratz, essencialmente, consistia em dar uma oportunidade para contar nosso lado da história para cada duas da promotoria. Como qualquer espectador de *Making a Murderer* sabe, esse esquema risível não foi seguido. A rotina que acabamos criando foi que Kratz e/ou Mike Halbach davam suas declarações e depois um de nós ou ambos falávamos.

Não tendo conseguido uma ordem para restringir a divulgação de informações nos meses anteriores ao julgamento, a única condição que *nós* impusemos à entrevista coletiva diária foi que as partes se restringissem a falar apenas sobre os eventos daquele dia. Não seriam permitidos comentários sobre futuros testemunhos ou provas. Pedimos esse limite, com o qual o juiz Willis concordou, para o caso de o júri violar as instruções e assistir ao noticiário. Isso era possível, considerando o que já havia acontecido durante a seleção dos jurados. Se eles vissem o noticiário sobre o julgamento, ouviriam apenas nossa opinião sobre o que eles já tinham visto ou ouvido.

Considerando o quanto Ken Kratz parecia ansiar pelos holofotes, ele assumiu uma posição interessante com relação às cineastas do documentário antes do julgamento.

No outono de 2006, Laura Ricciardi e Moira Demos trabalhavam na história de Steven Avery havia quase um ano. Elas tinham falado com pessoas da família dele, conosco e qualquer pessoa que ajudasse a contar essa história e seu extraordinário desenrolar. Ricciardi tinha abordado todas as principais figuras do caso, incluindo Kratz, a quem ela escreveu uma carta detalhada e ponderada sobre o projeto. Como advogada, ela estava ciente das responsabilidades e limitações dele e comentava que as conversas não entrariam em áreas proibidas. Ela não recebeu resposta. Não sabíamos dessa história na época, mas essa carta logo entraria nos autos do processo.

Em novembro daquele ano, Ricciardi recebeu um telefonema do detetive Mark Wiegert. Ele iria entregar a ela uma intimação. A acusação queria todo o material gravado por elas relacionado às entrevistas com integrantes das famílias Avery e Dassey, além de qualquer pessoa capaz de saber algo sobre a morte de Teresa Halbach e a culpa ou inocência de Steven Avery e Brendan Dassey. Àquela altura, as cineastas tinham 255 horas de material não editado. A maior parte estava arquivada, mas quase nada catalogado. Fazer cópias levaria, literalmente, 255 horas. Para fornecer o que o estado exigia elas precisaram interromper todos os outros trabalhos e gastar cinco horas a fim de preparar cada hora de fita. Elas não tinham tempo ou dinheiro para fazer isso, e nem poderiam pagar um advogado para responder à intimação. Embora as cineastas tenham contratado um advogado depois, a própria Ricciardi fez a petição inicial solicitando ao juiz que anulasse a intimação. Em uma declaração juramentada, ela contou que o pedido da acusação acabaria com o projeto. Ricciardi não se lembrava de ter falado com alguém sobre os fatos da morte de Teresa Halbach e não forneceu qualquer material ou conteúdo de entrevistas à defesa. Isso era verdade, como eu bem sabia. Mesmo assim, a acusação atacou com tudo. As famílias de Avery e Dassey tinham parado de falar com as autoridades policiais e os promotores argumentaram que aquelas entrevistas eram as únicas fontes de informação disponíveis para o estado. Depois, eles levaram a questão para um caminho ainda mais absurdo. Kratz argumentou que as cineastas eram um "braço investigativo" da defesa de Avery, citando a presença delas na secretaria do fórum do condado de Manitowoc para filmar o antigo tubo de sangue de Avery. Claro que a secretaria era um espaço público e elas tinham todo o direito de estar lá.

Como a maioria das provas forenses não estava sendo útil para eles, essa intimação parecia um ato de desespero. Diversos outros veículos de comunicação gravaram entrevistas com a família Avery, mas os promotores não os intimaram a entregar o material. Eles preferiram correr atrás de duas documentaristas independentes e sem dinheiro para gastar com advogados.

O juiz Willis anulou a intimação.

Ken Kratz também se recusava a dizer se o estado chamaria Brendan Dassey como testemunha ou se havia alguma prova para confirmar as acusações de estupro e sequestro que foram adicionadas à acusação original de assassinato feita contra Steven Avery após o interrogatório de Brendan Dassey. Pouco antes do início do julgamento, comparecemos diante do juiz Willis, em 29 de janeiro de 2007. O dia foi importante em dois aspectos. Primeiro, revelou algumas das fraquezas fundamentais no caso apresentado pela acusação. Segundo, a audiência foi palco de um comentário memorável feito por Dean no fórum e captado pelas cineastas de *Making a Murderer*, mostrando seu dom para eruditos discursos de improviso, espontâneos e profundos.

Dean explicou ao juiz Willis que sem o testemunho de Brendan Dassey não existia prova alguma para confirmar a alegação de que Teresa Halbach esteve no trailer de Avery, onde foi agredida. O estado sabia disso havia quase um ano. Ele continuou:

— E no dia 10 de março [de 2006], quando esse Aditamento da Denúncia foi feito, nove dias após sucessivas entrevistas coletivas em noticiários ao vivo, o estado tinha provas físicas em sua posse que tornavam impossível acreditar que alguém havia sido repetidamente esfaqueada e esquartejada na cama de Steven Avery. Não havia sangue naquele quarto. E quando Brendan Dassey disse que tinha cortado o cabelo dela com uma faca grande a mando do Sr. Avery, o estado sabia (ou deveria saber) que nenhum fio de cabelo de Teresa Halbach foi encontrado no trailer de Steven Avery. Na verdade, nenhum traço detectável do DNA, cabelo, sangue ou qualquer outra prova física em parte alguma do trailer — disse ele.

Acreditamos que, mesmo se o estado fosse extinguir essas duas ações penais antes do julgamento, o juiz deveria realizar o saneamento do processo para ajudar a desfazer parte do dano causado pelas acusações sem base que foram amplamente divulgadas.

— Acho que mais ações terão que ser tomadas por esse juiz a fim de combater o efeito das alegações feitas contra esse jovem, o Réu A [Brendan Dassey], em um caso separado, que foi importado para a mente do público, embora isso seja inadmissível, para impugnar a inocência presumida do Réu B [Steven Avery], em um caso totalmente separado — recomendou Dean.

Esse argumento levou Ken Kratz a um estado de pura cólera, alegando que tal orientação seria terrivelmente injusta para a promotoria e que o estado não retiraria as acusações de estupro e sequestro a fim de impedi-la.

— O prejuízo ao estado, meritíssimo, deveria ser óbvio. Mas se precisarmos começar este caso nadando contra a corrente, por assim dizer, diante de uma orientação dada ao júri para que tenha uma visão negativa do estado, então pretendemos seguir com todas as seis acusações — disse Kratz.

Ele também reclamou que os jurados haviam sido contaminados pela recente divulgação negativa feita pelo estado, a saber: nossa descoberta de que os investigadores realmente tinham acesso a um amplo suprimento do sangue de Steven Avery que poderia ter sido usado para plantar provas no carro de Teresa. Além disso, Kratz se sentiu prejudicado pela transação penal feita com Brendan Dassey no mês de maio e lamentou a desqualificação de Len Kachinsky, mas insistiu que Brendan ainda poderia fornecer provas contra Avery. No mínimo, era um pensamento ilusório da parte dele. Se Brendan fosse capaz de dar um testemunho confiável de que o tio tinha matado Teresa Halbach, o estado, certamente, teria descoberto um jeito para que isso acontecesse.

Quando Kratz terminou, Dean levantou calmamente de sua cadeira. Estudantes de direito sem dúvida vão ouvir estas palavras por muitos e muitos anos:

— Com todo o respeito ao colega, o estado deve começar todo caso criminal "nadando contra a corrente". E a forte corrente contra a qual o estado deve nadar é a presunção de inocência. Essa presunção de inocência foi erodida, talvez até eliminada, pelo fantasma de Brendan Dassey, e é por isso que o juiz precisa tomar mais medidas de saneamento do processo.

Segundo o juiz Willis, o estado não se envolveu em qualquer conduta que pudesse exigir uma instrução especial ao júri, significando que os promotores continuariam a colher os benefícios de pintar publicamente Avery como um estuprador, sem provar isso. Como Dean disse:

— Desde o dia 10 de março até o noticiário da WFRV de ontem, por exemplo, Steven Avery foi apresentado como o homem que supostamente *estuprou*, mutilou e assassinou Teresa Halbach. Agora, a primeira pergunta que surge em uma escala maior é: quantas vezes Steven Avery foi acusado pelo condado de Manitowoc por estupros que não cometeu? *Duas.* E o público foi levado a acreditar por dez meses que ele é um estuprador, além de todas as impressões que podem ter sobre ele. Esqueça a questão de recuperar os 18 anos da primeira condenação. Como vamos recuperar os últimos dez meses? Como vamos recuperar a presunção de inocência, tendo um público que acredita e ouviu repetidamente que ele é um suposto estuprador, antes mesmo do assassinato?

Parte VI

DÉJÀ VU

24

Casos complicados têm a força de buracos negros, cuja gravidade suga toda a energia ao redor. Além do julgamento de Steven Avery, com expectativa de durar entre quatro a seis semanas, eu e Dean sabíamos que precisaríamos nos mudar temporariamente para Appleton, a uns 160 quilômetros de onde morávamos, para ficar mais perto do fórum do condado de Calumet, na região de Chilton, Wisconsin. Na região sul de Appleton, encontramos dois apartamentos mobiliados em Lake Park Road. Isso significaria fazer uma viagem de carro de vinte a trinta minutos ao fórum todos os dias, mas nos deixaria bem perto da família Halbach, que morava logo depois de Appleton. Tirando as seis ou sete horas de sono diárias e as pausas para comer, praticamente todos os minutos em que não estivemos *pessoalmente* no fórum foram dedicados ao julgamento, e não havia tempo para passeios ou conversas na mesa de bar. Era um regime cansativo, mas comum para advogados durante um julgamento.

Nosso dia geralmente começava às 6h, embora Dean levantasse mais cedo para se exercitar na academia na qual ele se matriculara. Enquanto suava na esteira ou na bicicleta ergométrica, ele podia ver televisão, pois sempre havia alguns aparelhos ligados em noticiários, e assistir a imagens dele mesmo, ou minhas, no fórum no dia anterior. Era surreal. Dean não bebia café, mas eu tomava duas ou três xícaras com uma tigela de cereal frio toda manhã. Inevitavelmente, Dean já reservara tempo para ir à academia e estava pronto para sair do complexo de apartamentos rumo ao fórum antes de mim. Nós íamos juntos de carro e chegávamos ao fórum em Chilton por volta das 8h e nunca antes de 8h15. O fórum do condado de Calumet e o de Manitowoc eram bem diferentes. O antigo fórum da pequena Chilton (população de 36 mil habitantes em 2007) foi construído em 1913, com arenito vermelho e um domo de cobre. Agora, no entanto, os fóruns se modernizaram e o antigo prédio passou a abrigar os escritórios administrativos do condado.

Vários caminhões de TV com antenas parabólicas nos recebiam diariamente. O juiz Willis tinha o costume de se reunir em particular com a defesa e a acusação todas as manhãs para antecipar controvérsias em relação às provas e testemunhos que poderiam surgir na sessão daquele dia. Se a controvérsia precisasse ser discutida, iríamos ao fórum, e cada lado colocava suas questões nos autos. Embora não as eliminasse totalmente, essa estratégia ajudava a diminuir as longas discussões entre advogados e o juiz durante o julgamento, que gastava o tempo dos jurados. Mas esse não era o único objetivo dessas reuniões, talvez nem mesmo fosse o principal. Na primeira visita que fizemos ao escritório do juiz Willis, em março de 2006, ainda no condado de Manitowoc, eu vi na mesa dele um livro sobre gerenciar casos de alta repercussão. Ele parecia disposto a não ser pego de surpresa no fórum e ter que decidir algo de improviso na frente das câmeras. Talvez ele tivesse aprendido algo com a atuação do juiz Lance Ito presidindo o julgamento de O.J. Simpson. Os jurados chegavam às 8h30, após saírem de ônibus do condado de Manitowoc e serem transportados por meia hora até Chilton. Depois desses argumentos matinais, os depoimentos começavam.

Assim que o juiz Willis declarava o recesso para o almoço, nós saíamos do fórum. Ali perto, descendo a Main Street, ficava um restaurante familiar com uma excelente sopa. Ouvi dizer que o presidente Obama costumava manter apenas ternos azuis no armário para não perder tempo de manhã decidindo o que vestir. A versão culinária de Dean do terno azul presidencial é o queijo quente. Ele sempre almoçava isso, junto com a sopa do dia do restaurante, enquanto eu preferia o especial do dia. Esse restaurante era o único lugar na cidade onde ninguém nos importunava e éramos deixados em paz por amigos ou simpatizantes da família Halbach. Não nos víamos como adversários deles, de forma alguma, mas o antagonismo era compreensível. Os proprietários e garçons nos tratavam como se fôssemos da família. Essa rotina de almoço era uma providencial pausa das tensões acumuladas no fórum.

No fim do dia, voltávamos aos apartamentos da Lake Park Road, às 18h, depois saíamos para comer. Em Appleton havia mais opções para jantar do que no almoço em Chilton, mas eu e Dean éramos instantaneamente reconhecidos em todos os lugares. A cobertura diária do julgamento feita pela televisão tornou nossos rostos familiares, mesmo se as pessoas não conseguissem nos identificar logo de cara. Quase todos, em um raio de 160 quilômetros daquele fórum, nos viam como os vilões da história. Afinal, aparecíamos constantemente no noticiário defendendo o homem que a maioria dos habitantes de Wisconsin via como um monstro. Em uma sexta à noite, fomos a um restaurante da cadeia Red Robin para comer hambúrgueres. Uma mulher viu seus filhos pequenos perto demais de nós e imediatamente afastou as crianças, como se pudéssemos sequestrá-las. Apesar disso, não levávamos o antagonismo da comunidade para o lado pessoal. Uma carreira de advogado de defesa criminal não é um concurso de popularidade. Na maioria das vezes voltávamos para os apartamentos às 19h30 e víamos rapidamente os e-mails, muitos de pessoas que acompanhavam a transmissão ao vivo do julgamento. A maioria não tinha muita importância.

Uma noite, contudo, após a primeira semana de depoimentos, chegou um e-mail com força gravitacional suficiente para me afastar do caso Avery por alguns minutos.

A linha de assunto dizia: CONSULTA DE UMA POSSÍVEL CLIENTE. A autora era uma mulher do Texas chamada Fawn Cave. Eu nunca tinha ouvido falar dela, mas ela havia me encontrado graças à transmissão ao vivo do julgamento de Avery.

Ao preencher a seção "comentários" do formulário no site de nosso escritório, Fawn Cave escreveu:

A/C Ralph Dale Armstrong
A quem interessar possa:
Gostaria de obter mais informações sobre Ralph Dale Armstrong e o assassinato de Charise Kamps.

Na verdade, aquela mulher tinha muito a dizer. A mãe dela era prima de Ralph. A história de Fawn era complicada, mas ao saber mais detalhes percebi que ela alegava ter tido um encontro assustador com o irmão de Ralph, Stephen.

Sem entrar em muitos detalhes, a menos que me peçam, na noite que fui até à casa da minha mãe e o vi pela primeira vez em vinte anos ou mais, ele exibiu orgulhosamente sua tatuagem das "balanças da Justiça" feitas na mão. Por algum motivo que eu não entendi, ele achava necessário me contar todos os detalhes do estupro e assassinato dessa mulher.

Ele me disse que seu irmão Ralph estava tentando obter um novo julgamento com testes de DNA e esperava nunca mais vê-lo pessoalmente, porque Ralph Dale o odiava (Stephen) por causa do assassinato e por estar na prisão por algo que ele e Stephen Armstrong sabiam que Ralph não tinha feito.

Ela contou uma história louca sobre ter ficado tão apavorada que fugiu no meio da noite, pegando a filha e uma amiga. Esse incidente havia acontecido há anos, mas ela só teve tempo para buscar os detalhes do caso na internet e ler as transcrições do julgamento recentemente.

Após todos esses anos, imagine meu choque ao ler as transcrições do julgamento que condenou Ralph Dale. Stephen Armstrong estava lá.

Ela destacou uma forte semelhança entre os irmãos, comentando: "Talvez as lembranças da pessoa hipnotizada fossem precisas."

Segundo Cave, aproximadamente um dia após ela e a amiga terem fugido de carro, Stephen havia roubado um carro e não dera notícias desde então. A história toda parecia louca demais para ter sido inventada. O encontro tinha até acontecido em Roswell, Novo México, local conhecido entre os fãs de OVNIS (objetos voadores não identificados), ficção científica e teorias da conspiração.

Não tenho escolha exceto apresentar as informações que tenho sobre isso. Não é algo que eu realmente queria fazer, mas Ralph Dale é da família, mesmo que não nos conheçamos.

Ela encerra dizendo "estar ansiosa por uma resposta rápida".

Li a mensagem dela algumas vezes. Como o julgamento de Avery estava a todo vapor, encaminhei para meu assistente arquivar, com um bilhete:

E-mail interessante e surpreendente que veio do nada sobre o caso Ralph. Imprima e arquive para que eu retorne.

Havia um homem que escrevia quase todas as noites. Ele mandava notícias do sul da França, no Mediterrâneo. Naquele inverno implacável de Wisconsin, com dias curtos e gelados seguidos de noites longas e frias — no primeiro dia da seleção do júri fazia 26 graus negativos em Chilton, sem contar o vento gélido —, apenas *ler* alguém de um lugar onde a temperatura girava em torno de 15 graus já aquecia o coração. Contudo, nosso correspondente significava muito mais do que um carimbo postal ensolarado. O nome dele era Jim Shellow, decano entre os advogados de defesa criminal de Wisconsin e ex-presidente da Associação Nacional de Advogados de Defesa Criminal. Quando eu era um jovem defensor público em Madison, assistia aos julgamentos de Jim para vê-lo selecionar júris ou inquirir os peritos químicos da acusação em julgamentos relacionados a drogas. Ao contrário de muitos advogados, ele não tinha medo das opiniões técnicas do jaleco branco. Foi Jim quem convenceu Dean a se afastar do trabalho como advogado civil e se juntar à Shellow, Shellow & Glynn. Após entrar no mundo da defesa criminal, Dean nunca mais olhou para trás. Jim agora passa os invernos no sul da França, e acompanhava o julgamento pela internet. Jim lembrava muito bem de Steven Avery, pois seu escritório o representou quando ele recorreu da condenação errônea de 1985. Jim costumava escrever para Dean com seus pensamentos no fim do nosso dia, tarde da noite na França. Era quase como ter outro integrante na equipe da defesa presente no fórum e cuidando de nós, embora ele estivesse em um clima mais ameno.

Eu e Kathy também conversávamos à noite, é claro. Eu contava alguns dos eventos do dia no fórum e ela me atualizava sobre o que acontecia em casa. Minha rotina era sair de Appleton às sextas-feiras, no fim do dia, chegar em casa por volta das 20h e jantar com Kathy. Eu caía no sono rapidamente e nas manhãs de sábado ia aos jogos de basquete das crianças. Grace, então na sétima série, estava no time da escola, e Stephen participava de um campeonato para meninos mais velhos. Quase todo sábado à tarde eu pegava a U.S. Highway 41 de volta a Appleton, geralmente levando comida pronta de casa, o suficiente para que eu e Dean nos alimentássemos por uma ou duas noites antes de precisarmos voltar aos restaurantes de Appleton.

Isso passou despercebido na época, mas eu e Dean não éramos os únicos a ser importunados por defender Steven Avery. Um dia, Grace se viu sob um pequeno cerco no refeitório da escola. Os pais de outra menina acompanhavam o julgamento, mas quem lia ou assistia à cobertura feita pelos meios de comunicação podia ser perdoado por não saber que a verdade estava sendo contestada. A colega de escola de Grace tinha absorvido as fortes opiniões dos pais sobre Steven Avery, o caso e, consequentemente, sobre mim. Essa menina declarou que Avery era obviamente culpado e exigiu que Grace explicasse como o pai defendia uma pessoa que tinha feito coisas tão terríveis. Grace não acompanhava o caso na imprensa — que criança da idade dela acompanharia? —, mas ouviu o suficiente das minhas conversas com Kathy para notar que a defesa tinha feito sérios questionamentos sobre as provas e isso levou a um debate na mesa do refeitório. Não foi exatamente a cena de *O sol é para todos* em que Scout Finch briga com um menino que insulta seu pai, mas Grace retrucou.

O julgamento estava tendo consequências para toda a nossa família, de formas diferentes. As crianças e Kathy realmente me defenderam.

25

Nos meses antes do julgamento, Ken Kratz e eu fomos civilizados e até cordiais um com o outro, mas, assim que o júri foi compromissado, a cordialidade dele desapareceu.

Até aí, tudo bem. Os maneirismos dos outros advogados geralmente não me incomodam, mas preciso reconhecer que a abordagem de Ken Kratz para inquirir testemunhas me irritou. Quando um civil dava seu depoimento, ele suavizava o tom de voz e fazia visível esforço para parecer mais gentil e suave, como se sentisse *muito* pela defesa estar fazendo essa pessoa enfrentar um julgamento e o suplício de testemunhar em juízo. Talvez ele achasse que agindo assim pareceria o mocinho para o júri, mas soava bajulador e falso para mim. A investigação e o processo criminal não são concursos de popularidade. Ter uma abordagem profissional diante das circunstâncias não é demonstrar frieza com os sobreviventes de um crime, e sim o dever ético da polícia e dos promotores. Evitar que esse jeito dele me aborrecesse fazia parte do meu dever, então fiz o melhor para filtrá-lo e me concentrar no que o júri estava vendo e ouvindo.

Talvez a testemunha inicial mais importante do nosso ponto de vista fosse o ex-namorado de Teresa Halbach, Ryan Hillegas, que liderou a equipe de busca formada nos primeiros dias após o desaparecimento dela. Hillegas testemunhou mesmo não estando mais envolvido romanticamente com ela, pois eles costumavam se falar, pessoalmente ou por telefone, uma vez por semana. Na verdade, Teresa morava com o melhor amigo de Hillegas, Scott Bloedorn. O fato de a maioria das vítimas de assassinato (especialmente mulheres) ser morta por pessoas próximas não ocorreu aos investigadores do assassinato de Teresa. Os investigadores tinham os olhos em apenas um suspeito, Steven Avery, e nosso esforço para sugerir outros havia sido negado pelo juiz Willis. Tentei destacar esse preconceito das autoridades policiais ao fazer a inquirição de Hillegas.

Pergunta: A polícia pediu ao senhor algum tipo de álibi para o dia 31 de outubro?

Resposta: Não.

P: Eles não perguntaram o seu paradeiro em nenhum momento?

R: Acredito que não.

P: Certo. Alguém perguntou diretamente se o senhor tinha algum conhecimento sobre o desaparecimento dela ou estava envolvido nele?

R: Não sei se fizeram dessa forma, como se estivessem me acusando, mas é claro que perguntaram se eu tinha falado com ela ou sabia de algo. E é por isso que eu estava lá, para ajudar.

P: Certo. E até onde o senhor sabe, em algum momento o senhor ouviu a polícia perguntar ao Sr. Scott Bloedorn se ele tinha um álibi para segunda-feira, 31 de outubro, do fim da tarde até a noite?

R: Não tenho conhecimento disso.

P: Então seria justo dizer que o senhor não foi, de forma alguma, tratado como suspeito, até onde o senhor pode dizer?

R: Está correto.

Logo após o depoimento de Hillegas, ouvimos Pamela Sturm, prima em segundo grau de Teresa Halbach, que achou o RAV4 em um canto remoto do ferro-velho de Avery. Ela estava procurando a pé há cerca de trinta minutos com a filha Nicole e por acaso decidiu procurar no fim do terreno, tendo outros quatro mil veículos em uma área de 17 hectares. O carro estava mal escondido por tábuas e galhos, de um jeito que o distinguia dos veículos próximos. Ele estava estacionado em fila dupla ao lado de uma fila de carros, destacando-se na rua. Significativamente, ele não estava no triturador de carros, que ficava a apenas noventa metros de distância, e estava ocioso, cercado de vários outros veículos que tinham sido esmagados naquela semana. Pelos telefonemas gravados, nós sabíamos que o sargento

Colborn, da delegacia do condado de Manitowoc, havia tido uma conversa com um atendente dois dias antes, na qual leu o número da placa e a descrição do RAV4 como se estivesse olhando diretamente para ele. Se Pamela Sturm *sabia* onde procurar, a descoberta rápida do carro não era tão extraordinária assim. Mas Pamela e Ken Kratz tentaram justamente garantir que ela parecesse extraordinária para o júri.

Pergunta: Senhora Sturm, a senhora sabe quantos carros existem naquele terreno?

Resposta: Na época eu não sabia. Não fazia ideia.

P: Analisando agora, a senhora acha que teve sorte?

R: Sim. Bom, não foi sorte. Deus nos mostrou o caminho. Eu realmente acredito nisso.

No fim daquele dia os repórteres perguntaram o que eu pensava sobre Deus ter guiado Pamela Sturm até o carro de Teresa. Eu ridicularizei, mas corri para explicar que não tinha dúvidas sobre o poder divino, de forma alguma.

— Não é que eu não acredite que isso seja possível. Eu só não acredito nela. A história é estranha demais. Elas foram direto ao carro.

Na semana seguinte, o estado apresentou os policiais da delegacia do condado de Manitowoc, James Lenk e Andrew Colborn, que, além do envolvimento na condenação errônea de Steven Avery em 1985 por não seguirem a indicação dada por outra autoridade policial de que tinham prendido o homem errado, pareciam conseguir encontrar o que vários outros investigadores não eram capazes de achar. Ambos estavam presentes na suposta "descoberta" da chave do carro de Teresa Halbach no chão do quarto de Steven Avery. Lenk também estava presente quando um fragmento de bala foi encontrado na garagem de Avery quatro meses depois, quando não havia necessidade do pessoal de Manitowoc para fazer uma busca em grande escala do pátio. Mais uma vez ele fez uma descoberta vital em um local que já tinha sido vasculhado muitas vezes. E suspeitávamos que Colborn havia localizado o RAV4 primeiro devido à ligação misteriosa feita dois dias antes de a descoberta do carro ter sido registrada. No dia em que Sturm o encontrou, Lenk anotou a saída do terreno em um registro de todos os policiais que entraram ou saíram do local onde estava o veículo. Porém, ele não assinou a entrada. Isso significava que Lenk chegara ao ferro-velho muito antes do que agora alegava (isto é, antes do registro começar a ser feito) ou que ele driblou a pessoa responsável por anotar a entrada e a saída de todas as autoridades policiais do ponto de acesso mais próximo ao RAV4. Depois, sob juramento, Lenk contaria histórias irreconciliavelmente diferentes sobre o horário em que chegara ao local onde estava o carro. Isso abria a possibilidade de que Lenk poderia ter plantado sangue no RAV4 após a descoberta oficial do veículo, mas antes da transferência dele para Calumet ou para as autoridades policiais do estado.

A tensão no fórum quando Dean começou a inquirição chegou a um nível difícil de encontrar em outros julgamentos. Colborn foi o primeiro, e no dia seguinte, uma quarta-feira, Lenk e outro investigador da delegacia do condado de Manitowoc, o detetive David Remiker — que tinha ganhado 100 mil dólares (cerca de R$ 300.000,00) no processo civil do qual fez parte uma mulher que agora estava nesse júri —, deram seu depoimento. Um dia depois eu faria a inquirição de Dan Kucharski, da delegacia do condado de Calumet, a agência supostamente responsável pela investigação do assassinato de Teresa Halbach. Kucharski era o único policial de fora de Manitowoc presente quando a "chave mágica" foi descoberta por Lenk.

No caminho de volta para Lake Park Road após os depoimentos de Lenk e Remiker, notei que era o primeiro dia da Quaresma: a Quarta-feira de Cinzas. Nós dois somos católicos. "Vamos à igreja", sugeriu Dean.

Parecia a forma perfeita de buscar força interior após o dia difícil que enfrentamos e de nos preparar para o que ainda viria.

Embora uma quebra na rotina fosse bem-vinda, sempre que saíamos em público para um novo local precisávamos analisar a possibilidade de encontros constrangedores. Os Halbach eram católicos e podiam muito bem ir à missa naquela noite. Conhecíamos a paróquia frequentada por eles e escolhemos uma igreja na parte norte da cidade, onde seria improvável encontrar amigos ou familiares dela.

No calendário litúrgico, a Quarta-feira de Cinzas abre os quarenta dias de preparação para a Páscoa. Um padre ou diácono toca a testa dos congregantes com um punhado de cinzas obtidas dos ramos queimados no Domingo de Ramos do ano anterior, evocando a mortalidade humana e adicionando um lembrete verbal do Gênesis: "Porque és pó, e pó te hás de tornar."

Quando eu e Dean caminhamos até o altar, notei uma leve comoção quando fomos vistos pela congregação. Pelo menos para mim pareceu uma onda de olhares constrangidos e encaradas. Imediatamente pensei: "Ah, por favor. Somos todos católicos. Não podemos ter um pouco de alívio em Deus como colegas peregrinos nesta vida?" Depois, recebemos a comunhão na missa. Como católico, acredito que esta é uma oportunidade de experimentarmos a bondade de Deus. Durante a caminhada pelo corredor, acabei experimentando a condenação da comunidade.

Depois, fizemos um lanche rápido, e por isso só voltamos aos apartamentos às 21h.

Praticamente assim que entramos, bateram em minha porta. Eram as cineastas, certamente percebendo que estávamos em um momento crucial do julgamento.

— Vocês se importam se viermos filmar rapidinho? — perguntou Laura Ricciardi.

Começamos a resmungar:

— Não. Aí é demais. Estamos cansados e temos outro dia difícil pela frente.

Moira Demos implorou:

— Por favor. Vamos ficar ali no canto, sem falar nada.

Após a relutância inicial, concordamos e começamos a trabalhar.

Àquela altura não chegávamos a abstrair a presença delas, mas o equipamento de filmagem já não nos distraía mais. Quando o julgamento enfim começou, as cineastas já faziam parte da cena do fórum de tal forma que os outros veículos de comunicação permitiam que elas vissem as filmagens realizadas no fórum naquele dia. Em geral, os veículos de comunicação tinham pouco interesse na vasta maioria dos testemunhos e não estavam dispostos a escalar técnicos e repórteres para monitorar cada momento. Mas as cineastas estavam presentes o tempo todo, com a intenção de documentar todo o processo. As câmeras se voltavam para nós o dia inteiro, uma apontada para o banco das testemunhas e o juiz Willis e outra na direção da mesa dos advogados, que, além de capturar Avery, também filmava os espectadores. E ainda havia a entrevista coletiva no fim do dia. Naquele dia no apartamento, quando estavam prestes a ligar a câmera, Laura Ricciardi disse algo que provavelmente estava em sua mente desde que havia entrado.

— Vocês não querem se limpar? — perguntou ela.

Eu e Dean ficamos surpresos. Nunca fizemos maquiagem antes das sessões de filmagem. Estávamos bem assim.

— Vocês não querem limpar as cinzas? — recomendou Ricciardi.

Nós rimos. Eu vi a grande mancha escura na testa de Dean e ele olhou para a minha.

— Não, não queremos nos limpar. Pode nos filmar assim mesmo — permitiu Dean.

— Tem certeza?

— É o que somos — respondi.

Para nós, a principal testemunha do dia seguinte era Dan Kucharski, policial da delegacia de Calumet que estava presente quando o tenente Lenk descobriu a chave do carro de Teresa Halbach. Aquele foi o seu primeiro dia de buscas na casa de Avery, mas Lenk e Colborn já conheciam o local. Os dois tinham feito buscas anteriormente no quarto de Avery e não tinham encontrado chave alguma. Eu queria saber: se eles plantaram a chave no quarto, por que não o fizeram na primeira oportunidade? Tive a resposta logo no início do julgamento, quando inquiri o sargento William Tyson, da delegacia de Calumet. Ele explicou que fora orientado pelos seus superiores a agir como um cão de guarda e acompanhar Lenk e Colborn quando entrassem na casa de Avery e não deixá-los sozinhos em momento algum. Nunca foi explicado, contudo, por que não teria sido mais fácil para o condado de Calumet simplesmente utilizar os *seus* policiais na busca na casa de Avery. Tyson disse que observava Lenk e Colborn atentamente e teria sido difícil um deles plantar a chave do RAV4 enquanto ele estivesse olhando. Mas Tyson foi substituído pelo policial de baixa patente Dan Kucharski no dia em que a chave foi "descoberta".

Durante a inquirição direta feita por Ken Kratz, Kucharski contou que seria impossível que os outros investigadores tivessem plantado a chave sem que ele percebesse. Mas, à medida que a inquirição continuava, ele mudou sua história.

— Eu teria que dizer que seria possível, sim, pois eu estava fazendo outras tarefas. Tirando fotografias, procurando na mesa de cabeceira. Então, se estamos nos limitando à esfera da possibilidade de que eles poderiam ter feito isso sem que eu visse, eu diria que sim, acho que seria possível — afirmou Kucharski em seu depoimento.

Essa não era a resposta que Kratz procurava, e ele rapidamente tentou se recuperar.

— Tudo bem. E, nesse sentido, tudo é possível? — perguntou Kratz.

Kucharski seguiu essa linha de raciocínio.

— No sentido de que é possível que alienígenas tenham colocado isso lá, sim — respondeu ele.

Esta não era uma testemunha estelar, era uma testemunha *galáctica*. Uma pessoa convocada pela acusação para depor esperando que corroborasse os investigadores do condado de Manitowoc, e ele acabou fazendo o oposto. A inquirição foi uma oportunidade para transmitir uma mensagem usando a linguagem memorável de Kucharski.

Assim que comecei, entrei na questão dos extraterrestres.

— Não havia nenhum alienígena naquele quarto, certo? — perguntei.

— Não que eu saiba — respondeu Kucharski.

Para mim, parecia que acreditar na história de Lenk e Colborn sobre a chave ter sido encontrada em um quarto de trailer bem pequeno e que tinha sido vasculhado diversas vezes enquanto Kucharski estava ao lado deles exigia uma suspenção de descrença. Ele estava mesmo sendo um cão de guarda para Lenk e Colborn?

Esse era o primeiro ponto crucial que eu pretendia deixar claro. Agora era a hora de entrar na realidade da situação e ver o fardo que isso colocaria sobre a plausibilidade dessa história da descoberta da chave.

Pergunta: O que sabemos é que quando o senhor entrou naquele quarto pela primeira vez não havia chave alguma no chão, não é isso?

Resposta: Está correto.

P: E o senhor esteve naquele quarto procurando com Lenk e Colborn por cerca de uma hora quando a chave foi encontrada, certo?

R: Aproximadamente, sim.

P: Três pessoas naquele quartinho, certo?

R: Sim.

E de repente a chave apareceu magicamente no chão, perto da mesa de cabeceira. Colborn tentou explicar em seu depoimento que a chave pode ter caído de trás da mesa de cabeceira quando ele jogou objetos dentro dela "de um jeito meio bruto". No entanto, o local e a posição da chave no chão, além do fato de ela estar presa a um chaveiro, faziam com que isso fosse altamente improvável.

Não havia alienígenas no quarto naquele dia. Apenas Lenk, Colborn e o convenientemente distraído Kucharski. Parecia ser um bom dia para a defesa.

26

A principal testemunha da acusação iniciou seu depoimento no meio da manhã do décimo dia do julgamento. Assim que Sherry Culhane começou a depor, ela desviou o olhar de Norm Gahn, o promotor que a inquiria, e encarou diretamente os jurados. Com os olhos fixos, ela falou diretamente para eles.

— Trabalho como cientista forense na unidade de DNA. Sou a principal responsável pelo exame de provas físicas em busca de material biológico — explicou ela.

Na época com quarenta e poucos anos, Culhane trabalhava no Instituto de Criminalística de Wisconsin em Madison havia 23 anos, sendo a pessoa de cargo mais alto e maior experiência em relação aos outros funcionários do laboratório.

Falar diretamente para o júri era um grande teatro, feito por todas as testemunhas da acusação, e especialmente importante para Culhane, consciente de que sua plateia era composta por jurados não familiarizados com os jargões de sua área. De todas as testemunhas da promotoria, ela precisaria se esforçar mais para se conectar com eles. A promotoria não contava com testemunhas que tinham visto Steven Avery tocar Teresa Halbach, muito menos *matá-la*. Independentemente da versão dos eventos fornecida por Brendan Dassey, ele não seria chamado a depor. Portanto, o trabalho de Sherry Culhane era realmente a base do caso deles contra Steven Avery.

Técnicos de criminalística coletaram, cortaram, esfregaram com um cotonete especial e furaram com britadeira 345 itens de provas do trailer de Steven Avery e da garagem ao lado, a maioria coletada em um caso criminal na história de Wisconsin: lençóis e travesseiros, painéis de madeira e carpetes, brinquedos sexuais como algemas, concreto do chão da garagem, uma espingarda calibre 22, que estava no quarto dele, facas da cozinha e de outros locais. Cotonetes especiais foram usados em áreas que não mostravam sinais óbvios de provas físicas, mas ainda poderiam ter feito parte da cena do crime. Saíram coletando como uma rede de arrastão. De tudo isso, 180 itens individuais foram identificados como adequados para testes de DNA, outro recorde.

O Instituto de Criminalística gerava relatórios sobre a investigação relacionada a Halbach por mais de um ano, e eu estudei cada um deles à medida que nos eram entregues como partes da produção antecipada de provas. Embora os relatórios fossem resumos das descobertas feitas nos testes, eram apenas parte do todo. Também recebi as anotações subjacentes feitas pelos técnicos e outras informações sobre as práticas do laboratório. Praticamente nada do que Sherry Culhane diria seria novo para mim, mas, com base em suas inflexões, não só de voz como no que ela e Gahn enfatizassem ou minimizassem, eu ajustaria a inquirição que já preparava havia semanas.

Ela disse ao júri que seu departamento lidava com provas físicas.

— A palavra "forense" significa apenas aplicar a ciência a questões jurídicas. Ou seja, aplicar princípios científicos a questões jurídicas — explicou ela.

Nas investigações criminais, os cientistas forenses procuram 15 características em uma amostra de DNA. A quantidade de variações para cada uma dessas características específicas era determinada por meio de um programa de amostragem aleatória realizado globalmente. Assim, os cientistas sabem com que frequência uma determinada variação de uma característica tem probabilidade de aparecer, e essa frequência é expressa como uma fração: uma em sete, uma em quatro, uma em 15 e assim sucessivamente. Uma pessoa que não tem todas as características encontradas em um perfil genético desenvolvido a partir de uma prova biológica é excluída como fonte daquele DNA. Contudo, se a pessoa tem todas as características daquele perfil genético, os laboratórios usam a probabilidade formal, que é determinada multiplicando essas frações, para demonstrar a probabilidade *extremamente* baixa de a compatibilidade ser coincidência. Isto é, a probabilidade de uma pessoa corresponder ao perfil genético e *não* ser a fonte daquela prova é incrivelmente baixa. Além disso, obter esses resultados não é questão de ir ao curandeiro certo. Se tudo for feito corretamente, laboratórios diferentes testam as mesmas provas e obtêm os mesmos resultados.

No entanto, por mais que os testes de DNA ilustrem a falta de confiabilidade de boa parte do que era considerado prova "científica" há décadas, os resultados deles ainda precisam ser analisados, não por dúvidas quanto à confiabilidade, mas para se ter certeza de que as pessoas que realizam os testes seguem os procedimentos cientificamente aceitáveis e não descumprem as regras. Sim, os princípios científicos do DNA são sólidos, mas sua aplicação ao longo do teste também precisa ser sólida, ou o resultado não será correto.

Inquirir uma testemunha, seja do seu lado ou do outro, exige planejamento, tanto das perguntas individuais quanto da progressão intencional na linha de perguntas. O contexto das inquirições deve ficar claro para os jurados. Norm Gahn é um advogado experiente e capaz, e suas perguntas para Sherry Culhane demonstravam que ele tinha se preparado cuidadosamente para a inquirição.

Primeiro, ele estabeleceu as credenciais de Culhane (graduação em biologia e participação em várias organizações profissionais); depois, as do Instituto de Criminalística do Estado de Wisconsin, que tinha criado protocolos de teste para todos os procedimentos, incluindo os testes de DNA, e era regularmente auditado para verificar a obediência a eles. Também havia um esforço formal para garantir que esses procedimentos realmente produzissem resultados confiáveis. Duas vezes por ano uma empresa externa fornecia amostras que foram analisadas pelos mesmos processos utilizados em casos criminais verdadeiros. Cada analista de DNA no laboratório precisou provar sua proficiência em processar e interpretar essas amostras.

Pergunta: Bom, deixe-me perguntar: quais são os resultados de todos os testes de proficiência que a senhora fez?

Resposta: Todos foram corretos.

P: Em outras palavras, a senhora passou em todos os testes de proficiência?

R: Sim.

Gahn estava estabelecendo o conhecimento de Culhane e a integridade do laboratório a fim de provar a capacidade deles. Reforçando ainda mais sua autoridade, Culhane também deu treinamento a novos técnicos de DNA e ajudou a decidir a distribuição do trabalho. Na verdade, alguns dos novos técnicos de laboratório estavam no fórum para o depoimento dela, e a maioria dos técnicos de DNA de Madison estava assistindo à transmissão ao vivo. E havia mais: aquela não era a primeira vez que Sherry Culhane lidava com Steven Avery no contexto de uma investigação criminal. Apenas dois anos antes, em 2003, Culhane tinha feito testes de DNA em 13 pelos pubianos cujos resultados provaram que Steven Avery não tinha atacado Penny Beerntsen. Culhane conseguiu obter células em raízes que ainda estavam ligadas a dois pelos. Uma era de um homem cujo perfil genético não correspondeu ao de Steven Avery e foi enviado ao Sistema Combinado de Índices de DNA (CODIS, na sigla em inglês), mantido pelo FBI, que contém perfis de DNA de criminosos condenados.

— O material correspondia a outro indivíduo — depôs Culhane.

Pergunta: Quando a senhora diz outro indivíduo, significa uma pessoa diferente de Steven Avery?

Resposta: Correto.

P: E foi a senhora mesma que fez esse teste?

R: Sim, fui eu.

P: E devido a esse teste que a senhora fez e também devido à busca no banco de dados CODIS, o que aconteceu ao Sr. Avery?

R: Acredito que ele tenha sido libertado da prisão.

P: E isso foi por causa do teste que a senhora fez?

R: Correto.

P: Basicamente, a senhora seguiu, neste caso, o mesmo protocolo utilizado para os testes daquele caso de 1985?

R: Sim, segui.

Isso demonstrava que Culhane era uma árbitra imparcial da verdade, uma pessoa que analisava as provas sem ideias preconcebidas. Ela havia inocentado Steven Avery, não foi? E agora estava prestes a depor sobre testes relacionados a outro crime envolvendo o mesmo homem. Alguém poderia duvidar da imparcialidade dela?

Culhane atribuiu a si mesma a investigação do assassinato de Halbach. Com centenas de provas, o caso acabou tomando conta do Instituto de Criminalística estadual. Segundo Culhane, ao examinar a avalanche de provas, os investigadores indicavam quais itens precisavam ser testados com mais urgência.

— Geralmente a prioridade se baseia no que é mais probatório e mais importante para a investigação deles — explicou ela.

Uma dessas prioridades era um fragmento de bala coletado na garagem de Steven Avery em meados de março de 2006.

— Não havia qualquer vestígio visual no fragmento. Não parecia haver mancha alguma. Então, a fim de remover algum DNA residual que talvez estivesse na bala, eu a lavei. Coloquei-a em um tubo de ensaio e lavei com um antiácido utilizado para extrair o DNA. E no líquido resultante da lavagem fiz o restante do procedimento.

Pergunta: E a senhora foi capaz de desenvolver um perfil genético a partir daquela lavagem no Item FL, a bala?

Resposta: Sim.

Ela mostrou slides do perfil genético desenvolvido a partir da bala, e depois do da vítima.

— O perfil da bala é consistente com todos os tipos de Teresa Halbach — alegou Culhane.

Contudo, havia uma grande virada pela frente, e Gahn sabia que precisaria abordar isso antes que eu trouxesse a questão à tona em nossa inquirição.

Ao testar aquela bala, Culhane contaminou uma amostra de controle. As amostras de controle são analisadas junto com a amostra da prova, pois o processo é muito sensível e a contaminação é uma possibilidade muito grave em testes de DNA, pois é um processo muito sensível. Uma quantidade muito pequena de DNA é fotocopiada repetidamente até ter uma assinatura química forte que possa ser facilmente lida. Por isso, os cientistas conseguem extrair fragmentos de DNA antigo que sobreviveu por milhares de anos em múmias ou ossos. Ao amplificar esses minúsculos fragmentos, é possível vê-los, mas esse mesmo processo de amplificação pode ampliar um DNA contaminado. As amostras de controle são basicamente um sistema de alarme ativado quando surge algum material genético que não deveria estar presente. As amostras de controle negativas não devem ter DNA algum quando testadas. Se tiverem, é sinal que ocorreu contaminação durante o processo de teste. No início do depoimento de Culhane, ela descreveu um registro de contaminação mantido pelo laboratório. Segundo ela, nos cinco anos anteriores, durante os quais o laboratório testou cerca de cinquenta mil amostras, foram documentadas apenas 89 instâncias de contaminação. O registro de contaminação era basicamente "uma ferramenta de aprendizado", explicou Culhane.

Essa foi a mensagem enfatizada por ela e Gahn ao discutirem os resultados dos testes realizados na bala e a descoberta da contaminação.

— Isso significa que durante o processo de extração eu, inadvertidamente, introduzi meu DNA no controle negativo — depôs Culhane.

Pergunta: Isso teve algum impacto em sua interpretação dos resultados?

Resposta: Não teve impacto algum em relação ao perfil da amostra da prova. Foi apenas o fato de eu ter introduzido meu DNA no controle da manipulação.

Nada demais. Culhane também tinha descoberto como a contaminação havia ocorrido. Ela estava falando enquanto trabalhava:

— Quando estava preparando as amostras, eu estava treinando dois analistas novos no laboratório. E eles estavam me observando. Esta amostra não era comum, porque nós a tratamos de modo um pouco diferente. Não era um corte nem foi coletado com cotonetes especiais. A parte da lavagem foi um pouco diferente do procedimento usual. Então, eu explicava a eles o que estava fazendo durante o processo. Pensei que estava bem longe de minha bancada de trabalho para não introduzir meu DNA, mas, aparentemente, eu estava errada.

Em todo caso, segundo ela, o DNA entrou apenas na amostra de controle e não na lavagem da bala.

Em seguida, eles passaram para o sangue. Segundo Culhane, os testes iniciais detectaram sangue em manchas recuperadas de dentro do carro de Halbach. O sangue de Teresa Halbach foi encontrado em cotonetes especiais coletados em vários pontos do porta-malas do RAV4. Culhane depôs que o DNA de Steven Avery estava em manchas de sangue nos bancos do motorista e do passageiro do carro, no painel central, em um estojo de CD perto do painel e na porta traseira.

Uma mancha de sangue também foi coletada perto da ignição do carro. De acordo com ela, o DNA naquela mancha também era consistente com o de Avery. Segundo Culhane, o DNA de Steven Avery foi encontrado na chave de ignição do RAV4, que o tenente Lenk tinha descoberto durante a sétima busca feita no trailer.

Pergunta: A senhora chegou a um número estatístico para esse perfil que refletiria a frequência ou o quanto esse perfil seria raro ou comum na população?

Resposta: Sim, eu fiz isso.

Pergunta: E a senhora poderia explicar aos jurados o que é essa estatística?

Resposta: Esse número mostra a probabilidade de outra pessoa aleatória e sem parentesco ter o mesmo perfil que o encontrado nas amostras da prova da qual acabamos de falar: é uma pessoa em quatro quintilhões na população caucasiana.

Um quintilhão é 1.000.000.000.000.000.000, mais do que todas as pessoas nascidas desde o início da raça humana.

Pergunta: A senhora tem uma opinião, com grau razoável de certeza científica, se Steven Avery é a fonte da mancha de sangue encontrada no painel, perto da ignição do RAV4 de Teresa Halbach?

Resposta: Sim.

P: E que opinião é essa?

R: Minha opinião é que Steven Avery é a fonte daquela mancha.

27

Era o meio de uma tarde de sexta-feira quando Sherry Culhane terminou seu depoimento, e o juiz e os advogados concordaram que eu não deveria começar a inquirição sem poder concluí-la no mesmo dia. Então encerramos cedo, com Culhane revelando aquela estatística desfavorável de modo dramático, a última frase que os jurados ouviram antes do fim de semana.

Fui para casa em Brookfield. Grace tinha um jogo de basquete na manhã seguinte e eu estava ansioso para uma folga de aproximadamente 24 horas daquela imersão em tudo relacionado a Avery. É verdade que eu precisava organizar minha inquirição, mas ao me preparar para o depoimento de Culhane eu já tinha passado entre sessenta e setenta horas analisando os resultados e as anotações dos testes relacionados ao caso Avery. Os advogados, obviamente, nunca devem fazer a uma testemunha uma pergunta da qual não saibam a resposta. A preparação para cada hora de inquirição levaria dez horas ou mais.

Embora não fosse o ideal para a defesa que a acusação tivesse a última palavra antes do fim de semana, pelo menos isso me deu a oportunidade de analisar as páginas de anotações que já havia feito durante o depoimento e aprimorar minhas perguntas. Passeio o domingo inteiro refinando a inquirição para garantir que os jurados entendessem os pontos principais e por que eles eram importantes. Geralmente, a importância do depoimento ou de uma prova não fica explícita até os argumentos finais, e eu não poderia me dar ao luxo de esperar até lá. A inquirição precisava ser um argumento final em si para que o júri entendesse as circunstâncias peculiares em torno da descoberta dessa prova de DNA. A contaminação no laboratório e a ausência de outras provas físicas levantavam sérias dúvidas sobre a existência de um crime ocorrido no trailer ou na garagem de Steven Avery.

Eu já havia estruturado minha inquirição em partes, abordando os elementos principais da narrativa que Culhane forneceu na inquirição anterior, mas, também, respostas de que precisávamos da parte dela. Às vezes, faz sentido que um advogado de defesa faça uma inquirição pesada, atacando a credibilidade da testemunha com perguntas duras logo de cara. Nesse caso, como desejávamos que Culhane estabelecesse alguns fatos essenciais, a inquirição acabaria, inevitavelmente, virando um confronto.

Nevou um pouco na noite anterior, mas todos os jurados chegaram na hora para pegar o ônibus que os levaria ao fórum. Estava uma agradável temperatura de zero grau quando chegamos em Chilton naquela manhã.

A área reservada aos espectadores estava cheia. Os repórteres permaneciam no andar de baixo, esperando as imagens do fórum. Assim que todos se sentaram, eu comecei:

— Bom dia, senhora.

— Bom dia — respondeu Culhane.

No topo da minha lista estava a prova mais incriminatória do caso: a afirmação de que as manchas no carro de Teresa Halbach continham o sangue de Steven Avery. Culhane falou repetidamente que na opinião dela, "com um grau razoável de certeza científica", Avery era a fonte do DNA na mancha.

Contudo, isso não significava que o sangue fora derramado durante um crime.

— O que a senhora *não* está dizendo é como o DNA dele entrou no carro de Teresa, certo? — perguntei.

Resposta: Não.

Pergunta: Seus testes não foram feitos para dizer como o DNA dele surgiu no local onde a senhora recolheu as amostras com o cotonete especial, não é?

R: Não.

P: O que a senhora procura é um perfil genético e, quando o encontra, compara esse perfil a uma amostra de referência conhecida, nesse caso a do Sr. Avery, certo?

R: Certo.

P: Mas se outra pessoa plantou o DNA, o sangue do Sr. Avery ou ambos naquele veículo, a senhora não saberia por esses testes, saberia?

R: Não.

P: Então, a senhora não pode dizer a este júri, com qualquer grau de certeza, científica ou de outro tipo, que Steven Avery já esteve fisicamente dentro daquele veículo, pode?

R: Não.

P: Este "não" significa "correto"?

R: Correto.

Primeira missão cumprida: estabelecer que Sherry Culhane não poderia colocar Avery dentro do veículo de Teresa Halbach.

O próximo item da minha agenda era desafiar a postura de imparcialidade científica estabelecida por Gahn ao perguntar sobre o papel dela na revogação da sentença de Steven Avery em 2003. Primeiro, analisamos o trabalho de Culhane no caso que inocentou Steven: a análise feita nos pelos retirados do púbis da vítima. Esse exame inocentou completamente Avery e acusou um homem que tinha cometido crimes similares. Eu estava apenas refazendo as etapas do promotor, percorrendo um terreno confortável, e Culhane concordou de imediato. Cada uma de minhas perguntas tinha sido pensada antecipadamente e se ajustava à narrativa da acusação. Entretanto, era hora de mostrar por que essa história agradável estava longe de ser tão perfeita como pareceu durante a inquirição feita por Gahn.

Do mesmo modo que Culhane fez em seu depoimento, mantive os olhos nos jurados ao dirigir minhas perguntas a ela, observando os rostos para garantir que eles continuaram envolvidos na narrativa.

Pergunta: Para mostrar o que o Sr. Gahn não fez a senhora destacar, contudo, preciso entrar em outros assuntos. Embora a senhora tenha sido a pessoa que inocentou ou cujo teste inocentou o Sr. Avery, as provas ficaram em seu laboratório por mais de um ano até a senhora conseguir fazer o teste que o inocentou, certo?

Resposta: Está correto.

P: E uma das afirmações feitas pela senhora foi que a senhora controla as prioridades e o fluxo do caso para decidir o que será testado e quando, certo?

R: Correto.

P: Então, se a senhora fizesse o teste assim que as provas chegaram ao laboratório, em setembro de 2002, acredito, o Sr. Avery teria sido inocentado nessa época, não teria?

R: Correto.

P: Então, o Sr. Avery ficou mais um ano na prisão devido aos adiamentos ocorridos em seu Instituto de Criminalística, certo?

R: Correto.

E a história da condenação injusta de Steven Avery teve mais reviravoltas que começaram bem antes de Culhane e o laboratório realizarem os testes de DNA que o inocentariam.

Pergunta: Outro fato que o Sr. Gahn não destacou é mais uma ironia nesse caso. Não só a senhora esteve envolvida no processo de inocentar o Sr. Avery em 2003, como também esteve envolvida na condenação do Sr. Avery em 1985, não esteve?

R: Trabalhei em provas naquele caso, sim.

P: E a senhora foi testemunha de acusação no julgamento daquele caso, não foi?

R: Sim, fui.

P: Na verdade, o julgamento no qual ele tinha 16 testemunhas fornecendo álibi e foi condenado incluía sua opinião de perita a respeito de alguns pelos que foram encontrados e oferecidos pela acusação para ligar o Sr. Avery àquele crime, não é isso?

R: Para ser honesta, eu não me lembro de todo o meu depoimento de 1985.

Após Steven Avery ter sido levado sob custódia como suspeito do caso de 1985, a polícia coletou um fio de cabelo na camiseta dele. *Culhane* foi a técnica do Instituto de Criminalística estadual que afirmou em seu testemunho que aquele fio era consistente com o fio de cabelo de Penny Beerntsen, reforçando a identificação dele e desacreditando os álibis das testemunhas.

Quando comecei a questioná-la sobre isso, Norm Gahn levantou da cadeira.

ADVOGADO GAHN: Meritíssimo, neste momento eu questiono a relevância disso para o depoimento que a Sra. Culhane está dando neste caso, a relevância desse caso de 1985.

JUIZ: Sr. Buting.

ADVOGADO BUTING: O Sr. Gahn tentou apresentá-la como uma testemunha totalmente imparcial, pois o teste feito por ela em 2003 resultou no fato de ele ser inocentado. Sendo assim, penso que o júri precisa ouvir se ela também testemunhou para a acusação no início do julgamento.

JUIZ: Como entendo sua linha de questionamento, é um ataque à metodologia que foi usada na época, não à credibilidade dela.

ADVOGADO BUTING: Também é uma questão sobre a opinião dela e a validade dessas opiniões.

JUIZ: Não. Vou manter a objeção.

Discordei da decisão do juiz, que cortou minha linha de inquirição, mas como essa questão era menos importante que as outras, eu fui em frente. Pelo menos o assunto foi comentado e o júri poderia fazer com ele o que desejasse. O juiz Willis tentou ser imparcial na forma de decidir as objeções durante o julgamento. Na maior parte do tempo, acredito que ele teve sucesso, mas sempre que ficava claro o quanto a acusação estava especialmente preocupada em relação a algo, o juiz Willis tendia a decidir a favor deles. Isso ficou mais evidente quando o estado alegava que nossas perguntas forçavam os limites da decisão que proibia a utilização de provas relacionadas à existência de outros suspeitos. O estado parecia muito temeroso que essas provas aparecessem no julgamento.

Os seres humanos têm a imensa habilidade de enganar a si mesmos. Mais de dois séculos atrás, pacientes se declararam curados de uma série de doenças por meio de um regime de ajustes magnéticos feitos sob orientação do médico alemão Franz Anton Mesmer, que se referia às forças como "magnetismo animal" (o verbo "mesmerizar" tem sua origem no trabalho dele). Na França, uma comissão especial composta por Benjamin Franklin e pelo renomado químico Antoine Lavoisier, entre outros, concluiu que os pacientes tinham sido curados porque acreditavam na cura. É um dos primeiros episódios documentados do efeito placebo. Hoje, pesquisadores estudam a eficácia dos fármacos fazendo testes em comparação a um placebo e observando os efeitos nos pacientes. Os técnicos e os pacientes não sabem quem recebeu o fármaco e quem recebeu o placebo. Sinais vitais, exames de sangue e outros dados relevantes são coletados por pessoas que não sabem qual o resultado "certo" ou esperado. Às vezes, eles nem sabem que se trata de uma pesquisa. Realizar testes de medicamentos dessa forma protege a observação de ser contaminada pela expectativa, e o processo é conhecido como teste cego. Uma parte importante da pesquisa científica moderna é se prevenir contra a "expectativa do observador", isto é, ver algo simplesmente por estar procurando aquilo.

Porém, a prática não se disseminou amplamente entre os institutos de criminalística, e o caso de Steven Avery é um exemplo perfeito do quanto isso é problemático. Perguntei a Culhane sobre o uso de testes cegos, no qual o examinador não sabe de quem é o DNA cujo perfil está sendo feito ou a relevância do teste para a investigação. Primeiro, ela pediu que eu definisse o conceito de teste cego, depois, reconheceu que tal procedimento não era praticado no laboratório dela.

Pergunta: Em seu laboratório, quando chega uma amostra de referência, a senhora geralmente sabe o nome da pessoa cuja amostra de referência está sendo analisada?

Resposta: Sim.

P: Então, quando a senhora testou a amostra do DNA de Avery, sabia que o material testado era do Sr. Avery?

R: Sim.

E ela também alegou saber que Steven Avery era suspeito e o DNA de outros parentes dele estava lá para fins de "eliminação", isto é, para descartá-los como suspeitos. O agente especial Fassbender, da Divisão de Investigação Criminal de Wisconsin, que liderou a investigação do desaparecimento de Teresa Halbach junto com o sargento Mark Wiegert, ligava regularmente para Culhane a fim de avisar sobre a entrega de itens. Ele até contou que uma série de itens viria da casa e da garagem de Steven Avery.

E não escondeu os resultados que desejava ver.

Culhane observou que em uma das primeiras ligações de Fassbender, ele disse: "Tente colocá-la [Teresa Halbach] na casa ou na garagem dele."

P: Então, antes de fazer qualquer um desses testes, o Sr. Fassbender deseja que a senhora entregue resultados que coloquem Teresa Halbach na casa ou na garagem do Sr. Avery, está correto?

R: Eu tive essa informação, mas isso não teve qualquer influência em minha análise, de forma alguma.

P: Claro que não, mas foi isso que disseram para a senhora fazer?

R: Essa informação fazia parte da investigação.

Fassbender deu a Culhane uma lista de itens para serem examinados por ela: as algemas para mãos e pés (revestidas com pelúcia rosa) retiradas do trailer de Avery, as placas do carro de Teresa Halbach e a espingarda calibre 22 do quarto de Steven Avery, para ver se havia traços do sangue dela no cano e DNA de Avery na trava do gatilho. Havia, também, pedaços de carpete e de painéis de madeira que tinham sido arrancados das paredes ao redor da cama no quarto de Avery e outros itens retirados do trailer.

Brendan Dassey nunca esteve fisicamente no fórum durante o julgamento do tio, mas a história dele pairava sobre os procedimentos, como nuvens de tempestade que não vão embora. Quem acompanhasse o noticiário do ano anterior teria pelo menos uma familiaridade mínima com a suposta confissão. Precisei trabalhar com a suposição de que os jurados se lembravam, pelo menos vagamente, da narrativa sanguinolenta recitada por Kratz em suas entrevistas coletivas. Isso fazia parte da nossa estratégia.

P: A senhora nunca encontrou DNA de Teresa Halbach nos carpetes da casa dele, encontrou?

R: Não.

Passamos para o trailer, que teria sido o local de um esfaqueamento brutal e um corte que abriu a garganta da vítima, se Ken Kratz estivesse falando a verdade.

P: Todos os itens do banheiro, o piso, o armário, a pia, tudo isso, certo?

R: Aham.

P: A senhora testou tudo isso?

R: Correto.

P: Nenhum deles tinha o sangue de Teresa Halbach, tinha?

R: Não.

P: A senhora também testou... Havia algumas gotas que foram encontradas no mofo em uma porta perto do banheiro ou do quarto, certo?

R: Sim.

P: Não havia DNA de Teresa Halbach, certo?

R: Correto.

A cena do crime era extensa, mas, segundo o relato de Kratz, os principais atos de violência deveriam ter sido cometidos no quarto de Avery. E a cabeceira da cama, com os pés e o estrado? A mesa de cabeceira? Edredons e interruptores de luz?

P: Não havia DNA de Teresa Halbach, certo?

R: Está correto.

Nas algemas para as mãos e os pés ela encontrou uma mistura de perfis genéticos de várias pessoas, mas nenhuma era de Teresa Halbach. Era significativo que o DNA fosse recuperado desses itens, pois significava que eles não poderiam ter sido lavados com água sanitária, que teria destruído o DNA.

"Está correto", respondeu Culhane.

E havia também as facas.

P: Vejo pelo menos sete, só no relatório de 8 de maio, certo?

R: Sim.

P: Não havia DNA de Teresa Halbach, certo?

R: Correto.

A ausência do DNA de Teresa Halbach no trailer de Avery era terrivelmente importante, é claro, mas ainda deixava a pergunta urgente sobre o DNA de Steven Avery encontrado no carro. Na inquirição feita pelo estado, Culhane disse que esse DNA tinha sido encontrado em duas formas e dois locais: em manchas de sangue nos bancos e ao redor deles e em amostras coletadas com um cotonete especial na tranca do capô. Havia um terceiro local, identificado na declaração inicial de Kratz. Ele mostrou ao júri um slide de PowerPoint com uma foto da porta traseira do carro de Teresa Halbach e um círculo desenhado ao redor dela, alegando que o DNA de Steven Avery estaria na maçaneta.

Perguntei a Culhane sobre isso.

— Com base em meus resultados, não encontrei DNA de Steven Avery naquela amostra — testemunhou ela, contradizendo diretamente a alegação do promotor especial.

Seria plausível que o sangue de Steven Avery no carro de Teresa Halbach e o DNA na chave da ignição tenham sido plantados?

Como ela já havia afirmado, o sangue de Steven Avery fora coletado em duas áreas no carro: em cima e em torno dos bancos da frente e um pouco na porta traseira. Mas não havia qualquer sangue nem DNA de Avery no porta-malas ou no fecho do porta-malas, embora tivesse sido encontrado sangue de Teresa Halbach nesse local. Todo o sangue *dele* estava na frente.

Não seria possível alguém ter plantado o sangue de Steve Avery apenas abrindo duas portas?

— Não posso comentar sobre isso — respondeu Culhane.

Na verdade, ela podia.

P: Certo. A senhora tem... Se alguém fosse plantar o sangue do Sr. Avery naquele veículo para chegar a essas seis manchas, seria preciso abrir a porta do motorista, certo?

R: Sim.

P: É possível. Ou a porta do passageiro da frente?

R: Sim.

P: Partindo de qualquer uma delas, mas o mais provável seria a porta do motorista, a senhora conseguiria alcançar o local onde todas as manchas foram encontradas naquela região dos bancos da frente?

R: Exceto a porta traseira.

P: Vou chegar lá, certo? As primeiras cinco manchas encontradas pela senhora estavam todas na parte da frente?

R: Sim.

P: Na parte do banco da frente?

R: Sim.

P: Que poderia ser alcançada abrindo uma porta, certo?

R: Sim.

P: E então, a única outra mancha que a senhora encontrou estava na porta traseira, que também poderia ser acessada simplesmente abrindo aquela porta específica?

R: Sim.

P: Então, se alguém quisesse plantar sangue do Sr. Avery naquele veículo, antes de ele ser entregue à senhora em novembro, todas essas manchas que a senhora encontrou poderiam ter sido feitas apenas abrindo duas portas?

R: Sim.

Por algum motivo, cinco meses após o carro de Teresa ter sido descoberto e Sherry Culhane já ter gasto vários cotonetes especiais em busca de traços de DNA, alguém tinha decidido passar um desses cotonetes no trinco do capô. Naquela época, o carro estava na delegacia do condado de Calumet. A amostra foi colhida em abril de 2006 e depois enviada ao Instituto de Criminalística do estado, onde Culhane realizou um teste de DNA. Foi encontrada uma quantidade muito pequena de DNA humano com o perfil genético de Steven Avery. Após *Making a Murderer* ser lançado, Kratz observou que o DNA do trinco do capô não tinha sido mencionado no documentário. Ele argumentou que isso era uma prova forte da culpa de Avery, pois não poderia ter sido plantada usando o frasco de sangue encontrado na secretaria do fórum. Segundo ele, esse era o "DNA do suor" de Avery.

Contudo, *não existe* "DNA do suor". O DNA é encontrado em todas as células nucleadas, mas não é possível identificar apenas pelo DNA de que fluido corporal ou tecido ele veio. Para determinar a fonte corporal, o analista precisa realizar testes em busca de proteínas específicas, como as que estão presentes no sangue, sêmen ou saliva. Não existem testes conjecturáveis para identificar o suor como fluido corporal. Culhane testemunhou que a amostra do trinco do capô estava descolorida e poderia ter contido sangue, mas ela não fez teste para encontrar sangue. Como era uma quantidade muito pequena, ela preferiu ir direto para a extração de DNA.

P: Muitos meses depois, acredito que em abril, a senhora obteve uma amostra que disseram ser do trinco do capô?

R: Correto.

P: Ela não foi testada ou não veio do seu teste em novembro?

R: Certo.

P: E a senhora não estava presente quando ela foi recolhida por alguém antes de chegar a seu laboratório?

R: Não, eu não estava presente.

P: E a senhora não fez um teste para encontrar sangue, certo?

R: Correto.

P: A senhora não encontrou sangue particularmente visível na amostra, certo?

R: Certo.

Culhane admitiu que a amostra estava suja, descolorida e poderia conter sangue que não estava visível a olho nu. Apenas um teste poderia ter descartado o sangue como fonte do DNA, mas esse teste nunca foi feito.

O depoimento da próxima testemunha, o cientista forense do Instituto de Criminalística do Estado de Wisconsin em Madison, Nick Stahlke, forneceu uma explicação inocente para o DNA de Avery no trinco do capô. Stahlke testemunhou que ele estava fazendo exames no compartimento de passageiro, mas saiu do carro e abriu o capô *sem* trocar as luvas. Aquela pequena quantidade de DNA encontrada no trinco do capô poderia ser "DNA de toque", transferido, inadvertidamente e inocentemente, pelo próprio analista do Instituto de Criminalística, que nada tinha a ver com o desaparecimento de Teresa Halbach.

Enquanto continuava a inquirição de Sherry Culhane, abordei a chave do carro que o tenente do condado de Manitowoc, James Lenk, relatou ter encontrado no chão do quarto de Steven Avery durante a sétima busca feita no local, em novembro de 2005. Culhane tinha passado o cotonete especial na chave inteira e depois colocado em uma solução tampão capaz de capturar qualquer DNA. Normalmente, metade da amostra seria guardada para realização posterior de novos testes, mas isso não foi feito dessa vez. Ela supôs, desde o início, que se algum "DNA de toque" fosse encontrado na chave, estaria em pequena quantidade, então, seria preciso usar toda a amostra para detectá-lo. De fato, o resultado obtido tinha apenas uma pequena quantidade de DNA, cerca de trinta microlitros. Ela sabia que havia 20 mil microlitros de DNA em uma amostra de sangue? Ou entre dois e três mil em uma amostra retirada da boca? Ela respondeu que não sabia, mas reconheceu que a quantidade de DNA encontrado na chave era baixa.

Aquela pequena quantidade de DNA poderia ter chegado à chave se alguém passasse nela uma escova de dente ou um cotonete especial com amostra retirada da boca de Avery?

— *Sim*, respondeu ela.

P: Certo. E olhando para esta chave, a sua amostra e a prova encontrada pela senhora, a senhora não pode dizer se o DNA encontrado naquela chave foi plantado lá por alguém ou não, certo?

R: Não posso.

P: E se alguém realmente plantasse o DNA naquela chave que a senhora analisou em seus testes, o resultado seria muito semelhante ao que foi encontrado?

R: Sim.

P: Muito bem. Então, a senhora não encontrou mistura de DNA naquela chave, certo?

R: Certo.

P: A senhora não encontrou DNA de Teresa Halbach naquela chave, certo?

R: Está correto.

P: A chave do carro que, presumivelmente, ela manipulava e usava diariamente, certo?

R: Correto.

P: E a senhora colheu amostras de toda a chave?

R: Sim.

Àquela altura, tínhamos mencionado que o trailer de Steven Avery e todos os itens retirados de lá não revelavam qualquer traço do DNA de Teresa Halbach.

— Seria justo dizer que a senhora não foi capaz de "colocá-la na casa dele", como o Sr. Fassbender solicitou?

— Está correto — respondeu Culhane.

Não havia sinal de que Avery tinha tocado a espingarda calibre 22 retirada do trailer. Como foi descoberto depois, a arma era do senhorio e não havia sinal de manchas de sangue no cano, que geralmente aparecem como resíduo em caso de tiro à queima-roupa. Esse era um dos testes que Fassbender havia pedido especificamente a Culhane para fazer. Investigadores tinham furado o piso de concreto da garagem de Steven Avery com britadeira, colhido amostras de manchas nele, e, mais uma vez, não havia sinal do DNA de Teresa Halbach. No entanto, o de Steven Avery *estava* presente. Nenhuma operação de limpeza poderia ter removido o DNA dela e deixado o dele. A garagem não havia sido esterilizada.

Estávamos prestes a abordar os problemas de contaminação no laboratório. Porém, havia algo mais que Sherry Culhane poderia estabelecer.

P: Por sinal, em todas essas provas testadas, nós soubemos que a senhora encontrou o DNA do Sr. Avery em algumas, como objetos na garagem ou na casa dele, certo?

R: Sim.

P: A senhora encontrou DNA de um jovem chamado Brendan Dassey em algum lugar em todos os seus testes?

R: Não, eu não encontrei.

P: Nem sinal?

R: Não, eu não encontrei o DNA dele.

P: E a senhora tinha o perfil dele?

R: Sim, eu tinha.

Culhane depôs a manhã inteira e continuou por uma hora ou mais após o almoço. Durante a pausa para o almoço, chequei com alguns dos repórteres e outros observadores que viram minha inquirição para garantir que eles estavam acompanhando meu raciocínio e a importância daquilo para o caso. Eu fazia isso frequentemente, ao longo do julgamento, sempre que havia uma pausa. Os repórteres eram pessoas com nível superior e inteligentes, enquanto alguns dos nossos jurados *não* tinham muita educação formal. O estado havia descartado a maioria dos que tinham formação superior e já não havia muitos, para começo de conversa. Se os repórteres não entendessem minha inquirição, provavelmente os jurados também não entenderiam.

Alguns dias, parecia que os assuntos que eu tentava explicar não eram compreendidos, então, quando começávamos a inquirição de uma testemunha, eu voltava e revisitava um assunto para esclarecer as dúvidas antes de seguir em frente. Com Sherry Culhane, contudo, tive a impressão que a inquirição estava indo muito bem, e todos os repórteres acompanhavam o que eu tentava explicar. Era hora de chegar ao fim. Essa prova, que tinha parecido tão forte e incriminadora na sexta-feira após a inquirição de Gahn, acabou não sendo estudada com tanto cuidado, nem coletada de modo tão preciso ou confiável quanto ela e Culhane haviam percebido inicialmente.

Comecei abordando os procedimentos básicos para prevenir a contaminação em um laboratório.

Os analistas da Unidade de DNA no Laboratório de Criminalística do Estado de Wisconsin usam máscaras cirúrgicas? E jalecos descartáveis? Eles trocam de jaleco quando passam de um caso para o outro. As áreas sensíveis em que trabalhavam eram equipadas com divisórias para criar um espaço de ar protegido de contaminações?

— *Não* — respondeu Culhane a todos esses questionamentos. Isso não era feito em seu laboratório. Notei que ela havia parado de olhar diretamente para o júri quando respondia às minhas perguntas.

Abordei o registro de contaminação, que guardava o número de incidentes claros de contaminação descobertos durante testes no escritório de

Madison do laboratório de criminalística. Pedi a ela para contar o número de relatos de contaminação entre 2004 e 2006. Havia cinquenta. Desses, ela tinha preenchido sete. Em um laboratório com dez a 12 analistas, era um número bem acima da média.

R: Isso depende da quantidade de casos em que um analista trabalha.

P: Isso é verdade. A senhora, todavia, teve sete casos em cinquenta, mais do que a média, se fizer a divisão igualmente, correto?

R: Mas nem todos esses analistas trabalham no mesmo número de casos.

Culhane já havia falado que passava cerca de 70% de seu tempo fazendo testes de DNA e o resto supervisionando e treinando outros técnicos, enquanto os outros analistas trabalhavam exclusivamente com DNA.

P: Não é verdade que nesse período de dois meses, dois anos a senhora tem um dos registros mais altos de contaminação do Laboratório de Criminalística de Wisconsin, Madison?

R: Eu não sei. Não contei todas as outras ocorrências das outras pessoas. Então, realmente não sei quantos registros cada analista tem.

P: Bom, reserve um momento e veja, se a senhora quiser.

R: O senhor quer que eu conte os registros para cada analista?

P: Quero que a senhora veja se há alguém com mais erros que a senhora nesse período de vinte, 24 meses. É possível?

Culhane parecia aflita. Gahn interrompeu com objeções quanto à relevância, talvez mais em nome dos princípios do cavalheirismo do que do direito, mas o juiz Willis deixou essa linha de questionamento continuar.

Culhane não se opôs ao fato de que tinha o maior registro de contaminação.

— Se o senhor os contou e se esses números estiverem corretos, então concordo com o senhor — respondeu ela, quase sem erguer os olhos.

Passamos a falar dos tipos de contaminação feitos por ela e por outros analistas. Uma vez, o DNA de um caso foi manuseado de forma incorreta e foi parar no material de outro caso. Em outra instância, uma amostra foi etiquetada incorretamente. Houve ocasiões em que, mesmo após análise cuidadosa, o laboratório foi incapaz de explicar como ou quando as amostras tinham sido contaminadas.

Depois falamos sobre Culhane ter contaminado provas de uma cena de crime com o DNA *dela*, que acabou enviado ao CODIS.

P: Mas isso não foi detectado até a senhora passar o seu perfil pelo CODIS como se fosse uma suspeita, certo?

R: Foi detectado quando passamos pelo sistema, sim.

P: Certo. E então a senhora teve que removê-lo de todo o sistema CODIS, do contrário a senhora ficaria cadastrada como suspeita?

R: Está correto.

Em outro incidente, o DNA de Culhane foi encontrado na amostra testada por outro analista, embora ela não tivesse trabalhado naquele caso.

P: A senhora acabou contaminando o teste de outra pessoa?

R: Está correto.

Isso nos levou à contaminação da amostra de controle durante o teste do fragmento de bala.

O mais complicado sobre a contaminação durante o teste de DNA é que ela geralmente fica óbvia apenas se o DNA aparecer onde não deveria haver DNA algum, como uma amostra de controle negativa que deveria estar totalmente livre de *qualquer* DNA humano. Porém, a contaminação em uma amostra de prova não é detectada tão facilmente. O DNA de um suspeito ou vítima poderia entrar em uma amostra de prova por meio de contaminação cruzada dentro de um laboratório do Instituto de Criminalística e jamais saberíamos. Culhane já admitiu a existência de casos assim em seu laboratório. O resultado seria relatado como se o DNA estivesse depositado na cena do crime em vez de acidentalmente na amostra de prova no laboratório. Esse é um grande motivo pelo qual os protocolos de teste *não* permitem que um analista expresse sua opinião sobre a inclusão de DNA caso haja registro de contaminação.

Se a contaminação for detectada, os protocolos de laboratório exigem que o teste seja refeito ou que os resultados sejam registrados como inconclusivos. Como havia uma quantidade tão mínima de DNA no fragmento da bala que precisou ser totalmente utilizada no teste inicial que foi contaminado, seria impossível repetir a análise.

A solução de Culhane? Fugir do protocolo e atestar a descoberta do perfil de Teresa Halbach na bala.

P: De todos esses testes que a senhora fez...

R: Certo.

P: Nenhum deles colocou Teresa Halbach na garagem do Sr. Avery.

R: Está correto.

P: Exceto por esta bala.

R: Está correto.

P: E esta é a única, certo?

R: Sim.

P: E a senhora não poderia testá-la novamente, então, precisaria alegar que o resultado foi inconclusivo ou desviar do seu protocolo.

R: Está correto.

Os protocolos do laboratório permitiam o desvio das regras sobre a interpretação de resultados em algumas situações, mas todo desvio precisava ser documentado, revisado por colegas e aprovado por dois níveis de supervisores. Não havia assinatura de supervisores no relatório de desvio feito por Culhane.

— Aparentemente, foi um equívoco — respondeu Culhane.

Na década anterior, desde que os testes de DNA começaram no Instituto de Criminalística estadual, Culhane testemunhou que nunca solicitou um desvio de protocolo.

— Nunca enfrentei esta situação antes — disse ela.

O interessante é que o relatório oficial de Culhane sobre os resultados do teste de DNA confirmava o perfil de Teresa Halbach no fragmento da bala, mas não revelava que para obter esse resultado ela precisou fazer algo inédito em sua carreira.

Foi assim que concluí minha inquirição:

P: Em momento algum deste relatório a senhora revela que para fazer esta descoberta foi preciso desviar-se do protocolo, não é isso?

R: Não revelei.

P: Quem lesse o relatório jamais saberia que, para afirmar a existência do DNA de Teresa Halbach, a senhora precisou fazer algo inédito em sua carreira de analista do Instituto de Criminalística, certo?

R: Sem pesquisar, não.

P: Então, se um advogado de defesa ou juiz não examinasse toda a imensa quantidade de documentos e descobrisse este relatório de uma página [sobre o desvio de protocolo], ninguém jamais saberia que a senhora precisou fazer algo inédito para tomar essa decisão sobre o caso?

R: O desvio que solicitei era apropriado para a situação. E os resultados estão corretos, por isso o desvio foi solicitado. Todos os meus dados confirmam o desvio, ele foi aprovado...

P: Mas...

R: E foi documentado no relatório.

P: A senhora não revelou naquele relatório oficial utilizado por juízes, júris, fóruns e advogados, e no qual todos se baseiam, que para tomar essa decisão a senhora precisou fazer algo tão raro que nunca tinha feito antes, não é?

R: Não, eu não revelei.

P: E a senhora não incluiu essa informação, pois não poderia satisfazer o pedido do Sr. Fassbender para colocar Teresa Halbach na garagem de Steven Avery se a incluísse, certo?

R: Isso não está correto.

P: Vamos encerrar assim. Além daquela bala, de todos os outros exames feitos pela senhora, nenhum coloca Teresa Halbach na garagem, na casa ou em qualquer um dos veículos dele, certo?

R: Está correto.

P: Muito obrigado.

O depoimento de Culhane se mostrou muito mais útil para nós do que parecia na sexta-feira anterior. Ela nos ajudou a provar ao júri a falta de *qualquer* corroboração física para a confissão de Brendan Dassey instigada pelas autoridades policiais. Mesmo sem ter sido utilizada no julgamento, nós sabíamos que ela sempre estava na mente dos jurados. Esperávamos que Culhane tivesse nos ajudado a desacreditar aquele mito. E ela minimizou substancialmente a importância da única prova que *realmente* parecia incriminatória: a "bala mágica" que só foi descoberta na garagem de Steven Avery quatro meses depois das buscas feitas em novembro, que levaram a semana inteira, e durante as quais nenhum fragmento de bala foi encontrado. Mesmo se aquela bala não tiver sido plantada na garagem depois para incriminar Steven Avery, conforme suspeitávamos que havia sido feito com a chave do carro, o resultado do teste de DNA agora parecia dúbio devido à contaminação e ao desvio de protocolo sem precedentes feito por Culhane quando ela tomou a decisão de afirmar que o DNA de Teresa Halbach estava presente na bala.

A perspectiva era de melhora.

28

Lá pela quarta semana indo para Chilton, enquanto eu e Dean dirigíamos de volta para nossos apartamentos à noite, comecei a pensar em voz alta sobre o julgamento:

— Vamos ver... Tivemos 18 dias de depoimentos.

Dean comentou:

— Pelo menos em 15 ou 16 desses dias fomos capazes de apresentar repetidamente um tema da defesa. Isso é excelente, mas tudo ainda se resume à chave no quarto dele na sétima busca. E os ossos do lado de fora do quarto dele quando há uma caldeira de fundição em pleno funcionamento que seria muito melhor para queimar um corpo. Ainda há o sangue no RAV4... O sangue dele.

Nós tínhamos esquecido que a câmera do documentário estava filmando, mas não discutíamos material privilegiado. Estávamos apenas falando abertamente sobre o que nos esperava no fórum.

Dean continuou:

— E uma bala contaminada na garagem. Mas, até lá, ao descrever isso você já está fornecendo parte da explicação que precisamos fornecer. E deixe-me colocar desta forma: se os ossos de alguém fossem encontrados a seis metros da janela do meu quarto, no meu quintal, eu ficaria preocupado.

Os ossos. De certo modo, eles eram a prova mais importante do caso, mais para a defesa do que para a acusação, até. É um assunto terrível, mas não pode ser evitado no contexto desse caso.

O corpo de Teresa Halbach foi carbonizado e apenas cerca de 40% dos restos mortais foram identificados, quantidade suficiente para encher uma garrafa de um litro e que foi recuperada em dois locais. Além disso, foi encontrado em um terceiro local algo que parecia ser ossos femininos carbonizados. A forma pela qual eles foram distribuídos era crucial para a defesa, e, para nossa surpresa, nenhuma fotografia foi tirada nos três locais onde os restos carbonizados tinham sido descobertos.

A primeira e maior fonte dos restos carbonizados foi um poço atrás do trailer de Steven Avery, usado para queimar lixo. A segunda era um barril a uns 140 metros dali, perto da casa de Dassey. E a terceira ficava a cerca de 400 metros de distância, em uma pedreira do vizinho de Avery, Joshua Radandt, onde os últimos fragmentos de ossos carbonizados foram recuperados. Embora esses ossos nunca tenham sido identificados como humanos, o antropólogo perito do estado acreditava que eles podiam ser de uma pelve feminina e teriam sido queimados no mesmo grau dos outros restos carbonizados e identificados como de Teresa Halbach. Mesmo no condado de Manitowoc, parecia improvável que tivesse havido outro corpo feminino queimado de forma similar, então, eles, provavelmente, eram de Teresa.

Se o corpo de Teresa Halbach tinha sido queimado em outro lugar e os restos haviam sido movidos para o poço de Steven Avery, então, ele não era culpado. *Ninguém* queimaria um corpo em outro lugar e colocaria os restos no próprio quintal. Assim, definir onde o corpo foi originalmente queimado era uma questão crucial. Não era óbvio de forma alguma, muito pelo contrário. Em nossa busca por uma resposta, batemos de frente com um dos piores aspectos da investigação, motivo de embraço silencioso por parte da acusação. Seja por escolha deliberada, certeza injustificada, imprudência, incompetência ou indiferença, nenhum dos procedimentos científicos aceitos para coletar restos carbonizados foi seguido. E, mais uma vez, os policiais da delegacia do condado de Manitowoc estavam no centro da ação.

Na segunda-feira, 7 de novembro de 2005, uma semana após Teresa Halbach ter sido vista pela última vez, um grupo de nove policiais da delegacia do condado de Manitowoc apareceu no ferro-velho de Avery como se ali fosse o lugar deles, como se o departamento de polícia *não* tivesse prometido publicamente que eles não teriam papel na investigação e como se um forte contingente de autoridades policiais de outras agências, especialmente da delegacia do condado de Calumet, já não estivesse no local.

Um dos policiais de Manitowoc vasculhou um barril perto do trailer de Avery. Esses barris, geralmente de 200 litros, são muito usados na zona rural de Wisconsin para descartar e queimar lixo. O policial disse ter encontrado pedaços de um telefone celular derretido e, possivelmente, uma câmera. Poderiam ser de Teresa Halbach? Steven Avery também tinha um poço para queimar lixo perto da janela do quarto dele, mas os policiais nem passaram perto de lá. Depois, eles alegariam que um pastor alemão amarrado perto do local estava latindo e os desestimulou. No dia seguinte, uma dúzia de policiais de Manitowoc foi ao local. Um deles, o sargento Jason Jost, relatou ter visto um fragmento de osso que parecia um pedaço de coluna vertebral perto do poço usado por Steven Avery para queimar lixo. Havia outro fragmento cinza ali perto. No período de 24 horas, a delegacia do condado de Manitowoc tinha achado possíveis pertences de Teresa Halbach e talvez tivesse encontrado os ossos dela.

A cena do crime foi tratada de modo absurdamente displicente. Ninguém fez fotos ou gravou em vídeo o conteúdo do poço usado para queimar lixo. O sargento Jost não fez um relatório sobre as circunstâncias de sua descoberta. A antropóloga forense do estado, Dra. Leslie Eisenberg, treinada especificamente em coleta e análise de restos humanos carbonizados para casos criminais, só foi convocada quando a cena já estava irreversivelmente alterada, levando à perda de provas cruciais. Nem mesmo o Instituto de Criminalística foi chamado até ser tarde demais para documentar a cena adequadamente. Thomas Sturdivant, agente especial da Divisão de Investigação Criminal de Wisconsin, supervisionou a coleta dos restos carbonizados.

— Observei o que parecia ser outros fragmentos de osso dentro do poço usado para queimar lixo e também ao redor dele. Peguei um galho, movi algumas folhas e pude ver os outros fragmentos de osso ali dentro, no meio dos restos carbonizados. Notei o que eu acreditava serem fragmentos de ossos — depôs ele.

Àquela altura, saber a posição desses fragmentos de ossos seria fundamental. Ao examinar os restos carbonizados exatamente como foram descobertos, antropólogos poderiam ter analisado o alinhamento deles. O corpo foi queimado naquele local? Então os restos, mesmo carbonizados, secos e esfarelados devem ter mantido vestígios da forma do esqueleto. Contudo, em vez da análise, os resíduos foram jogados em uma peneira.

Quando John Ertl, cientista forense do Instituto de Criminalística e integrante da equipe de resposta de campo chegou à propriedade de Avery, decidiu que não havia motivo para tirar fotografias.

"Àquela altura, a cena do crime tinha sido obviamente alterada. Se estivéssemos trabalhando nesses locais do início ao fim, provavelmente haveria um minucioso registro fotográfico feito por nós", explicou Ertl em um e--mail lido no julgamento.

Após os restos carbonizados terem sido passados por uma peneira e sacudidos, testemunhas disseram que os pedaços suficientemente grandes para gerar interesse foram misturados e armazenados em uma grande caixa.

O agente Sturdivant disse em seu depoimento ter passado rapidamente pelo processo de coleta devido à incerteza sobre o status da jovem desaparecida.

— Àquela altura, francamente, não sabíamos se Teresa Halbach estava viva ou morta. Então eu tomei a decisão de que precisávamos tirar aqueles ossos do laboratório de criminalística para determinar se eram humanos e se pertenciam a Teresa Halbach.

Esse raciocínio não fazia sentido para destruir tão profundamente a cena do crime. Vários policiais estavam disponíveis, e especialistas como a antropóloga deveriam recuperar os fragmentos de ossos. Ao ser perguntado sobre o registro das condições do local, Sturdivant não pediu desculpas:

— Não tirei foto alguma. Assumo a responsabilidade por isso e aceito as críticas que virão. Não tirei — testemunhou ele.

Naquela noite, Debra Kakatsch, legista do condado de Manitowoc responsável pela investigação da causa da morte e de como ela ocorreu, estava assistindo ao noticiário de TV quando viu uma reportagem sobre os supostos ossos humanos que teriam sido encontrados no ferro-velho de Avery. Ela e seus colegas de trabalho começaram a telefonar uns para os outros e discutir as providências a serem tomadas. Eles convocaram especialistas como patologistas e antropólogos forenses. Em seguida, ela entrou em contato com as autoridades policiais para perguntar o motivo de não ter sido convocada e dizer que planejava ir até lá no dia seguinte. Porém, após várias conversas com Mark Wiegert, ela foi dissuadida e acabou recebendo a notícia de que seus serviços não eram necessários. Essa mensagem foi reforçada pelo poder Executivo do condado de Manitowoc e pelo advogado do condado, que telefonou informando que Kakatsch precisava se afastar. Devido ao processo civil de Steven Avery pela prisão injusta e condenação errônea, os funcionários do condado tinham um conflito de interesses na investigação.

Finalmente a delegacia do condado de Manitowoc impediu a presença de alguém na cena do crime: uma pessoa que não tinha *absolutamente nada* a ver com o processo movido por Avery. Enquanto isso, as pessoas no coração daquele processo vasculhavam o terreno, o trailer e a garagem de Steven Avery diariamente, por mais de uma semana. A hipocrisia de tudo isso era impressionante.

A legista Kakatsch foi excluída por algum motivo? Tentamos ouvi-la no fórum, mas o juiz Willis decidiu que o depoimento dela não seria relevante para a questão da culpa ou inocência de Steven Avery.

Como resultado dessas manobras, quer tenham sido deliberadamente calculadas ou resultado de simples inépcia, nenhuma pessoa competente para determinar como e onde os restos foram queimados estava envolvida no processo de removê-los dos três locais. A Dra. Eisenberg encontrou uma caixa desses restos em sua mesa naquela mesma semana quando voltou de uma conferência.

— Infelizmente, eu sabia pouco ou nada sobre o procedimento de recuperação — testemunhou ela.

Para mostrar o quanto isso foi importante e desfavorável, consultamos o maior especialista que conseguimos encontrar: Dr. Scott Fairgrieve, antropólogo forense do Canadá, autoridade internacional em lesões térmicas feitas em corpos humanos e autor do livro seminal sobre a recuperação de restos carbonizados em cenas de crime, *Forensic Cremation Recovery and Analysis* [Recuperação e análise forense de resíduos cremados, em tradução livre].

— Um dos fatos que o contexto pode esclarecer, caso a análise seja bem-feita, é onde o corpo foi queimado. Ele foi movido? O local era este ou não? — explicou o Dr. Fairgrieve em seu depoimento.

Segundo ele, descobrir tudo isso exige um cuidadoso mapeamento do terreno onde os restos foram encontrados e um processo minucioso de escavação. Ferramentas de madeira são as melhores para isso, pois têm aproximadamente a mesma densidade do osso, mesmo que ele esteja cremado, tendo menor probabilidade de danificar as provas frágeis.

— Se você olhar um osso cremado e pegá-lo, vai sair com dez — disse ele no depoimento.

Se forem deixados intactos, porém, até ossos cremados e esfarelando podem revelar o que houve durante a queima.

— É similar a pegar um pedaço de vidro, colocar no chão e pisar nele. Você consegue identificar o formato do vidro e o tamanho do pedaço, mas também vê as rachaduras. Então, se você mover esse pedaço, não vai conseguir mais ver o contorno da forma original — explicou ele.

Segundo o Dr. Fairgrieve, era impossível definir onde o corpo tinha sido realmente queimado: no poço de Steven Avery, no barril atrás da casa de Dassey, na pedreira ou em outro lugar? Mas, e o volume dos resíduos carbonizados encontrados em cada local? Não era o fator mais importante na determinação do local da queima? A maioria deles foi encontrada no poço usado para queimar lixo perto da casa de Steven Avery, e segundo a Dra. Eisenberg, a quantidade de resíduos carbonizados e a presença de determinados ossos sugeria que o poço era o local principal da cremação.

— Não necessariamente — alegou o Dr. Fairgrieve.

Ele participou de casos onde restos queimados tinham sido encontrados em dois locais e os investigadores haviam conseguido determinar com certeza onde tinha sido o local principal de queima. Nesses casos, a maioria dos restos carbonizados acabou no lugar para onde foram movidos. Ele também disse ter encontrado ossos muito pequenos, como os ossos de um milímetro do ouvido interno, no local secundário onde a maioria dos restos cremados foi descoberta. Então, se nos guiarmos pelo histórico de casos, o quintal de Steven Avery *não* foi onde Teresa Halbach foi queimada. Alguém se deu ao trabalho de levar as cinzas e ossos para o poço onde Avery queimava lixo.

Então, quando isso aconteceu? A maioria dos integrantes da família Avery estava fora de casa desde a quinta-feira da semana em que Teresa Halbach desapareceu. Steven tinha saído na sexta-feira, um dia antes do RAV4 ter sido descoberto. Consequentemente, o ferro-velho estava isolado pelas autoridades policiais.

O estado notou que peças de roupa de Teresa Halbach, como um zíper e enfeites de metal do jeans marca Daisy Fuentes que ela usava, foram descobertos no poço de Steven Avery. Segundo a acusação, isso provava que ela havia sido queimada no local. Mas nem todos os enfeites metálicos daquela calça jeans foram descobertos lá, incluindo o maior objeto de metal, o botão superior da calça, que fica na cintura, apesar de uma cuidadosa peneiragem e busca com ímãs.

O frustrante é que a pergunta sobre o local onde corpo de Teresa foi queimado permanece sem resposta. Para mim e Dean parecia que ninguém podia ir além da dúvida razoável ao dizer que teria sido no poço de Steven Avery. O estado nunca deu qualquer explicação ao júri, seja por meio de depoimentos ou argumentos finais, do motivo pelo qual alguns dos ossos tinham sido encontrados no barril usado para queimar lixo e outros resíduos queimados suspeitos estavam naquela pedreira a 400 metros de distância. Para nós, era muito mais provável que o corpo tivesse sido queimado em outro lugar e, em seguida, para incriminar Avery, os restos queimados tenham sido colocados no barril e jogados no poço usado por ele para queimar lixo. Nesse processo, alguns ficaram presos na sujeira do fundo do barril.

Outra questão sobre o Dr. Fairgrieve: quando ele testemunhou no julgamento de Steven Avery, era o especialista consultor do legista-chefe em Ontário, Canadá, havia pelo menos 15 anos. Em várias ocasiões, ele foi convocado como perito, mas sempre pela Coroa, isto é, pela promotoria canadense.

Esta foi a primeira vez que ele depôs para a defesa.

29

Em um final de tarde de uma sexta-feira, mais para o fim do julgamento, Norm Gahn me entregou uma pilha de papéis de 20 centímetros de espessura. Trabalhando com rapidez, o laboratório do FBI em Quantico, Virgínia, tinha inventado um novo protocolo de testes para detectar o EDTA e concluiu que as três manchas de sangue por eles testadas, coletadas do carro de Teresa, não continham o conservante.

Isso significava que na opinião do FBI as manchas procediam de Steven Avery sangrando no carro e não tinham sido plantadas usando o frasco da secretaria do fórum do condado de Manitowoc, que continha o sangue dele e o conservante. Além disso, o FBI enviou um de seus principais químicos a Wisconsin para testemunhar que, na opinião científica dele, mesmo testando apenas três das seis manchas, as manchas não testadas também não continham o conservante. Considerando tudo isso, foi tanto um trabalho incrivelmente ágil por parte do laboratório do FBI quanto um clássico uso inadequado de procedimentos científicos para embasar uma acusação. O estado estava desesperado para provar que as manchas no carro não tinham sido plantadas.

Na realidade, no início do ano, os funcionários do FBI haviam dito aos promotores que não realizavam normalmente esse tipo de teste e seria preciso fazer enorme recalibração de seus equipamentos só para tentar realizá-lo. Mesmo assim, o teste poderia levar de três a quatro meses para ficar pronto. Considerando essa previsão, os promotores pediram ao juiz Willis para adiar o início do julgamento ou excluir totalmente provas relacionadas à disponibilidade do frasco de sangue na secretaria do fórum do condado de Manitowoc. Quando o juiz decidiu não fazer nada disso, promotores federais intervieram em nome dos colegas do estado. Eles "ofereceram seus serviços, digamos assim, a influência ou algo do tipo, para apressar o teste", disse Gahn ao juiz.

Graças a esse estímulo, o laboratório do FBI conseguiu os resultados faltando poucos dias para o fim do julgamento. O relatório com os resultados era um resumo muito breve, conclusivo e equivocado em pontos cruciais. (A maior parte da pilha de 20 centímetros de espessura continha impressões de gráficos feitos em computador do cromatógrafo a gás/espectrômetro de massa do laboratório.) Argumentamos ao juiz Willis que esse relatório não deveria ser apresentado ao júri até termos a oportunidade de contratar nossos especialistas, e que a análise não era confiável. O juiz prometeu realizar uma audiência na segunda-feira sobre essa prova e nos deu o fim de semana para nos prepararmos (quer dizer, deu a mim, visto que fiquei responsável pelos depoimentos envolvendo a parte de ciência do FBI).

Meus pais podem ser graduados em química, mas odeio o assunto. Aquele fim de semana foi o ponto mais baixo do julgamento para mim. A primeira atitude que eu precisava tomar era conseguir uma cópia da pilha de papeis de 20 centímetros de espessura e mandar a um especialista que poderia me ajudar a interpretar os documentos, especialmente o que eles não diziam. Com a ajuda de Kathy, localizei o Dr. Fredereic Whitehurst, ex-agente especial e supervisor do laboratório forense do FBI que, havia alguns anos, tinha ido a público para mostrar preocupação em relação a inadequação do laboratório. O Dr. Whitehurst tinha trabalhado lá de 1986 a 1998 e estava intimamente familiarizado com as práticas e a cultura do laboratório, que escondia a maior parte de seus erros do público. A revelação pública feita por ele dos problemas na seção de explosivos do laboratório o obrigou a se defender de uma aparente retaliação do FBI, embora as revelações tenham acabado levando a reformas.

O Dr. Whitehurst concordou em revisar os documentos sobre o teste de EDTA no fim de semana, então, corri até uma copiadora no fim do dia e levei pessoalmente uma cópia ao escritório da UPS no aeroporto de Appleton para ser enviado à casa dele, na Carolina do Norte. Cumpri o prazo das 19h para o último envio do dia por menos de cinco minutos. Ele me ligou no domingo, com suas ideias, mas infelizmente não estaria disponível para testemunhar pela defesa naquela semana, nos últimos dias do julgamento. Ele se mostrou disposto a enviar sua cópia diretamente a Janine Arvizu, colega do Novo México que dava consultoria sobre auditoria em laboratórios, mas antes eu precisava descobrir se ela estava disponível para testemunhar. Entrei em contato com ela em casa no domingo à noite, e Arvizu concordou em reservar a quinta-feira para ir a Wisconsin caso encontrasse algo útil nos documentos recebidos.

No dia seguinte, segunda-feira, o fórum retomou os trabalhos, mas o júri tinha recebido ordens de ficar em casa. O dia inteiro seria dedicado a uma audiência sobre a admissibilidade do relatório do FBI sobre o EDTA, com testemunho de Marc LeBeau, chefe da unidade de química do laboratório. Na época, Wisconsin era o único estado a não usar os padrões rígidos definidos pela Suprema Corte dos Estados Unidos para decidir se as chamadas provas forenses podiam ser apresentadas aos júris. Quase todos os estados do país barravam testemunhos que não estivessem de acordo com as práticas científicas definidas pelo fórum. O estado de Wisconsin, por outro lado, essencialmente, aceitava qualquer prova relevante vinda de peritos judiciais e assistentes técnicos e deixava a critério do júri decidir o valor dela. Mesmo que eu conseguisse expor furos e falhas tanto na opinião de LeBeau quanto no recém-criado protocolo de teste do FBI, o juiz Willis negou nossa petição para excluir o testemunho de LeBeau e decidiu que ele poderia ser apresentado totalmente ao júri. (A lei de Wisconsin mudou alguns anos depois e o teste do FBI talvez não fosse admissível segundo as exigências atuais.)

Na frente do júri no dia seguinte, LeBeau estava seguro de si e foi convincente enquanto era inquirido pela acusação, além de argumentativo, chegando até a discutir durante a minha inquirição. Segundo ele, o equipamento usado pelo FBI poderia encontrar até quantidades mínimas de EDTA, mas a capacidade dele foi testada apenas com amostras de laboratório contendo quantidades puras e conhecidas de EDTA, e que foram alimentadas no dispositivo, em vez de manchas de sangue retiradas do painel de um carro com um cotonete especial e diluídas em uma solução antes de serem analisadas pela máquina. Tudo isso após passar um período desconhecido de tempo no carro, expostas ao clima de Wisconsin no fim de outubro e início de novembro. Alguns anos antes, LeBeau havia se envolvido em outro caso que se baseava em um novo processo de teste, desenvolvido por ele às pressas após saber que o procurador-geral dos EUA desejava pessoalmente a criação desse teste. Daquela vez, LeBeau encontrou um produto químico no tecido embalsamado de uma mulher e, segundo ele, isso indicava que ela havia recebido um veneno. Depois, a condenação foi revertida, pois o produto químico também era encontrado nos lenços de pessoas que, definitivamente, não tinham recebido veneno algum.

Mesmo tendo conseguido neutralizar boa parte do testemunho do técnico do FBI, parecia claro para mim e para Dean que tinha sido uma tentativa de esvaziar a defesa. Porém, nós garantimos um resultado importante a longo prazo. Após o juiz ter aceitado a prova do FBI, pedimos a conservação indefinida de todas as provas envolvendo sangue que restavam, além das amostras utilizadas pelo laboratório do FBI. Nossa posição era que o estado atual do teste para detectar o EDTA não era confiável. Um dia ele talvez seja.

— Gostaria de ter a habilidade de fazer esse teste quando ele ficar razoavelmente disponível para o Sr. Avery, em termos de ciência e de finanças, independentemente de quando isso possa acontecer. Isso não vai acontecer durante o julgamento, então, estou pensando no futuro — disse Dean.

A acusação consentiu. Agora, dez anos depois, a ciência realmente avançou, e essa prova pode ajudar a reverter a condenação de Avery.

Quando LeBeau testemunhou no caso Avery, a auditora de laboratório independente Janine Arvizu tinha revisado o relatório do FBI. Naquela mesma semana, ela foi a Wisconsin e testemunhou que os procedimentos do FBI eram incapazes de determinar se o conservante definitivamente *não* estava presente, indicando apenas que o EDTA não tinha sido *detectado* por meio do protocolo deles.

Perguntei o que ela pensava sobre a opinião de LeBeau de que, ao testar três amostras, conseguia determinar com certeza se as outras amostras do carro tinham ou não o conservante.

A resposta sensata pareceu verdadeira para muita gente que assistiu *Making a Murderer*.

— Trabalho com química analítica e não fazemos adivinhação sobre o que pode estar nas amostras. Temos instrumentos para testá-las, e é assim que determinamos os resultados — explicou ela.

— Não há como um químico analítico saber o que está em uma amostra sem testá-la.

Parte VII

PRESO EM UMA CHUVA DE QUINHENTOS ANOS

30

Kathy tirou Stephen e Grace da escola mais cedo naquele dia e os três fizeram uma viagem de carro de duas horas pelo norte até Chilton para ouvir os argumentos finais. Quando eles chegaram, não havia mais cadeiras no fórum, então Kathy os levou até o porão onde a imprensa assistia à transmissão ao vivo. Uma das repórteres deixou Grace ficar bem na frente do monitor dela. Ver o emaranhado de tecnologia e como os repórteres trabalhavam provavelmente foi mais empolgante para eles do que ficar sentados quietinhos no fórum.

O costume é que a acusação fale primeiro, depois vem a defesa e em seguida a acusação tem oportunidade para refutar. Isso significa que o estado fala por último. A lógica é que o estado tenha o ônus exclusivo da prova. Ken Kratz organizou as provas da acusação de modo suficientemente eficaz, porém falou por um tempo dolorosamente longo sobre o significado das estatísticas de DNA. Como nunca contestamos que os resultados de DNA foram precisos ao identificar a fonte de várias manchas, isso foi um exercício basicamente inútil, em minha opinião.

Eu e Dean dividimos os argumentos finais da defesa, cada um de nós assumindo as testemunhas e provas com as quais tínhamos trabalhado ao longo do julgamento. Eu comecei. Um ponto principal que precisávamos esclarecer era que *não* estávamos acusando a polícia de matar Teresa Halbach, e sim de plantar provas que faziam Steven Avery parecer culpado. Tanto Dean quanto eu falamos disso. Esta foi a minha mensagem:

— Nós não alegamos e jamais alegaremos que a polícia matou Teresa Halbach. Eles têm isso em comum com Steven Avery. Contudo, a pessoa ou pessoas que mataram Teresa sabiam exatamente quem a polícia gostaria de culpar por esse crime.

Completei dizendo que isso alimentava diretamente o viés que os policiais de Manitowoc tinham contra Steven Avery nessa investigação devido ao processo aberto por ele contra o condado.

No meu inconsciente, ao longo dos argumentos finais, estava um incidente que tinha ocorrido longe do fórum, no fim de semana após eu ter inquirido Sherry Culhane sobre o manuseio inadequado das amostras de DNA no Instituto de Criminalística de Wisconsin. Kathy havia organizado uma festa para as famílias dos colegas dos times de basquete de Grace e Stephen em nossa casa, e todos tinham perguntas sobre o que assistiam na TV. Uma das mães, contudo, fez um comentário marcante. Ela trabalhava em um laboratório e foi bem direta ao dizer como se sentia sobre aquela inquirição:

— Você foi muito duro com aquela pobre técnica — disse ela.

Fiquei surpreso. Era um bom lembrete que duvidar da confiabilidade de uma testemunha não é um processo clínico. Para mim, aquela tinha sido uma inquirição muito bem-sucedida em termos técnicos. Em termos humanos, no entanto, aquela mulher do meu bairro sentiu empatia por Sherry Culhane. Guardei aquela admoestação como um lembrete poderoso de não deitar sobre meus próprios louros, e isso moldou um segmento dos meus argumentos finais:

> — Vocês sabem, uma das coisas estranhas sobre levar um caso com esse tipo de divulgação a julgamento, no qual as pessoas podem assistir a tudo em casa ou em qualquer lugar, é receber feedback em relação ao seu trabalho. Nem sempre ele é positivo. E algumas pessoas disseram que talvez eu tenha sido um pouco duro com Sherry Culhane. E se você acha isso, eu peço desculpas se ofendi alguém durante a inquirição dela, mas peço a você para não usar isso contra o Sr. Avery, pois esse é o meu trabalho. Como advogado, preciso destacar se alguém sai muito da linha, vocês precisam entender.

Uma das decisões pré-julgamento mais difíceis do juiz Willis contra a defesa foi que eu e Dean não poderíamos trazer provas da responsabilidade de terceiros. Isto é, não podíamos tentar provar que outra pessoa tenha matado Teresa Halbach ou, pelo menos, que essa era uma alternativa plausível a Steven Avery, que merecia consideração. Contudo, isso não nos impedia de alegar nos argumentos finais que outras pessoas estavam no entorno da propriedade de Avery naquele dia ou que outras pessoas tinham questões de natureza pessoal ou profissional com Teresa Halbach e, portanto, poderiam ter sido investigadas tão profundamente quanto Steven Avery pelas autoridades. O fato de a investigação policial ter sido tendenciosa e ignorado outros suspeitos era válido como argumento.

Um perito da Cingular Wireless depôs durante o julgamento sobre provas indicando que alguém teria apagado mensagens do correio de voz de Teresa Halbach antes de o desaparecimento dela ser reportado. Nenhum esforço investigativo foi feito para explicar quem teria feito isso ou se esse fato poderia ser uma pista para o verdadeiro assassino. Ao chamar a atenção para esse tema em nossos argumentos finais, eu e Dean não acusamos ninguém especificamente, apenas ilustramos como várias pessoas tinham sido deixadas de lado na pressa de atribuir o crime a Steven Avery. Duas dessas pessoas eram Bobby Dassey, o irmão mais velho de Brendan, e o amigo Scott Tadych, que forneceram álibis um para o outro.

— Então, quando o estado lhes diz que Bobby Dassey é uma testemunha crível e foi a última pessoa a ver Teresa Halbach com vida, talvez ele esteja certo, caso ele seja o assassino. Ou Scott Tadych, o único álibi dele — expliquei.

Kratz veio com uma objeção, mas o juiz Willis disse que ele o ouviria depois que eu terminasse de falar. Também aludi (sem mencionar especificamente) às várias entrevistas coletivas feitas por Kratz sobre Brendan — publicidade pré-julgamento que não deveria ser considerada pelos jurados como prova.

Quando terminei, o júri foi retirado do fórum e fizemos uma pausa. Kratz estava como raramente vimos. Ele me acusou de violar intencionalmente a ordem judicial e exigiu que o juiz Willis me advertisse na frente do júri, dizendo a eles que eu havia descumprido uma das decisões. Para mim, nos argumentos finais um advogado deve unir as provas e mostrar como elas ficam de pé ou caem, e abordar as dúvidas pendentes que o júri inevitavelmente terá.

— Bom, meritíssimo, eu creio ter deixado claro que se o Sr. Avery se declara inocente, isso significa que ele não é o assassino, logo, alguém precisa ser. Eu apenas tentava indicar todos os outros caminhos que a polícia poderia ter analisado, e não o fez.

O juiz Willis consultou sua decisão de 14 páginas e constatou que eu não tinha tentado apresentar provas, apenas apresentei argumentos. A ordem dele não proibia isso. Kratz ficou irritado e também fez objeção ao fato de eu ter aludido à publicidade pré-julgamento, da qual, obviamente, ele era o maestro.

— Portanto, destacar algo que eles podem ter ouvido no noticiário ou algo anterior é totalmente impróprio e estou sugerindo que o Sr. Buting sabe disso — atacou ele, espumando.

— Discordo. Este júri foi exposto a informações falsas e enganosas durante 14 meses e só ouviu o outro lado quando entrou neste fórum.

Garanti ao juiz que meus comentários não entraram diretamente no conteúdo da publicidade, destacando a necessidade de os jurados decidirem o caso apenas com base nas provas apresentadas no fórum.

— Tudo bem. Algo mais, Sr. Kratz? — encerrou o juiz Willis.

— Não sei como destocar este sino, juiz — alegou Kratz.

— Bom, eu também gostaria de poder destocar este sino — respondi, aludindo à entrevista coletiva de Kratz.

No resumo, Dean comentou o quanto o fórum é um instrumento pobre para apresentar um "desfecho" às pessoas que sofrem, demonstrando empatia pela família Halbach e a perda de Teresa aos 25 anos. Mas, segundo ele, um julgamento pode ser uma abertura para um desfecho que pode acontecer na igreja, na comunidade, no lar.

Ele também falou sobre as perdas de Steven Avery:

— O caso de 1985 não vai importar tanto se a justiça for feita agora. Será que isso algum dia vai desaparecer? Não, mas a injustiça que foi feita a Steven na época vai perder importância, porque há algo redentor em seres humanos que voltam, tentam novamente e acertam em algum momento.

Precisávamos conquistar todos os 12 jurados para obter a libertação de Steven Avery, e temíamos que alguns deles talvez não acreditassem que Lenk e Colborn tinham agido maliciosamente para incriminá-lo. Precisávamos dar aos jurados uma forma de concluir que as provas haviam sido plantadas de modo a culpar Avery sem exigir que eles também acreditassem no fato de policiais terem deliberadamente tentado incriminar um inocente.

— E o que os senhores precisam entender criticamente é que, se e quando autoridades policiais plantam provas, elas não o fazem para incriminar um inocente. Elas o fazem por acreditar que alguém é culpado. Elas o fazem para garantir a condenação de uma pessoa que consideram culpada. É por isso que se plantam provas.

O fato de o processo civil de Steven Avery gerar uma reação desse porte não é por expor os maus policiais, e sim por atingir os bons, explicou ele.

— Ele fundamentalmente corrói a noção de identidade. "Nós pegamos os bandidos, não pegamos os mocinhos." E foi isso que eles entenderam errado, em que as autoridades policiais erraram. Não só eles erraram, como o agressor ainda está solto para cometer outro estupro.

Nos minutos finais, Kratz passou menos tempo rebatendo os argumentos sobre as provas, dedicando-se a colocar palavras em nossa boca que eram o oposto do que tínhamos falado. Ele insistiu que para nossa defesa ser verdadeira os policiais precisariam ser os assassinos. E alegou que eu tinha maculado a vítima ao alegar que não encontraram ninguém capaz de dizer onde ou com quem Teresa Halbach esteve em boa parte do fim de semana antes de sua morte. Meu objetivo, claro, era lembrar que esse foi outro ângulo de investigação ao qual a polícia simplesmente não tinha dado atenção suficiente, mas Kratz distorceu minhas palavras a ponto de deixar meu pensamento original irreconhecível.

— E quando o senhor sugere que a vítima tem alguma responsabilidade ou algo a ver com o próprio fim, precisa ser responsabilizado por isso. Precisa ser advertido. E, novamente, como promotor, expresso minha indignação em relação a isso.

A "indignação" expressava que "tudo neste caso apontava para uma pessoa, para um réu", disse ele aos jurados.

Dali a poucas semanas, no julgamento de Brendan Dassey, Kratz diria que tudo naquele caso não apontava para uma pessoa, e sim para duas.

31

O fim de qualquer julgamento, quando o júri recebe as instruções finais e os oficiais de justiça os retiram do fórum para começar as deliberações, gera emoções conflitantes.

Por um lado, o trabalho do advogado basicamente terminou, pois não há mais testemunhas para apresentar ou inquirir. Os argumentos finais foram apresentados e, agora, a decisão está nas mãos do júri. Isso gera uma sensação parcial de alívio. A marcha que havia começado há vários meses e tinha tomado quase todo o meu tempo estava perto do fim.

Por outro lado, esperar o veredito é um dos períodos mais exaustivos do julgamento. O alívio do fim pode se desfazer com a ansiedade que leva ao questionamento se poderíamos ter feito algo melhor: um argumento que poderia ter sido reforçado no encerramento, uma testemunha que não deveria ter sido chamada pela defesa ou uma que deveria ter sido chamada, mas não foi. Em quase todo julgamento, isso inclui os próprios réus, porque não se exige o testemunho dos réus, e isso raramente acontece. Muitas vezes o testemunho deles dá errado, não importa o quanto os advogados os preparem para a inquirição do estado. Réus não são testemunhas profissionais. Testemunhas para a acusação, como Sherry Culhane, e autoridades policiais, já depuseram várias vezes e têm prática. Por exemplo, eles se voltam para o júri ao responder a quase todas as perguntas. A maioria dos réus nunca depôs em um fórum. Porém, quando o réu exerce o direito de não testemunhar, faz o júri avaliar se o estado cumpriu o ônus da prova em vez de comparar o desempenho ensaiado das testemunhas do estado ao de um réu. Apesar da orientação do juiz de que o réu não é obrigado a testemunhar, e de fato ele tem o direito constitucional absoluto de não fazê-lo, o júri pode sentir que o réu está escondendo algo ao não testemunhar? Todos esses pensamentos ficam remoendo na cabeça durante as deliberações. Soma-se a isso o nervosismo do cliente, bem como da família e dos amigos dele, e você tem um momento de verdadeira ansiedade.

Eu e Dean ficávamos em uma pequena sala sem janelas bem abaixo do fórum, onde guardávamos alguns dos nossos arquivos em vez de levá-los e trazê-los para o fórum diariamente. Era um refúgio sem alma, mas onde passávamos o tempo enquanto esperávamos o veredito, tentando colocar os e-mails em dia. Quando ficava claustrofóbico demais, andávamos pelos saguões e conversávamos com os repórteres que cobriam o caso há semanas.

Quanto mais as deliberações demoravam, maior era o estresse nos dois lados. Eu costumo especular se uma longa deliberação é boa ou má para a defesa, e a resposta varia de um caso para outro. Em alguns casos, tive a intuição de que, se não houver um veredito rápido, é bom sinal para a defesa. Talvez eles estejam nutrindo sérias dúvidas e não acreditem no caso da promotoria. Mas a realidade é que não se pode prever o resultado pela duração da deliberação. Pode acontecer que 11 dos 12 não tenham dúvida da culpa do réu, mas um jurado resista. Ou pode ser o contrário: 11 jurados que desejam inocentar e um se prendendo ao veredito de culpado. Já vi as duas ocorrências. Às vezes, uma longa deliberação realmente aumenta a perspectiva de um júri indeciso, que pode ser uma "vitória" para a defesa, mas só se o estado não estiver determinado a obter uma condenação, significando que estaria disposto a negociar uma transação penal ou extinguir o processo caso o júri esteja indeciso. Em um homicídio doloso de primeiro grau, um júri indeciso quase sempre significa a realização de um novo julgamento. Consequentemente, o estado se aproveitaria de ter visto a apresentação da defesa no julgamento anterior.

Naquela primeira noite após o júri ter encerrado os trabalhos e o juiz ter liberado os advogados, eu e Dean estávamos apreciando um jantar de comida mexicana e cervejas Modelo (a primeira bebida alcoólica que consumi desde o início do julgamento), quando soubemos pelo escritório do juiz que um dos jurados tivera uma emergência médica familiar e precisaria ser dispensado. O juiz Willis forneceu várias opções: ter o caso decidido por 11 jurados, chamar um suplente que havia acabado de ser dispensado, mas ainda estava isolado, ou pedir a anulação do julgamento. Após consultar Steven Avery na manhã seguinte, decidimos chamar o suplente. Como o juiz Willis disse aos jurados no dia seguinte, isso significava que eles precisariam recomeçar as deliberações com o novo integrante.

Após fazer o melhor junto ao juiz para tentar moldar e fazer a curadoria de cada palavra ouvida pelos jurados no julgamento, os advogados perdem o controle durante as deliberações. A portas fechadas, a discussão entre 12 pessoas assume uma dinâmica própria. O único momento em que temos uma ideia dos acontecimentos é quando eles mandam notas. O que eles estão pedindo? Uma prova, uma parte de um depoimento, a revisão das instruções sobre as leis? Isso é bom para o outro lado e, caso seja mesmo, o meu lado pode argumentar que o juiz *não* deve fornecer o que estão pedindo? Tentar adivinhar dessa forma pode ser uma loucura. Por exemplo, em determinado ponto do julgamento de Steven Avery os jurados pediram um quadro-negro. Hmm. O que isso significava? Obviamente que eles estavam tentando analisar provas complicadas, algo que não deveria ser motivo de preocupação, mas todos integraram esse pequeno fato às suas próprias narrativas mentais. No terceiro dia de deliberações, 17 de março, o júri mandou uma nota pedindo para ouvir uma parte de um depoimento. Quem estivesse no fórum não veria nada demais nisso.

— Algo mais antes de trazermos os jurados? — perguntou o juiz Willis. — Vamos trazer os jurados agora.

Abre-se uma porta ao lado da bancada do juiz e entram os jurados, em uma fila de rostos familiares. Em seguida, o juiz Willis começou a ler o depoimento. Era algo importante, feito rotineiramente.

Uma hora depois, a situação tinha mudado completamente.

Quando chegou a nota do júri, eu e Dean esperávamos em frente ao fórum.

Como fez ao longo do julgamento com questões controversas ou com potencial de controvérsia, o juiz Willis nos chamou a seu escritório para uma discussão extraoficial. Nós estávamos agitados, é claro, mas talvez Kratz e a promotoria estivessem ainda mais. A esperança deles de um veredito rápido tinha sido frustrada.

Eu andava nervosamente de um lado para outro. Kratz e Dean estavam sentados, com Dean entre nós. Àquela altura, qualquer verniz de cortesia entre Kratz e eu já havia desaparecido. Invejei a tranquilidade de Dean em relação a Kratz e tudo mais.

Aquele pedido era, obviamente, de um jurado tendendo em favor da defesa. Ele pedia a leitura de um testemunho favorável a nós: minha inquirição de Sherry Culhane, a testemunha do estado, sobre a espingarda calibre

22 pertencente ao senhorio de Steven Avery e que foi encontrada no quarto de Avery. Eu a questionei sobre o exame feito por ela no cano da arma, gatilho e trava do gatilho. Ela reconheceu que não tinha encontrado provas da presença de Steven Avery ou Teresa Halbach nesses locais, prejudicando a teoria da acusação de que a arma fora usada para matar Teresa.

Em pé atrás da mesa, o juiz Willis perguntou como deveríamos responder ao pedido dos jurados por aquela parte do testemunho de Culhane.

Eu falei que ele deveria atender ao pedido. Kratz pulou da cadeira e começou a andar na minha direção, com o rosto vermelho, dentes trincados e as veias do pescoço saltando.

— Claro que você pensa isso — ele quase gritou.

Eu me dirigi a ele, prestes a agredi-lo, quando Dean pulou entre nós para nos separar. Tenho certeza de que também estava com os dentes trincados e as veias saltadas, pois estávamos a poucos metros um do outro antes da intervenção de Dean. O juiz Willis, atrás da mesa, não poderia ter nos separado fisicamente, mas levantou a voz e ordenou que parássemos. Eu dei meia-volta e alguns passos a fim de esfriar a cabeça, surpreso com minha reação. Da última vez em que tinha ficado com raiva suficiente a ponto de agredir alguém fisicamente eu era um adolescente.

Restaurada a calma, o juiz Willis decidiu que *leria* aquela parte do depoimento. Voltamos ao fórum como se nada tivesse acontecido.

Depois, quando estávamos sozinhos, o mestre zen Strang fez um comentário sobre o confronto a portas fechadas.

— Sinto muito por não ter deixado você dar pelo menos um soco — desculpou-se Dean.

32

Perto do fim do quarto dia de deliberações, um domingo, o júri chegou a um veredito. O chefe dos jurados assinou folhas separadas para cada uma das três acusações às 16h22, 16h23 e 16h24. Levaria mais de uma hora até o juiz Willis voltar à bancada e mandar o júri entrar bem a tempo para o noticiário da noite. Todas as estações de TV do estado fizeram a cobertura ao vivo.

Junto com os promotores, as famílias Halbach e Avery e seus amigos e pessoas que os apoiavam, eu e Dean ocupamos nossos lugares. O máximo de repórteres possível obteve lugares na plateia, mas a maioria estava lá embaixo, assistindo à transmissão ao vivo na sala de mídia, no porão. Eu estava perto da mesa dos advogados de defesa, esperando ansiosamente nosso cliente ser trazido pela porta de acesso seguro à prisão à minha esquerda. Por fim, ela se abriu, e entrou Steven, vestindo uma camisa xadrez azul e preta e acenando com a cabeça para a família, antes de se sentar à mesa. Ele parecia nervoso. Fiquei sentado ao lado dele, com Dean à minha direita.

Após alguns momentos, o juiz Willis saiu do escritório e todos nós ficamos em pé. Ele chamou o júri e voltamos a sentar.

Avaliei os 12 jurados quando entraram. Nenhum deles olhou para a mesa da defesa, embora eu também não tenha visto nenhum deles olhar para o lado oposto do fórum, onde os promotores estavam com a família Halbach logo atrás. Pela primeira vez, a identidade do chefe do júri ficou evidente, pois o chefe sempre entra por último e senta na primeira fila, a mais próxima do juiz. Não fiquei satisfeito. O chefe do júri não me causou boa impressão durante a seleção do júri ou do julgamento.

Ele entregou a folha com o veredito ao oficial de justiça, que por sua vez a entregou ao juiz Willis. Ele olhou para o documento.

Notei que Avery olhou para o júri. Ele os encarava quando o juiz Willis leu cada veredito.

— Sobre a primeira acusação, o veredito diz o seguinte: "Nós, o júri, consideramos o réu, Steven A. Avery, culpado de homicídio doloso de primeiro grau, conforme a primeira acusação da denúncia."

Avery sacudiu a cabeça e desviou o olhar do júri pela primeira vez. Eu não consegui ver o rosto do réu, porque estava ao lado dele, mas instintivamente coloquei a mão em suas costas. Passou pela minha cabeça que ele estivesse revivendo o veredito de 1985. Eu mal ouvi o juiz Willis ler os outros vereditos. O primeiro, com sentença obrigatória de prisão perpétua, era o que importava. Avery olhava para o júri novamente quando o juiz Willis continuou a ler as folhas.

— Sobre a segunda acusação, o veredito diz o seguinte: "Nós, o júri, consideramos o réu, Steven A. Avery, inocente de mutilar um cadáver, conforme a segunda acusação da denúncia."

Era incompreensível. Culpado de assassinato, mas não de mutilar o cadáver? Mais uma vez Avery sacudiu levemente a cabeça e desviou o olhar.

Depois, assistindo à reprise do veredito na TV, vi que os olhos de Avery se encheram de lágrimas naquele momento. O primeiro veredito ainda estava sendo assimilado. O júri o considerou culpado da terceira acusação: posse de arma de fogo por um criminoso condenado, pela espingarda que estava no quarto dele, mesmo ela pertencendo ao senhorio. Eu não me importava com aquela acusação. Se ele tivesse sido inocentado das duas primeiras, provavelmente seria solto pela terceira, com base no tempo que já havia passado na prisão.

Antes de Avery ser levado pela porta de segurança, eu me inclinei e disse a ele que voltaríamos a vê-lo na prisão assim que fosse possível. Os oficiais de justiça fizeram as duas famílias saírem do fórum separadamente. Eu e Dean encontramos os Avery em uma sala de reunião por alguns momentos. Nós estávamos péssimos por termos perdido e intrigados com o fato de o júri tê-lo considerado culpado do homicídio mas não da mutilação do cadáver. Os pais de Steven Avery, Allan e Dolores, estavam arrasados. Eles tinham muitas esperanças de evitar uma repetição da injustiça que o filho havia sofrido vinte anos atrás; e eu me sentia péssimo por eles estarem revivendo aquele pesadelo. Era visivelmente um veredito de acerto: alguns jurados devem tê-lo considerado inocente do homicídio também, mas cederam, com a intenção de inocentá-lo da segunda acusação. Foi insignificante, no fim das contas.

Em seguida, eu e Dean corremos para a Cadeia Pública do Condado de Calumet, para ver Avery, mas disseram que ele não estava lá.

— Como assim Avery não está aí? Ele voltou do fórum há dez minutos. Já deveria estar na prisão — questionei.

Ele já havia sido levado para a Cadeia Pública do Condado de Manitowoc. Fiquei chocado.

Steven Avery tinha ficado sob custódia na Cadeia Pública de Calumet desde o início da acusação, há 16 meses, por questões de segurança. Eu não acreditava que eles mantinham um carro esperando, pronto para levá-lo à Cadeia Pública de Manitowoc imediatamente. Era como se soubessem qual seria o veredito antes mesmo de ele ser lido no fórum.

Então, um pensamento assustador me ocorreu quando me veio outra possibilidade à mente. Talvez eles "eliminassem" Avery naquela mesma noite. Como o xerife do condado de Manitowoc, Kenneth Peterson, disse na TV, seria algo muito "fácil" de fazer. Mais fácil que incriminá-lo, se eles o quisessem fora do caminho. Eles sabiam que Avery recorreria e lutaria na justiça, como da última vez, então, não seria melhor terminar tudo ali mesmo? Minha paranoia foi às alturas. Eles armariam tudo e diriam que Avery tirou a própria vida em desespero após perder o julgamento. Pode parecer absurdo, mas depois de tudo que já havia acontecido, não parecia tão longe assim da realidade. Concluí que precisava tentar evitar essa possibilidade.

Nós éramos esperados na sala de imprensa do fórum para uma entrevista. Ken Kratz estava terminando sua volta da vitória quando nós chegamos. Ele terminou com um sorrisinho e um evidente "obrigado" aos meios de comunicação por permitir que ele os "recebesse" no condado de Calumet. Eu não sei se ele percebeu a ironia, mas deveria ser óbvio para ele que a maioria dos meios de comunicação não gostava dele pessoalmente ou o respeitava profissionalmente. Ouvimos isso de alguns repórteres. Após meus filhos terem visto parte dos argumentos finais na sala de imprensa, eles disseram ter ouvido vaias debochando da falsa superioridade moral dele.

Enquanto íamos para a tribuna, eu estava fervilhando. Comecei dizendo à imprensa que funcionários do condado de Manitowoc já tinham levado Steven Avery para a cadeia de lá, tão rapidamente que não pudemos encontrá-lo após a leitura do veredito. Mesmo assim, fiz questão de lembrar que tinha falado com ele antes de sairmos do fórum e Avery não estava desanimado. Ele pretendia recorrer e lutar para provar sua inocência mais uma vez. Também alertei o condado de Manitowoc que a segurança de

Avery era função deles, e se algo acontecesse naquela noite, eles seriam responsabilizados. Os jornalistas pareceram surpresos, então, eu esclareci que ele *não* estava com tendências suicidas e era melhor que Manitowoc não tentasse alegar isso caso algo acontecesse a Avery.

Uma das repórteres citou os comentários de Dean nos argumentos finais sobre o processo ter possibilidades de redenção, e quis saber mais.

— Agora que você já passou pelo processo, era esta a redenção que você esperava? — perguntou ela.

— Não. Como acontece com tanta frequência nos assuntos humanos, a redenção vai ter que esperar. Simplesmente vai ter que esperar. Nosso sistema de justiça criminal falhou seriamente com Steven Avery em 1985 e continuou falhando repetidamente com ele após 1985.

Em uma frase, Dean resumiu quase duas décadas de tribunais de segunda instância recusando os recursos de um homem inocente.

— Temo que esta seja outra falha, apesar dos melhores e mais honestos esforços de todos. Estou muito triste em um nível pessoal, porque perdi um caso. Também estou triste em um nível mais amplo, porque na vida humana não conseguimos dominar a justiça como deveríamos, você sabe — respondeu Dean.

Outro repórter:

— Então você acredita que há um assassino à solta, que a polícia não pegou?

— Sem dúvida. Essa foi nossa posição o tempo todo — respondi.

Um repórter do *Milwaukee Journal Sentinel* quis saber:

— Você acha que o veredito de culpado do homicídio faz com que a probabilidade de Brendan Dassey ser condenado por esse crime seja maior ou menor?

— Não vamos comentar o caso de Brendan Dassey de forma alguma — respondi.

— E vocês também não deveriam comentar. Que tal não julgar em um dia de julgamentos? Este é um menino que tem um julgamento pela frente e eu gostaria de vê-lo começar com uma presunção de inocência maior do que o tio dele conseguiu — disparou Dean para os repórteres.

Fomos breves no resto de nossos comentários e terminamos a entrevista coletiva tão cordialmente quanto podíamos. Eu ainda estava muito decepcionado e com raiva do que Manitowoc tinha feito ao negar até a cortesia de esperar um pouco antes de levar Avery para que pudéssemos visitar nosso cliente após ele ter recebido um veredito devastador. Para mim, é irônico que nove anos depois, quando o sucesso de *Making a Murderer* estava no auge, algum espectador tenha retirado uma imagem da tela que mostrava eu e Dean em pé naquela tribuna durante a entrevista coletiva pós-veredito e a cercara com imagens de corações e frases sobre namoro. Aquele momento em que eu e Dean estávamos mais decepcionados e furiosos virou meme romântico na internet, viralizou e foi parar em cartões e camisetas no Dia dos Namorados.

Após a entrevista coletiva, liguei para Kathy. Ela tinha assistido a tudo ao vivo e me consolou, pois sabia o quanto eu estava me sentindo péssimo. Desabafei a raiva e falei de minha preocupação com a segurança de Avery naquela noite, mesmo não podendo fazer nada além de alertar o condado de Manitowoc de modo explícito e público na entrevista coletiva.

Eu e Dean empacotamos os laptops naquela sala do porão do fórum onde guardamos os equipamentos e esperamos o veredito, e depois fomos embora. Seguimos caminhos diferentes naquela noite desanimada, porém estávamos gratos pela oportunidade de trabalhar juntos em um caso tão difícil. Conversaríamos novamente em breve, mas aquela era a hora de voltar para casa. Eu não tinha vontade de passar mais uma noite sozinho no apartamento de Appleton, então, peguei alguns objetos pessoais e fui para casa dirigindo pela escuridão até Brookfield. Eu voltaria alguns dias depois com um furgão para esvaziar o apartamento de vez, mas naquele domingo à noite eu só queria ir para casa o mais rápido possível. Nem me lembro de ter visto as placas na estrada ou os outdoors no caminho. Deixei o rádio desligado e dirigi em silêncio, com a cabeça a mil por hora, já questionando tudo o que fizera nas últimas semanas. Estava igualmente triste e feliz por saber que naquele dia eu dormiria numa cama enquanto Steven Avery, mais uma vez, dormiria em uma cela de prisão. Dormi mal naquela noite, e tenho certeza de que ele também.

Assim que acordei no dia seguinte, liguei para a Cadeia Pública do Condado de Manitowoc. Quando disseram que Steven Avery estava bem, respirei aliviado.

33

Eu já havia perdido casos antes, mas com esse a sensação foi diferente. Passei os dias seguintes em uma névoa. A maioria dos advogados fica decepcionada após um longo julgamento, ganhando ou perdendo. A queda súbita na adrenalina provavelmente é a principal causa disso. Nos primeiros dias, é difícil realizar outras tarefas. Eu esperava que acontecesse o mesmo nesse caso, mas achei muito difícil me desligar. Havia vários outros clientes que precisei deixar em segundo plano por meses, incluindo Ralph Armstrong, e que mereciam minha atenção naquele momento. Ele aguardava um novo julgamento, mas tínhamos feito petições para que a ação penal fosse extinta. Haveria uma audiência em aproximadamente uma semana, e, enquanto isso, eu precisava pensar no e-mail intrigante recebido de Fawn Cave no meio do julgamento de Avery. Mesmo assim, eu não conseguia parar de pensar nesse julgamento. Eu estava igual a um daqueles soldados japoneses encontrados nas ilhas remotas do Pacífico no fim de 1945, que não tinham percebido que a Segunda Guerra Mundial havia acabado seis meses antes.

Eu me atormentei por semanas, questionando tudo o que havia feito antes e durante o julgamento. "Se eu tivesse feito isto ou aquilo, talvez o resultado fosse diferente." Recebi telefonemas e e-mails de outros advogados de defesa expressando apoio, mas, por mais generosos e bem-intencionados que todos tenham sido, não me consolei. Olhando para trás, era provável que eu estivesse clinicamente deprimido. Advogados perdem julgamentos o tempo todo, e se você não consegue lidar com a derrota, é aconselhável abandonar a profissão. Não é uma questão de simplesmente esquecer a derrota; sempre fico decepcionado quando meus clientes não vencem. Mas, de alguma forma, a decepção do veredito de Avery foi mais intensa e pesou por mais tempo do que as outras em minha carreira.

Também pensei na família Halbach e se o veredito no caso de Steven Avery daria a eles algum conforto após uma perda incomensurável. Eles não pediram para estar naquela situação, mas se comportaram com dignidade ao longo do que deve ter sido um depoimento muito difícil de ouvir. Eu me perguntei se eles tinham dúvidas após saber das circunstâncias suspeitas em que boa parte das provas foi descoberta. Se Steven Avery não foi o agressor, então uma terrível injustiça também havia sido feita à família Halbach, pois o verdadeiro assassino de Teresa saiu impune. Como eles se sentiriam caso, daqui a alguns anos, testes forenses inocentassem Avery e talvez implicassem outra pessoa, como aconteceu a Penny Beerntsen, em 2003?

Tive pouquíssimo contato direito com a família Halbach, embora eles estivessem no fórum diariamente. É o que acontece em um julgamento de homicídio: advogados de defesa estão sempre em posição desconfortável em relação às famílias das vítimas. Estamos lá para defender a pessoa acusada de matar o ente querido deles, e é raro o caso que vá a julgamento com alguma dúvida entre os familiares da vítima sobre se o réu é culpado. Os defensores dos direitos das vítimas na promotoria estão com as famílias o tempo todo, dentro e fora do fórum, então elas naturalmente se apegam à acusação e acreditam que os promotores estão acusando o verdadeiro agressor. Esse é o motivo que talvez explique a insistência dos promotores em não reabrir um caso, mesmo após testes de DNA realizados em provas físicas terem excluído o réu original. Como os promotores explicam a uma vítima ou à família dela que prenderam a pessoa errada e, ao fazer isso, deixaram o culpado escapar da justiça? Promotores bons e íntegros conseguem constantemente reunir coragem para ter essa conversa quando é adequado, mas não os invejo.

Foi quando Ken Kratz, de todas as pessoas, forneceu o objetivo de que eu precisava. Em uma entrevista após o veredito do caso Dassey, Kratz disse que o julgamento e as confissões de Brendan demostraram o quanto Steven Avery era verdadeiramente cruel. Isso realmente me irritou. Kratz abriu uma porta e me permitiu fazer o que os próprios advogados de Brendan não conseguiram: mostrar ao mundo que a confissão dele era falsa. Isso provaria que Steven Avery tinha sido acusado erroneamente não só do assassinato de Teresa Halbach como também de obrigar o sobrinho a ser cúmplice.

Quase dez anos se passariam até minha última tentativa em nome de Steven Avery e Brendan Dassey ser validada.

O julgamento de Brendan Dassey começou poucas semanas após o veredito de Steven Avery ter sido proferido, e, movido pela obsessão, acompanhei a transmissão ao vivo no computador do escritório. O julgamento teve algumas das mesmas testemunhas utilizadas no julgamento de Avery, exceto que não havia prova física alguma implicando Brendan. A única prova contra ele eram suas próprias palavras.

Espectadores de *Making a Murderer* que viram os chocantes interrogatórios de Brendan, o primeiro feito por Fassbender e Wiegert e o outro pelo investigador da defesa, Mike O'Kelly, podem ter ficado estarrecidos com o fato de Brendan ser condenado com base em tais provas. A resposta é simples e assustadora: quem assistiu ao documentário sabe muito mais sobre esses interrogatórios do que os jurados que atuaram no julgamento de Brendan em 2007.

O interessante é que, nos dois julgamentos, os três interrogatórios completos de Brendan não foram divulgados para o público. Como Brendan Dassey não testemunhou contra Steven Avery, para nossa decepção, as gravações não puderam ser usadas como prova. E no julgamento do próprio Brendan foi usada apenas parte de uma gravação. Fiquei chocado e perplexo quando seus advogados permitiram que a acusação cortasse os últimos vinte minutos daquele interrogatório de 1º de março de 2006. Também não consegui entender por que não entraram em contato com o Dr. Lawrence T. White, especialista em confissões falsas e não confiáveis, a quem contratamos para analisar as declarações de Brendan caso ele fosse chamado como testemunha no julgamento de Steven Avery. O Dr. White já havia sido totalmente preparado (e pago) por nós e seria uma testemunha inteiramente lógica e vital para o julgamento de Brendan, pois toda a defesa se baseava na alegação de que a confissão era falsa. Oferecemos o Dr. White aos advogados de Brendan sem custos, mas eles preferiram usar um psicólogo que falou apenas sobre as limitações cognitivas de Brendan. O juiz que presidiu o julgamento de Brendan, Jerome Fox, decidiu que tal testemunha não era competente para discutir se as técnicas de interrogatório dos detetives eram coercivas e direcionavam Brendan. Muitos fóruns já haviam decidido que o Dr. White *era* qualificado para fornecer exatamente esse testemunho.

O interrogatório de Brendan no dia 1º de março de 2006 deixou dolorosamente claro o quanto ele não entendia as implicações de um interrogatório policial e achava que poderia simplesmente voltar para a escola depois de admitir ter participado do estupro e morte de Teresa Halbach, além da mutilação do cadáver. Os interrogadores de Brendan o deixaram sozinho na sala enquanto contavam à mãe dele que o jovem havia confessado. A gravação continua enquanto Brendan estava sozinho na sala, gerando um conjunto de imagens em que nada acontece por uns 15 minutos. Aparentemente, para evitar que o júri precisasse assistir àquele período de silêncio, a acusação propôs cortar o restante daquela entrevista. Os advogados de Brendan concordaram, por motivos que ainda não entendo.

Com isso, os jurados não viram ou ouviram a mãe de Brendan, Barb Janda, entrar na sala de interrogatório após os 15 minutos de silêncio. Ela foi o primeiro contato de Brendan com alguém que não fosse um policial.

Quase imediatamente, ele diz: "Eles me enganaram."

Os advogados de Dassey tentaram apresentar gravações dos outros dois interrogatórios, realizados no dia anterior, que mostravam em detalhes como os investigadores haviam forçado Brendan, dando falsas garantias de que eles sabiam o que tinha acontecido e prometendo ajudá-lo se ele fosse sincero. Isso veio diretamente das técnicas de interrogatório ensinadas por Reid. Contudo, Ken Kratz e a equipe de acusação conseguiram bloquear a apresentação dessas gravações, alegando que eram provas testemunhais indiretas e inadmissíveis quando oferecidas pelo réu. O promotor Tom Fallon, que teve papel crucial no julgamento de Brendan, era visivelmente um advogado melhor que Kratz, e eu respeitava seu talento e habilidade, mas fiquei decepcionado quando ele disse ao júri nos argumentos finais que "inocentes não confessam". Quase certamente ele sabia que isso não era verdade. É um fenômeno além de qualquer discussão.

E o mais perturbador de tudo: a acusação contou histórias diferentes sobre o mesmo assassinato aos dois júris. No julgamento de Steven Avery, Kratz argumentou que um fragmento de bala encontrado na garagem de Avery confirmava que Teresa Halbach tinha sido morta lá e "apenas um homem" era responsável pela morte dela, Steven Avery. Kratz também disse que a ausência de sangue no quarto de Avery não era surpresa, pois ela havia sido morta na garagem. No entanto, a promotoria contou uma versão totalmente diferente dos eventos para o júri de Brendan, baseando-se em parte no depoimento dado por ele em 1º de março de 2006. Poucas semanas após dizer aos jurados de Steven Avery que Teresa Halbach tinha sido assassinada na garagem, eles alegaram que ela fora esfaqueada e morta no quarto de Steven Avery e que duas pessoas eram responsáveis pela morte: ele e Brendan Dassey.

Isso era falso, e em minha opinião violava direito de Steven Avery e Brendan Dassey ao devido processo legal. Em outro caso, um juiz federal de segunda instância considerou o uso dessa tática "golpe baixo" e disse também que o "dever do estado com seus cidadãos não permite fazer tantas condenações possíveis sem levar em conta a justiça ou a busca pela verdade".

Contudo, quase nada disso chegou ao conhecimento público ou, em nosso caso, do juiz Willis, que não tinha visto as gravações do interrogatório de Brendan Dassey. Afinal, essas declarações não foram utilizadas como provas no caso apresentado ao juiz Willis e, no julgamento de Brendan, o juiz Fox excluiu os dois interrogatórios de Brendan que teriam mostrado a pressão sofrida por ele. Quase ninguém sabia a história toda, mas isso iria mudar. Após a condenação de Brendan, um triunfante Kratz declarou publicamente que as declarações de Brendan Dassey mostraram o quanto Steven Avery era uma pessoa terrível e que o juiz Willis deveria levar isso em conta ao sentenciar Avery. Porém, Kratz não fez menção de fornecer esses interrogatórios ao juiz. Todos já sabiam do que ele estava falando, ou *pensavam* saber.

Isso me deu uma abertura. Nas duas semanas seguintes, trabalhei noite e dia para reunir um quadro completo dos interrogatórios de Brendan Dassey: a incitação, a pressão, a manipulação e a fraude que levaram um desafortunado jovem de 16 anos a se incriminar. Analisei novamente todas as gravações e escrevi um memorando de fixação da pena com 58 páginas que poderia servir de mapa para o juiz Willis navegar pelas horas excruciantes de conversas entre um adolescente com déficit intelectual e emocional e dois interrogadores adultos e experientes determinados a levar aquele jovem a implicar a si mesmo e ao tio. O texto catalogava como e quando os investigadores haviam fornecido respostas a Brendan, mostrando que todas as informações importantes ditas por ele foram dadas pelos interrogadores. Incluímos também o relatório do Dr. White, que não pudemos usar no julgamento de Steven Avery, mas agora pelo menos faria parte dos autos. E ainda forneci ao fórum transcrições completas dos interrogatórios de Brendan, somando mais de quatrocentas páginas. E como uma espécie de bônus, enviei DVDs com o vídeo dos interrogatórios e fiz oito cópias para a imprensa. Praticamente, *nada* disso tinha visto a luz do dia.

Preparar tudo foi uma árdua tarefa, mas não poderíamos ter sido mais enfáticos em relação à importância desse material, tanto para Steven Avery quanto para Brendan Dassey. Em nossas razões do recurso, alegamos:

> O júri de Brendan Dassey não só não ouviu todas as declarações feitas por Brendan à polícia para conseguir julgar totalmente as alegações dele sobre os acontecimentos, como também ele foi privado do testemunho de um especialista necessário para auxiliá-los a entender como determinados interrogatórios podem ter afetado a confiabilidade do que Brendan disse à polícia [...]
>
> Uma análise completa de todos os interrogatórios gravados revela [...] muito mais sobre o motivo de Brendan ter confessado algo que não fez. Como o júri no julgamento de Brendan não ouviu a maioria das declarações feitas pelo jovem ou o contexto no qual elas aconteceram, este fórum não pode simplesmente se basear na convicção daquele júri para concluir que Avery cometeu os crimes descritos por Brendan e dosar a pena de Avery com base nisso.

No fim das contas, o juiz Willis disse que *não* se basearia nas afirmações de Brendan para fixar a pena de Avery e, incitado por nós, deu um passo além. Uma investigação realizada antes da fixação da pena de Steven Avery incluiu boa parte do material atribuído a Brendan Dassey, e se esse material fosse considerado legítimo, poderia ter significativo impacto nas circunstâncias do encarceramento de Avery. Estimulado por nós, o juiz Willis redigiu uma carta para os autos no dia 6 de junho de 2007, afirmando que a credibilidade de Brendan não foi determinada por ele ou pelo júri do caso de Steven Avery. E antes do julgamento de Avery o estado acabou desistindo de duas acusações que tinham sido acrescentadas devido ao relato de Brendan (estupro e sequestro).

O juiz Willis ainda tomou duas decisões que enfureceram Kratz.

"As provas físicas e forenses apresentadas no julgamento do Sr. Avery não corroboraram algumas declarações atribuídas ao Sr. Dassey," escreveu ele. "Como um exemplo significativo, não havia prova física ou científica demonstrando que Teresa Halbach estava presente no trailer do Sr. Avery."

Na conclusão, o juiz Willis também observou que duas testemunhas "questionaram boa parte das informações fornecidas por Brendan Dassey devido às limitações intelectuais do jovem, a susceptibilidade dele às respostas sugeridas e à natureza das técnicas investigativas utilizadas".

Embora essas afirmações fossem próximas de um repúdio quase total da narrativa feita por Brendan Dassey, eles tiveram pouco efeito no destino de Steven Avery. Brendan não estava fisicamente presente durante o julgamento de Avery, mas suas palavras continuavam assombrando o fórum.

Steven Avery não falou muito durante a audiência para fixação de sua pena, além de reiterar que nada teve a ver com aquele crime.

— Bom, meritíssimo, eu sinto muito pela família Halbach, a família de Teresa Halbach, pelo que eles estão passando, a dor e o ódio que sentem. Não há nada que possa trazê-la de volta, sabe? E minha família, o que eles estão passando, os amigos de todos e a comunidade, isso está ferindo todo mundo. E quanto a mim, eu não matei Teresa Halbach. Sou inocente de tudo isso. E acredito que mais tarde vou provar minha inocência. Parto desse princípio. É só o que tenho a dizer. Obrigado.

Sem surpreender ninguém, o juiz Willis o condenou à prisão perpétua sem possibilidade de condicional.

Poucos repórteres deram atenção ao meu relatório público sobre a falta de confiabilidade na história de Brendan. Um jornalista de TV fez uma reportagem, mas todo o assunto acabou sumindo de vista sem causar qualquer autocrítica pública sobre os erros cometidos nesse caso.

Não foram apenas os promotores: os advogados de defesa e o sistema judicial falharam com Brendan. A imprensa também.

34

Após passar 18 meses no mundo de Steven Avery, eu e Dean estávamos ansiosos para retornar ao trabalho em nossos respectivos escritórios. Ainda trabalharíamos em algumas questões juntos, mas nenhuma delas chegou ao fórum, pois o promotor decidiu não fazer representação criminal. Tirando esses momentos, nós não nos víamos muito.

Quando terminou o julgamento de Steven Avery, recebi outro e-mail de Fawn Cave sobre Ralph Armstrong. Ela estava frustrada por não ter recebido resposta, então, eu me desculpei e pedi paciência. Em seguida, entrei em contato com Ralph. Ele se lembrou vagamente de Fawn e ficou pasmo com a história contada por ela. O irmão dele, Stephen, tinha saído de Madison logo após a prisão de Ralph e não deu notícias desde então. Ele concordava que deveríamos trabalhar nisso. Meu investigador entrou em contato com Fawn e com a amiga dela na época, Debbie Holsomback, que esteve com Cave quando Stephen Armstrong admitiu que *ele* tinha matado Charise. As duas fugiram apavoradas com os filhos naquela mesma noite. Acaba que *ambas* telefonaram para John Norsetter na promotoria em 1995 para dizer isso a ele. Isso tem dez anos!

Norsetter nunca mencionou isso para nós.

O promotor de Madison pode não ter se importado com a história de Fawn Cave e Debbie Holsomback, mas nós demos valor a ela. O novo julgamento de Ralph já estava em tramitação e fizemos petições para extinguir a ação penal por má conduta envolvendo a destruição da seguinte prova exculpatória: uma mancha de sêmen encontrada pelo novo teste realizado no cinto do robe. Embora esse fato já estivesse em análise pela segunda instância de Wisconsin, nós informamos ao fórum dessas novas informações estarrecedoras e uma audiência foi marcada. Um novo juiz foi designado e o caso progrediu lentamente, como acontece em recursos. Levaria quase dois anos até a realização dessa audiência, em abril de 2009.

Todos os fórum têm sua cota de drama, mas o depoimento naquela audiência foi raro e vívido. A testemunha principal acabou não sendo Cave, e sim a amiga, Holsomback. Como observou o juiz, ela era gerente da IBM, uma pessoa de confiança e responsável, que teve um contato apenas breve, porém indelével, com o clã Armstrong. O advogado Keith Belzer, que me auxiliou no caso de Ralph, tomou o depoimento dela.

— Quantos anos a senhora tem? — perguntou Belzer.

— Quarenta e quatro, chegando aos 45 em breve — respondeu Holsomback.

Ela tinha conhecido Fawn Cave por volta de 1994, quando moravam na mesma rua em um subúrbio de Fort Worth, Texas. Elas tinham filhos da mesma idade, que brincavam juntos, e por isso eram cordiais, mas não incrivelmente próximas. Segundo Holsomback, um dia na primavera ou no outono de 1995, Cave pediu carona até Roswell, Novo México. A mãe de Cave morava lá e um dos filhos dela, junto com uma sobrinha, estava morando com a avó. Estava na hora de eles voltarem para casa, mas Cave não tinha espaço para todos no carro. Debbie Holsomback tinha uma caminhonete, uma Ford F-150 edição limitada do Dallas Cowboys "número 998 de mil", segundo o depoimento, com uma cabine estendida, onde caberiam as crianças e suas bagagens. A viagem de carro até Fort Worth levaria um dia, mas na volta haveria uma parada no Parque Nacional das Cavernas de Carlsbad.

Alguns minutos após chegarem à casa da mãe de Cave, um homem entrou na cozinha e colocou o braço em volta de Fawn. Era Stephen Armstrong. Holsomback não o conhecia, nem sabia quem era Ralph Armstrong.

— O que aconteceu depois que ele colocou o braço ao redor de Fawn e disse algo no ouvido dela? — perguntou Belzer.

— Ele olhou para Fawn e disse: "Você se lembra do meu irmão Ralph?" Fawn concordou e ele perguntou: "Sabia que ele está preso em Madison, Wisconsin?" Ela respondeu: "Certo." Então, ele continuou: "Ele está me procurando e quer me matar."

Holsomback disse que começou a se perguntar onde se metera.

— Então, Fawn olhou para Steve e perguntou: "Por que ele iria querer matar você?" Steve respondeu: "Porque eu deveria aparecer no julgamento para testemunhar e não fui."

Ela prosseguiu:

— E ele disse: "Sabe os novos testes de DNA que eles estão fazendo?" Nós duas concordamos e ele explicou: "Vão revelar que Ralph não fez aquilo, porque fui eu."

Pergunta: Certo. Ele revelou à senhora e à Fawn que tinha feito aquilo?

Resposta: Sim.

P: Àquela altura a senhora sabia exatamente a que ele estava se referindo quando disse isso?

R: Não, naquela época, não. Eu pensei: "Ele fez aquilo. Aquilo o quê?"

Ela logo descobriria.

P: O que mais ele disse?

R: Steve estava em Madison no fim de semana em que isso aconteceu.

P: Certo. Continue.

R: Ele falou sobre... Falou que tinha ido de ônibus até Madison, Wisconsin, sem bagagem. Ele precisou dar todo o dinheiro que tinha a Ralph para comprar roupas, artigos de higiene pessoal etc. Contou, ainda, que tinham caído na farra o dia inteiro com as amigas de Ralph e que pediram que ele fosse levado de volta ao apartamento de Ralph antes de todo mundo. Em seguida, ele entrou em detalhes sobre a vítima e a xingou, dizendo que ela tivera o que merecia, e tudo se agravou a partir daí.

P: Certo. Ele falou que tinha agredido a vítima de alguma forma?

R: Ele não chamou de agressão.

P: Certo.

R: Ele disse que ela gostou e que teria continuado se a vadia não tivesse morrido.

P: A essa altura, o que a senhora entendeu que ele estava dizendo quando falou isso?

R: Entendi que ele estava dizendo que era o assassino.

P: Certo. E "ela gostou", o que a senhora entendeu que ele estava dizendo quando falou isso?

R: Que ela gostou de tudo o que ele fez a ela. O senhor sabe, que ele a violou de todas as formas possíveis, mas ele disse como se fosse apenas algo prazeroso.

P: Certo. Como a senhora se sentiu ao ouvir Steve Armstrong dizer tudo isso?

R: Bom, eu não sei blefar, então fiquei assustada e deixei isso bem claro. Precisava sair de lá, mas não queria alarmá-lo, pois não conseguia imaginar de forma alguma por que aquela pessoa estava nos falando aquilo, a menos que houvesse algum motivo, que ele não tivesse a intenção de nos deixar ir embora. Então eu tentei ficar calma, agir como se nada falado por ele fosse assustador, e tentei descobrir um jeito de sair dali com Fawn e as crianças, para um hotel.

P: Quando ele estava dizendo isso, a senhora pode descrever para nós como era a atitude dele? Quer dizer, como ele estava agindo?

R: Ele estava... Sabe, seria difícil avaliar, porque eu não o conhecia além desse primeiro contato, por assim dizer. Ele não parecia agitado. Parecia bem calmo. Ele foi claro em sua descrição. Era como se fosse uma conversa casual, sabe? Essa é a única forma que consigo descrever. Não posso comparar com nada, pois eu não o conhecia antes disso.

P: Quando Steve Armstrong declarou à senhora e à Sra. Cave que tinha cometido esse assassinato, a senhora acreditou nele?

R: Sim.

Holsomback e Cave foram ao banheiro juntas, e Stephen Armstrong bateu na porta e perguntou o que elas estavam fazendo. As duas abriram a porta e disseram que garotas sempre vão ao banheiro em dupla.

— Foi a única desculpa em que conseguimos pensar, mas estávamos planejando como sair dali.

Cave também conversou com a mãe.

— Eu tinha trazido uma revista de palavras cruzadas, então, enquanto Fawn tentava chamar a atenção da mãe, sentei na cozinha e escrevi o que Steve tinha falado nos quadradinhos das palavras cruzadas — depôs Holsomback.

Todos os outros adultos tinham saído, deixando-a com Armstrong na cozinha, que na época tinha dois colchões.

— Ele saiu do colchão onde estava e foi para o mesmo em que eu estava sentada e começou a acariciar meu cabelo e a me elogiar, querendo saber se podia me ajudar com as palavras cruzadas — contou ela.

P: Certo. E essa era a revista de palavras cruzadas em que a senhora tinha escrito o que ele falou?

R: Eu escrevia o que ele dizia e ficava virando as páginas, pensando: "Por favor, não deixe que ele veja o que estou escrevendo."

P: Por que a senhora estava escrevendo o que ele dizia nas palavras cruzadas?

R: Primeiro, para reforçar minha memória. Se eu escrevesse, não iria esquecer. Não que eu fosse esquecer o que ele tinha falado, mas era apenas algo para conseguir lembrar as palavras exatas, como ele fez e coisas do tipo.

P: Então ele se aproximou quando a senhora estava sentada e começou a brincar com o cabelo da senhora?

R: Sim.

P: Certo, e o que a senhora fez?

R: Tentei manter a calma e pedi licença para ir ao toalete. Então, me levantei, peguei a bolsa e as palavras cruzadas e fui ao banheiro.

Ela entrou na sala de estar com as crianças e, alguns minutos depois, ouviu um grito. Cave, a mãe e o namorado da mãe chegaram correndo do jardim e entraram no quarto da mãe.

— Entro no quarto e vejo Fawn muito perturbada. Ela está chorando, histérica, dizendo que ele vai atrás dela: "Ele vai me pegar." Eu tento fazer com que ela se acalme.

P: A essa altura a senhora sabia de quem ela estava falando?

R: Sim.

P: De quem?

R: Steve.

Holsomback lembrou que Cave ficou tão perturbada que começou a dizer palavras sem sentido:

— Estava escuro lá fora e ela ia abrir a janela, levantar a tela e sair na escuridão. Ela ia fazer isso porque não estava pensando com clareza, então eu a impedi, avisando: "O que você está fazendo? Você não pode sair no escuro. Primeiro, porque não somos daqui." Como ela não se acalmava, eu dei um tapa em Fawn, falei para ela respirar fundo e que nós daríamos um jeito

Elas acabaram encontrando uma saída.

— O plano era cada pessoa sair, pegar uma criança e ir para minha caminhonete — explicou ela.

Os quatro adultos e três crianças correram para fazer isso.

— Quando liguei a caminhonete, todos (exceto eu, pois eu rio quando estou nervosa) gritavam: "Vamos! Ele está vindo! Ele está vindo!" Quando dei ré no carro e pisei no acelerador, ouvimos um barulho (neste momento Holsomback bateu com a mão no banco, fazendo um barulho alto). Algo bateu em minha caminhonete e pensei: "Ah, ótimo, eu o atropelei", achando que tinha feito isso.

Ela contou o que fez em seguida:

— Engatei a primeira marcha, pisei no acelerador e pedi para quem estava no banco de trás olhar na caçamba da caminhonete para garantir que aquela pessoa, Steve, não estivesse lá.

Elas foram de carro até um motel em Roswell e alugaram um quarto para passar a noite. Na manhã seguinte, voltaram para casa, a fim de pegar as roupas, bicicletas e outros pertences das crianças.

— Como era dia, pensamos que nada poderia nos acontecer — depôs Holsomback.

Elas pegaram os objetos, mas:

— Quando o caminhão estava prestes a sair da casa, surge Steve, vindo da rua; ele segue em nossa direção e bate na janela da caminhonete. Eu desci o vidro esse tanto — ela mostrou um espaço de uns cinco centímetros com os dedos e continuou o relato. — Armstrong perguntou: "Aonde vocês vão?" Nós dissemos: "Para casa." Foi quando ele disse: "Bom, eu sei onde você mora, Fawn. Vou atrás de você." Depois, fez um gesto de arma com a mão e piscou para ela.

Holsomback manobrou a caminhonete e elas voltaram a Fort Worth. Na terça-feira seguinte, Debbie Holsomback ligou para o Ministério Público Estadual em Madison. Fawn também estava na linha.

— Eu me apresentei, apresentei Fawn e disse que gostaríamos de falar com alguém envolvido na acusação de Ralph Armstrong. O senhor que atendeu disse: "Sou eu. Está falando com ele. Meu nome é John. Sou pessoalmente responsável pela acusação de Ralph Armstrong."

P: Certo. A esta altura, que informações a senhora compartilhou com a pessoa que se identificou como promotor John?

R: Eu disse a ele que tínhamos encontrado o irmão de Ralph, Steve, no fim de semana, e acreditávamos que Steve era o verdadeiro assassino. Steve nos disse que estava lá e fez aquilo. Ele falou que o teste de DNA vai dizer que o DNA não é de Ralph, e não seria mesmo, pois Steve cometeu o assassinato. Contei detalhes sobre o que Steve disse ter feito àquela mulher e esse homem chamado John contou que tinha prendido o cara certo e que Ralph tinha feito tudo sozinho.

P: Quando ele disse ter prendido o cara certo, a senhora continuou tentando convencê-lo do contrário?

R: Sim. Perguntei se não poderia nem aceitar a possibilidade de Steve ter feito isso. Afinal, é um homem que veio até uma cidade, a Madison, deu todo o dinheiro ao irmão, não tinha dinheiro nem bagagem, mas mesmo assim, no dia seguinte, ele... Quando o irmão foi preso, na hora em que mais precisava de ajuda, Steve sai correndo de Dodge? Por que raios ele iria sair correndo de Dodge?

P: Certo. Como a senhora sabia de todas essas informações?

R: Steve nos contou.

P: Ele também contou isso à senhora em Roswell?

R: Sim. Ele nos contou tudo sobre esse fim de semana em Roswell: como ele chegou lá, o que fez àquela pobre garota e, depois, como fugiu quando Ralph foi preso.

P: A senhora se lembra de ter falado algo mais à pessoa que se identificou como John?

R: Falei muito. Perguntei se haveria possibilidade de ele ter prendido o homem errado. Perguntei por que não havia um mandado de prisão para Steve. Como Steve deveria testemunhar e não apareceu; não haveria um mandado para ele? John disse que não havia mandado de prisão para ele.

P: A senhora perguntou se talvez fosse possível que duas pessoas tivessem cometido o crime?

R: Sim, perguntei se isso seria possível; já que ele estava tão convencido de que Ralph havia feito isso sozinho, não seria possível que Steve estivesse lá? E ele respondeu inequivocamente que não, alegando que Ralph tinha feito tudo sozinho.

Holsomback ainda não começara a trabalhar na IBM em 1995, mas a atenção aos detalhes e ao registro de fatos que faria sucesso em seu trabalho já estava evidente.

— Quando nós voltamos, eu tinha um caderno em espiral. Coloquei essas palavras cruzadas, além do telefone para onde eu tinha ligado, no Ministério Público Estadual de Wisconsin, em Madison, a data, o horário, a pessoa que atendeu inicialmente a ligação, a pessoa que veio depois e se identificou como "responsável pela acusação" e, quando a conta de telefone veio, eu guardei junto com aquele caderno de anotações.

Na época, Holsomback e o marido gerenciavam uma empresa em casa e ela guardou esses materiais em uma caixa etiquetada "1995" e armazenou com outros registros anuais no sótão. Em 2000, ela se separou do marido.

— Não acredito em guardar muitos documentos, mas esses eram especificamente muito importantes para mim. Sabendo disso, meu ex-marido Billy assumiu a tarefa de esvaziar o porão sem a minha presença e jogou tudo no lixo — testemunhou ela.

Na época, ela havia perdido o contato com Cave, que não morava mais no mesmo quarteirão. Holsomback não teve notícias da amiga por oito anos, até ela ligar do nada perguntando se Holsomback se lembrava do que tinha acontecido em Roswell.

———

Antes do início da audiência, eu mencionei no fórum que estávamos prestes a obter os registros telefônicos de 1995 que mostrariam que Cave e Holsomback tinham realmente ligado para o Ministério Público Estadual em Madison a fim de revelar sua preocupação com Stephen Armstrong. Isso não era *totalmente* verdadeiro, mas mesmo que não fosse possível obter os registros, ninguém da promotoria estava preparado para testemunhar 14 anos depois, sob juramento, que a ligação *não* havia acontecido e arriscar ser confrontado com provas do contrário. John Norsetter acabou cedendo e afirmou que se lembrava do telefonema, mas decidiu que não precisava falar sobre ele com a defesa por não ser informação confiável, na avaliação dele. Ralph Armstrong era o assassino. O que o faria mudar de ideia? Apenas uma gravação que mostrasse Stephen Armstrong cometendo o assassinato, testemunhou ele.

Também houve outras duas revelações interessantes. Stephen Armstrong tinha sido encontrado morto em casa pelo senhorio em julho de 2005, apenas duas semanas após a Suprema Corte de Wisconsin ter revogado a condenação do irmão, e os restos mortais dele foram cremados. Não foi feita autópsia para determinar a causa da morte, considerada natural. Eu tinha desconfiado do irmão de Ralph Armstrong antes disso porque ele simplesmente sumiu há 25 anos. Mas o momento da morte de Stephen foi especialmente peculiar, e eu questionei se ele tinha descoberto a revogação da sentença do irmão antes de morrer. Quando descobri que ele havia sido cremado, até procurei o senhorio para ver se sobrara algum objeto pessoal: um pente, uma escova de dentes, envelopes lambidos por ele, *qualquer objeto* que contivesse DNA, caso precisássemos no futuro. Porém, a residência de Stephen tinha sido limpa e não havia sobrado nada.

No ano seguinte, quando o Ministério Público do Condado de Dane se preparava para o novo julgamento de Ralph Armstrong, Norsetter fez uma "Busca de Pessoas LexisNexis" em maio, poucas semanas após o teste de DNA de abril de 2006 ter excluído tanto Ralph Armstrong quanto Brian Dillman como fonte da mancha de sêmen recém-descoberta no cinto do robe. Encontrei depois no arquivo da polícia uma cópia impressa da tela de busca no computador mostrando que Stephen Armstrong tinha falecido, e havia pequenas marcas de tinta de caneta ao lado de todos os outros parentes paternos de Ralph Armstrong que constavam como falecidos. Na época, eu estava nas primeiras semanas do caso Steven Avery e ainda não tinha recebido a mensagem de Fawn Cave. Mas, após ter recebido aquele telefonema de duas mulheres assustadas em 1995 e, agora, com a nova exclusão de DNA de Ralph Armstrong e Brian Dillman, acredito que Norsetter tinha motivos para saber que Stephen Armstrong deveria ter sido suspeito do assassinato. Além disso, Norsetter testemunhou que *sabia* da ausência de álibi de Stephen Armstrong para a hora do assassinato. E havia mais: a polícia tinha o depoimento de pelo menos uma das amigas de Charise Kamps, alegando que ela havia prometido "terminar com o namorado" e dito a outra amiga que ia "sair em um encontro amoroso com o irmão de Ralph" na noite em que morreu.

Após analisar os testes de DNA pedidos secretamente por John Norsetter em 2006, o juiz substituto da segunda instância do condado de Oneida, Robert E. Kinney, que tinha sido atribuído ao caso Armstrong no condado de Dane, tomou uma decisão de 29 páginas declarando que a acusação agira de má-fé, violara decisões judiciais e descumprira seu dever de revelar informações exculpatórias à defesa. O juiz Kinney foi meticuloso em sua leitura dos autos e admirável pela capacidade de ver além dos estridentes gritos da promotoria. Ele pareceu especialmente ofendido pelas comunicações secretas feitas com o laboratório do Instituto de Criminalística, após o que foi denominado pelo juiz Kinney de minha "hipervigilância" sobre as provas. Norsetter alegou ter simplesmente se esquecido de me contar sobre os testes adicionais solicitados. O juiz decidiu que, "à luz das constantes cartas e e-mails de Buting sobre este assunto específico, não é razoável acreditar que Norsetter simplesmente tenha se esquecido da obrigação de avisar Buting".

O juiz Kinney escreveu ainda: "A promotoria, ao ter conversas privadas com [os analistas do Instituto de Criminalística], tratou essas pessoas como testemunhas de acusação. Quando surgiram resultados desfavoráveis ao estado e o promotor solicitou mais testes, que mensagem foi comunicada?"

No fim das contas, a recém-encontrada mancha de sêmen estava degradada a ponto de o teste não autorizado pedido por Norsetter em busca do DNA Y não gerar um perfil completo de DNA. Mesmo assim, argumentei ser altamente suspeito que os testes pedidos por Norsetter tenham produzido um perfil de DNA Y incapaz de distinguir entre Stephen e Ralph

Armstrong, pois indivíduos com parentesco por parte de pai têm o mesmo DNA Y. Isso teria confirmado Ralph Armstrong com o mesmo DNA Y do irmão e, como Norsetter sabia que Stephen Armstrong tinha sido cremado, Ralph não poderia obter um teste de DNA nuclear para se distinguir do irmão. Mas o juiz Kinney não iria tão longe. Ele alegou não estar decidindo que Norsetter havia escolhido os testes de DNA Y, especificamente, com o objetivo de frustrar a tentativa de Ralph se inocentar ou de, possivelmente, atribuir a culpa do crime a Stephen. Mesmo assim, ele considerou o comportamento da promotoria de "má-fé", dizendo que a "má conduta" do estado prejudicou seriamente a defesa.

Poderia Stephen Armstrong ser o verdadeiro assassino de Charise Kamps? O juiz Kinney analisou os autos:

Os autos claramente levantam várias questões. O júri ouviu testemunhos provando que Stephen Armstrong chegou de ônibus a Madison no domingo, 22 de junho de 1980. A vítima disse a uma amiga que teria um encontro amoroso com "o irmão de Ralph". Foram encontrados pelos pubianos na cena do crime que pareciam ter sido arrancados e não correspondiam ao réu nem ao namorado da vítima. Nenhum sangue ou prova física de qualquer tipo foi encontrado no carro do réu, embora as testemunhas do estado tenham dito que o agressor fez várias viagens, indo e voltando do apartamento da vítima para o seu carro. Não havia vestígios de sangue nas botas calçadas pelo réu. Novos testes de DNA, dos quais o júri não teve conhecimento, excluíam o réu como fonte da mancha de sêmen encontrada no robe e, também, dos fios de cabelo achados no cinto do robe que estava sobre o corpo da vítima. O réu foi excluído como fonte do DNA em vários itens testados pelo estado, conforme descrito no relatório do laboratório de abril de 2006. Dessa forma, se um novo júri ouvisse todos os fatos mencionados anteriormente, junto com provas de uma confissão feita por Stephen Armstrong, teria feito diferença? Nossa Suprema Corte já havia decidido que, mesmo sem provas de uma confissão de Stephen Armstrong, "a verdadeira causa não foi julgada". Embora Norsetter não soubesse, em 1995, da decisão da Suprema Corte ou dos detalhes posteriormente revelados pelos testes de DNA, alguns dos resultados desses testes tinham ficado prontos na época, e eles eram exculpatórios. Significativamente, o que Norsetter sabia em 1995, sem dúvida alguma, era que o réu estava sendo representado por advogados que alegavam inocência. De acordo com [a Suprema Corte dos Estados Unidos],[25] "o promotor prudente resolverá questões duvidosas a favor da informação".

John Norsetter escolheu não informar a confissão de um terceiro que, junto com a destruição de provas por parte do estado, comprometeu irreparavelmente a capacidade de Armstrong estabelecer uma defesa viável alegando que terceiros haviam cometido o crime. "O fato de o promotor não ter informado a confissão de Stephen Armstrong, aliado à morte e cremação dele, deixa a defesa sem uma amostra de DNA de referência a partir da qual poderia estabelecer a veracidade da confissão."

À luz das ações da promotoria, resultando na destruição de provas exculpatórias e a supressão da confissão que apresentaria outro suspeito viável, o juiz Kinney concluiu:

> Os fatos deste caso são tão raros quanto uma chuva de quinhentos anos, mas o prejuízo à defesa não foi um ato da natureza. Ele veio de uma série de decisões conscientes que teve consequências muito adversas.
>
> Como o direito do réu ao devido processo legal e julgamento justo foi irreparavelmente comprometido, a petição da defesa foi aceita e o processo foi extinto.

Essa ordem tinha data de 30 de julho de 2009. Nessa época, Ralph Armstrong estava na prisão havia 29 anos por um assassinato que não cometera. E a acusação ainda não tinha terminado.

Quando Charise Kamps foi morta, Armstrong estava em liberdade condicional por uma condenação no Novo México ocorrida quando ele era adolescente. Armstrong admitiu ter bebido e consumido drogas na noite do assassinato, violando os termos de sua condicional. Embora a bebida e a festa tivessem acontecido havia trinta anos, quando ele era universitário, as autoridades de Wisconsin estimularam os agentes de condicional do Novo

---

[25] *United States v. Agurs*, 427 U.S. 97, 108, 96 S. Ct. 2392, 2399-400 (1976).

México a revogarem o status dele, suspenso por todos os anos em que estivera preso. Em vez de ser libertado da cadeia em Wisconsin, Ralph foi enviado para outra prisão, no Novo México.

Se o estado de Wisconsin não tinha acabado de atormentar Ralph Armstrong, eu não tinha acabado de defendê-lo. Fui ao Novo México e fiz o pedido de *habeas corpus*, exigindo a libertação dele, que levaria mais um ano para ser concedido.

Parte VIII

PENSAR EM VOZ ALTA

35

Laura Ricciardi e Moira Demos voltaram a Wisconsin para cobrir as audiências pós-condenação de Steven Avery e Brendan Dassey, sendo que a de Brendan terminou em dezembro de 2010. Na época, elas tinham centenas de horas gravadas e era óbvio que havia material demais para um documentário de duração padrão. Ouvimos dizer que elas esperavam fazer um filme de quatro horas e exibi-lo em duas noites, no estilo do que costumava ser chamado de minissérie. Eu as vi após uma das audiências de Brendan e soube que elas tinham terminado uma parte do filme, para apresentar e tentar vender a compradores e distribuidoras. No entanto, era uma história longa e complexa sobre um crime na área rural de Wisconsin que não tinha gente famosa envolvida nem conclusão satisfatória, e até então ninguém havia se interessado.

Enquanto isso, a Netflix se deu conta de que precisava oferecer produções originais a seus assinantes. Quando a empresa começou, poucos dos grandes estúdios esperavam que a transmissão on-line fosse virar um modo tão importante de distribuir filmes. Por isso, os estúdios licenciaram generosamente (isto é, bem barato) os direitos para filmes e programas de TV por eles controlados. À medida que os direitos expiravam, contudo, o preço para renová-los subia, e a biblioteca da Netflix começava a perder valiosos títulos. Para suplementar o que já oferecia, a Netflix precisou fornecer conteúdo próprio feito por outros criadores: *House of Cards*, estrelando Kevin Spacey e Robin Wright, era o remake de um melodrama político da BBC baseado no romance de Michael Dobbs, e *Orange is the New Black*, "dramédia" adaptada da biografia de Piper Kerman sobre o período em que passou na prisão. A história de Steven Avery seria uma de suas primeiras incursões no terreno da não ficção com uma série dramática baseada na história real de um crime, e as cineastas me ligaram um dia para gravar um epílogo com entrevistas de vários advogados anteriores de Avery.

Em outubro de 2015 foi divulgado que a Netflix lançaria a série em 18 de dezembro. Para mim, a data pareceu terrível. A saga de Steven Avery era cativante em vários aspectos, mas certamente não se tratava de algo para assistir no período de festas e se sentir bem. Depois eu soube que a série teria dez episódios, todos lançados ao mesmo tempo. "Péssimo marketing", pensei. Eles deviam prolongar a história, criar drama e revelar o desenvolvimento da história de um episódio para o outro. Foi assim que o podcast de rádio *Serial* se desenrolou e conseguiu ser acompanhado por uma enorme audiência durante meses. Porém, ninguém pediu minha opinião sobre o lançamento.

Pouco antes da exibição, eu e Dean visitamos Steven Avery na cadeia. Queríamos prepará-lo para o programa e suas consequências. Claro que ele sabia tudo sobre o projeto. Eu tinha visto uma prévia antes da exibição. (Dean não teve coragem de assistir), então, sabia que era muito bem-feito e prendia a atenção do espectador.

Na noite de 18 de dezembro, tanto eu quanto Dean recebemos e-mails de pessoas que tinham assistido aos dez episódios de *Making a Murderer* naquele mesmo dia. Espectadores escreviam de todas as partes dos Estados Unidos e de outros países de língua inglesa, como Reino Unido, Irlanda, Canadá, Austrália, Nova Zelândia e África do Sul. E também havia e-mails da Escandinávia, de Israel e de boa parte da Europa. Pouco depois, como se *Making a Murderer* fosse um vírus se espalhando pelo mundo, tive notícias de espectadores no Brasil, Argentina, Chile e no restante da América do Sul. Em seguida vieram a África, com Costa do Marfim e Madagascar, e depois os países do Saara e subsaarianos. A próxima leva foi da Ásia, seguida pelos países árabes do Oriente Médio, e por fim começamos a ter notícias de espectadores na Rússia, Europa Oriental, China, Ásia Central e Sul da Ásia. Minha opinião de que a Netflix estava cometendo um terrível erro ao lançar dez episódios de uma vez na semana anterior ao Natal foi para o espaço. Dezenas de milhões de pessoas viram *Making a Murderer*, que recebeu quatro prêmios Emmy, incluindo o de Melhor Documentário.

Aquele dezembro também marcaria a primeira vez que minha família não passaria o Natal reunida. Nosso filho, Stephen, estava no Pontifício Colégio Norte-Americano em Roma, estudando para ser padre católico, e não poderia celebrar a data em casa. Então Kathy, Grace e eu planejamos passar duas semanas com ele em Roma e na Sicília, saindo de Wisconsin em 28 de dezembro. Quando o avião decolou naquela noite, ficou óbvio que *Making a Murderer* estava virando um imenso fenômeno internacional.

Subitamente, eu tinha mais de mil solicitações de "amizade" no Facebook e no LinkedIn, quase todos de pessoas completamente desconhecidas. Quanto ao Twitter, minha conta era o equivalente digital de um terreno baldio cheio de ervas daninhas. Dois anos antes, eu havia saído em viagem missionária com a igreja para reformar casas, e alguns dos integrantes mais jovens do grupo fizeram uma conta no Twitter para mim como forma de manter contato quando voltássemos. (Hoje provavelmente seria o Snapchat ou outra novidade criada quando este livro tiver sido publicado.) Entre aquela época e dezembro de 2015, eu tinha conseguido um total de oito seguidores e publicado poucos tuítes. Subitamente, espectadores de *Making a Murderer* começaram a me seguir aos montes, uns mil por dia, e o número subia como um medidor de gás natural no meio do inverno de Wisconsin. Em pouco tempo eu tinha mais de 25 mil seguidores, e enquanto escrevo este livro, o número já passa de 64 mil.

Eu e Dean não aceitamos ser filmados em busca de fama. Para quase todos que a encontram subitamente, a fama é uma moeda que só faz perder o valor. Muito mais importante do que seguidores no Twitter é o compartilhamento de informações gerado pela série. Enquanto eu fazia as malas para Roma, já recebia dicas de espectadores sobre fatos ou avanços científicos que poderiam ser úteis para reverter a injusta condenação de Steven Avery. Eu queria cumprir com minhas obrigações a fim de proteger o interesse de Avery em obter um novo julgamento, então tive cuidado ao coletar informações que poderiam ajudá-lo. Preocupado em perder algo importante na enxurrada de informações, contratei uma assistente jurídica pouco antes de irmos para a Itália e dei a ela as senhas das minhas contas do Facebook, do Twitter e de e-mail, com a recomendação de monitorar todas elas, além do Google, consultando reportagens dos meios de comunicação e textos do Reddit em busca de teorias e discussões. Ela coletou e organizou os dados em um documento do Word com links para as respectivas fontes, formando uma rica compilação em teorias e, talvez, informações úteis. Repassei tudo à advogada atual de Steven Avery.

Como eu estava na Itália e inacessível para os meios de comunicação norte-americanos durante as duas primeiras semanas de janeiro de 2016, a vida de Dean foi completamente interrompida pelos meios de comunicação e seus pedidos, mas ele fez um trabalho e tanto. Participei de algumas entrevistas para jornais e rádios norte-americanas e europeias. A única entrevista para a televisão que dei enquanto estava de férias aconteceu por um acaso feliz. Um amigo de faculdade de Grace tinha passado o semestre estudando em Roma e combinamos de jantar com ele. Naquele mesmo dia, a mãe dele, repórter da televisão local em Milwaukee, mandou uma mensagem de texto para ele a fim de saber das novidades. Ele estava descansando em Roma, contou. Ela não sabia que o filho conhecia Grace.

A mãe dele comentou: "Ah! Tem um advogado de Milwaukee que virou uma sensação em *Making a Murderer*, mas está se escondendo em Roma e ninguém consegue encontrá-lo", dizendo ainda que, se por acaso o filho localizasse esse advogado, seria maravilhoso. "Vou jantar com ele hoje à noite", respondeu o rapaz por mensagem de texto. Eu ri tanto quando ouvi a história que concordei em dar uma breve entrevista por Skype.

Tentei não deixar todo o assédio perturbar nossas férias em família, mas foi um desafio e tanto. Os e-mails chegavam todos os dias, a maioria deles escrita e enviada à noite dos Estados Unidos, pois era meia-noite na Itália. Eu passava de duas a três horas lendo, até às 2h, quase todas os dias. Tantas pessoas reservaram tempo para escrever palavras tão boas sobre mim, Dean e a defesa que fizemos em nome de Steven Avery que ainda me sinto honrado até hoje. Foi um gritante contraste em relação aos e-mails de ódio que recebi durante e depois do julgamento. Fiz o melhor para responder a todos, ainda que brevemente. Se alguém reservara tempo na vida ocupada para me encontrar e escrever, eu podia pelo menos dizer que havia recebido e agradecer.

Uma noite na Itália, Grace fechou o laptop com raiva e disse que ia encerrar a conta dela no Facebook. Como aquela era a única forma gratuita de entrar em contato com amigos naquelas duas semanas, isso não fazia sentido, então perguntei:

— Por quê?

— Porque todas as minhas amigas estão falando do "Jerry Buting sexy"! — reclamou ela.

No fim da viagem, a equipe de relações públicas da Netflix pediu que eu voltasse aos Estados Unidos via Nova York a fim de fazer algumas aparições rápidas nos meios de comunicação. Eu não comprei roupas adequadas para a TV nas férias, então aproveitei para adquirir novos ternos italianos em algumas promoções depois do Natal. Eles me falaram que esperasse intenso reconhecimento do público quando cheguei, mas eu estava cético. Afinal, andei em Roma por duas semanas e ninguém me olhou de outro modo.

Mais uma vez, a Netflix estava certa e eu, errado. Mal consegui passar do portão no aeroporto da Filadélfia a fim de pegar a conexão para Nova York sem que as pessoas se aproximassem para falar comigo e fazer selfies. Foi surreal.

36

Com os holofotes ofuscando minha visão, era difícil identificar os rostos na plateia do Royal Oak Music Theatre em Detroit, mas eu sabia que a casa estava lotada. Eu e Dean tínhamos acabado de ser apresentados, sob estrondosos aplausos. Nos bastidores, tínhamos visto fichas com as perguntas formuladas e enviadas antecipadamente pela plateia e escolhemos uma boa variedade. O interesse do público pela discussão séria sobre a reforma no sistema de justiça criminal era surpreendente.

O moderador iria fazer a primeira pergunta. Era uma surpresa, que não tínhamos avaliado com antecedência. Com tantos anos de fórum, sou bem rápido no gatilho. Mas nenhum juiz me fez uma pergunta desse tipo. O moderador diz:

— Maria, de Detroit, pergunta: "Jerry, que cor de cueca samba-canção ou sunga você está usando agora?"

Meu queixo caiu? Provavelmente. Eu sentia que estava ficando ruborizado. A plateia se acabou de rir. Dean me socorreu, com uma objeção clássica de advogado:

— Não suponha fatos sem provas de que ele realmente está usando algo por baixo!

A audiência foi ao delírio. Eu ri. Porém, meu brilho de felicidade quanto ao diálogo sério em relação à justiça criminal foi um pouco ofuscado.

Após eu e minha família voltarmos da Itália para os EUA, tentei aliviar um pouco da carga de publicidade sobre Dean e concedi algumas entrevistas aos meios de comunicação. Nós acreditamos que *Making a Murderer* forneceu um olhar sem precedentes sobre os problemas no sistema de justiça criminal do país e ficamos satisfeitos com a disposição das pessoas em saber mais sobre o assunto. Isso ficou especialmente claro nas várias perguntas que recebíamos por e-mail. Porém, como vimos longas entrevistas aos meios de comunicação serem transformadas em poucos minutos, ficou evidente que trechos da nossa voz não bastariam.

Eu e Dean conversamos um dia imaginando como seria ótimo criar um fórum público por noventa minutos ou mais e responder perguntas da plateia sobre os pontos fortes e fracos da justiça criminal nos Estados Unidos. Testamos essa ideia organizando um evento em Milwaukee, e foi um sucesso. Outras cidades logo se interessaram, e acabamos fazendo uma turnê nacional. "Uma conversa sobre justiça" nos levou a vinte cidades da América do Norte e, depois, à Escandinávia, Irlanda e Países Baixos. Reino Unido, Austrália e Nova Zelândia também fizeram parte da turnê. Em todo lugar aonde íamos, ficávamos impressionados com a qualidade das perguntas. (Exceto aquela sobre minha cueca, obviamente.)

Essa turnê me deu a oportunidade de voltar a trabalhar com Dean, uma bênção que renovou nossa amizade e me permitiu vivenciar novamente todas as qualidades dele que tanto admiro. Contudo, não era apenas uma questão de reunir a dupla. Recebemos perguntas bem-formuladas em cada etapa, que me inspiraram a pensar profundamente em reformas para o sistema de justiça criminal dos Estados Unidos. A primeira etapa consiste em expor as falhas que constatamos no sistema. Depois, precisávamos descobrir o que poderíamos fazer para acabar com elas. Aqui está uma seleção dessas perguntas, e minhas respostas.

Não sou advogado, policial ou juiz. O que posso fazer para melhorar o sistema?

Primeiro: comece a votar.

Os xerifes e promotores locais têm imenso poder. Eles podem fomentar a justiça ou corrompê-la, mas poucos norte-americanos se dão o trabalho de votar nesses cargos nas eleições. Geralmente, essas disputas não fazem parte dos ciclos eleitorais dos principais cargos públicos, quando a adesão dos eleitores é maior. Quando apenas 15 ou 20% dos cidadãos votam para escolher os ocupantes desses cargos importantes, quem vence é o "não estou nem aí".

A apatia dos eleitores facilita a vitória do candidato em âmbito local, pois é fácil explorar o baixo comparecimento de eleitores. Menos dinheiro e tempo são gastos a fim de obter um pequeno grupo de pessoas ligado aos fóruns para votar. Uma campanha pode arregimentar figurões políticos locais para apoiar um candidato, geralmente com promessas tácitas envolvendo favores ou reciprocidade. Consiga o apoio inicial de alguns "figurões" e você poderá afastar qualquer oponente. O grande número de xerifes e promotores que concorrem sem oposição confirma a eficácia dessa estratégia. Um estudo recente sobre o período de dez anos, entre 1996-2006, descobriu que 80% dos candidatos ao cargo de promotor-chefe concorreram sem oposição, tanto nas eleições gerais quanto nas primárias. Os candidatos a promotor-chefe foram reeleitos 95% das vezes.[26]

Uma vez eleitos, os candidatos geralmente permanecem no poder pelo tempo que desejarem. Isso lhes permite escolher os sucessores a dedo e fazer de tudo para garantir a eleição deles. Em muitos cargos, no sistema de justiça criminal, a inércia dinástica manda e cria uma cadeia inquebrável de pessoas que já conhecem o sistema e permanecem nesses cargos, especialmente em condados menores. Há, também, a discussão alegando que xerifes e promotores há muito estabelecidos contribuíram imensamente para o problema do encarceramento em massa nos Estados Unidos. Outros dirigentes locais eleitos, como prefeitos e administradores de condado, precisam equilibrar os recursos do contribuinte entre vários interesses que competem entre si, como polícia e bombeiros, parques e gerenciamento de lixo, além da manutenção de ruas e do serviço público. Contudo, xerifes e promotores têm um foco singular: a aplicação da lei. Os eleitores avaliam o desempenho nos cargos pelo quanto eles parecem ser "inflexíveis com o crime", em geral quantificado pelo número de pessoas que eles trancam em cadeias públicas e penitenciárias. Eles não precisam se preocupar em equilibrar o custo dos processos e encarceramento em relação a outras necessidades municipais. E, uma vez que um réu é preso, o custo do encarceramento recai sobre o estado, em vez do xerife ou promotor local. O poder dessas posições de autoridade na aplicação da lei fica particularmente evidente na forma pela qual os endossos deles são cobiçados e defendidos por outros candidatos a cargos públicos, como governadores e juízes.[27]

---

[26] Ronald F. Wright, "How Prosecutor Elections Fail Us", *Ohio State Journal of Criminal Law* 6, no. 581 (2009): 592.

[27] J. Hoeffel e S. Singer, "Elections, Power, and Local Control: Reining in Chief Prosecutors and Sheriffs". *University of Maryland Law Journal: Race, Religion, Gender & Class* 15, no. 2 (2015): 319.

Precisamos estimular e apoiar novos candidatos a cargos públicos para concorrer com quem está há muito tempo no poder. Isso significa votar, fazer com que amigos votem e prestar atenção ao governo local. Funciona. Movidos por uma consciência maior em relação à justiça criminal e aos limites das abordagens tradicionais, eleitores em algumas cidades maiores estão rejeitando propostas banais do tipo "prender e jogar a chave fora". Graças a essa atitude, promotores veteranos de Chicago, Cleveland e Jacksonville, na Flórida, perderam as eleições primárias em 2016.

Mas, por mais importantes que sejam as eleições, elas se mostraram uma forma ruim para escolher juízes. Alguns preferem o pleito às indicações pelo governador, pelo temor de partidarismo político ou corrupção. No entanto, a prática das eleições para cargos judiciais expõe os candidatos às pressões da arrecadação de fundos, concessões e outros perigos das campanhas políticas. Essas eleições estão ficando saturadas de dinheiro fornecido por grupos que defendem seus interesses, particularmente nos cargos em nível de segunda instância. Uma alternativa seria escolher juízes usando um sistema de painel por mérito e depois exigindo que eles recebam um voto de retenção após terem cumprido um mandato. Cerca de vinte estados usam essa abordagem atualmente, e a maioria acredita que ela preserva mais a independência judicial do que as eleições.

Segundo: sirva no júri.

Servir em um júri é a forma mais direta de um cidadão comum ter impacto no sistema de justiça criminal. Na verdade, é a única oportunidade de participar no ramo judicial do governo nos Estados Unidos. Porém, muitas pessoas têm tanto medo de receber a convocação para um júri pelo correio quanto de um tratamento de canal. Não paga o suficiente, o processo de seleção é tedioso e as responsabilidades, como filhos pequenos ou uma empresa, são incompatíveis com a função, particularmente em um julgamento longo. Isso nos deixa apenas com um pequeno grupo de jurados em potencial, que talvez não representem a comunidade, que dirá os pares do réu.

Antes de você começar a pensar em como sair do júri, é importante entender que cumprir honestamente sua responsabilidade cívica de servir no júri defende a mesma Constituição pela qual muitos homens e mulheres lutaram até a morte. E ninguém é baleado enquanto serve em júri. Fazer sua parte não significa participar de um júri. Você pode servir igualmente bem sendo honesto com o juiz e os advogados caso não consiga ser imparcial em um determinado caso devido à publicidade pré-julgamento ou suas experiências pessoais.

Terceiro: seja um consumidor crítico e exigente dos meios de comunicação.

Da próxima vez que você vir fotos no jornal ou imagens na televisão mostrando pessoas algemadas sendo retiradas de uma delegacia por detetives, lembre-se que aqueles indivíduos, provavelmente, ficaram sozinhos com a polícia por horas, podem não ter contado com a presença de um advogado e ninguém examinou as provas em nome *deles*, ainda. Essas "caminhadas dos suspeitos" são teatros que subvertem a presunção de inocência e o devido processo legal aos quais todos nós temos direito.

E não se esqueça de que a história completa não é contada nos eventos armados pelas autoridades policiais e pela promotoria para os meios de comunicação. Basta pensar naquelas entrevistas coletivas dadas por Ken Kratz.

O que pode ser feito para acabar com interrogatórios forçados de pessoas vulneráveis como Brendan?

Precisamos de leis que proíbam o interrogatório sob custódia de jovens sem a presença de advogados. Adolescentes são particularmente vulneráveis à pressão de adultos. Um estudo feito com 340 pessoas inocentadas descobriu que menores de 18 anos tinham probabilidade três vezes maior de fazer uma confissão falsa que adultos.[28] Vimos erros medonhos acontecerem repetidamente em sessões em que detetives supõem que um menor cometeu um crime terrível e não cedem enquanto o jovem não confessa. A segunda instância da Califórnia aceitou que um menino de 10 anos de idade podia abrir mão de seus direitos de *Miranda* e confessar ter matado o pai neonazista que o agredia.[29]

---

[28] Bluhm Legal Clinic, "Wrongful Convictions of Youth: Understand the Problem", Northwestern Pritzker School of Law. http://www.law.northwestern.edu/legalclinic/wrongfulconvictionsyouth/.

[29] M. Levick e S. Drizin, "Letting a Ten-Year-Old Waive His Miranda Rights? There Oughtta Be a Law", Huffington Post, 21 de outubro de 2015. http://www.huffingtonpost.com/marsha-levick/letting-a-ten-year-old-wa_b_8342988.html.

No estado de Virgínia, Robert Davis, um homem de 18 anos falsamente acusado por um colega do ensino médio de assassinar uma mulher e o filho dela, foi interrogado durante cinco horas enquanto permanecia algemado em uma sala fria. Por fim, ele perguntou: "O que posso dizer para sair daqui?", e admitiu estar envolvido no crime. O governador de Virgínia concedeu o perdão total a ele em 2015, após Davis ter ficado preso por 13 anos.[30] Houve também diversos casos vergonhosos em Chicago. Em Nova York, o interrogatório de cinco adolescentes resultou na condenação injusta por agredirem violentamente uma mulher que corria no Central Park. Enquanto isso, o verdadeiro culpado deu seguimento a uma série de estupros, mutilações e assassinatos.

O estado de Illinois recentemente aprovou uma variação da lei conhecida informalmente nas redes sociais como "Lei Brendan", pois limita o interrogatório policial de menores sob custódia. Segundo a nova lei, nenhum menor de 15 anos pode ser interrogado em um caso de crime sexual ou assassinato sem a presença de um advogado. Isso aconteceu graças a um acordo feito quando defensores da justiça para jovens fizeram lobby para a lei atingir qualquer pessoa abaixo de 17 anos. Infelizmente, essa lei não teria protegido Brendan Dassey, que tinha 16 anos na época, mas é um bom passo inicial. A lei também exige a gravação obrigatória de interrogatórios de qualquer pessoa abaixo de 18 anos envolvida em crimes.

Uma lei similar foi apresentada no estado do Tennessee após o lançamento de *Making a Murderer*.[31] Ela não foi aprovada, mas o legislador pretende apresentá-la novamente..

Também é hora de as autoridades policiais norte-americanas pararem de usar a técnica Reid para interrogatórios, pois ela se baseia amplamente em suposições psicológicas ultrapassadas que jamais foram comprovadas empiricamente. Entre elas está a ideia de que policiais são bons detectores humanos de mentiras, quando diversos estudos provam o contrário. A técnica

---

[30] Lisa Provence, "Robert Davies Receives Pardon", *C-Ville*, 21 de dezembro de 2015. http://www.c-ville.com/robert-davis-receives-pardon/#.V_VwTZMrIW2.

[31] Scott Broden, "Bill Addressing Child Interrogation May Get New Life", *Daily News Journal*, 19 de abril de 2016. http://www.dnj.com/story/news/2016/04/19/bill-addressingchild--interrogation-may-get-new-life/83229008/.

de Reid fez parte de várias confissões falsas, particularmente as que envolvem suspeitos jovens ou com problemas mentais. A empresa responsável por ensinar a técnica às autoridades policiais alega que as confissões falsas são obtidas por policiais que aplicam métodos não aprovados pela empresa, de modo inadequado. É uma desculpa conveniente para uma empresa que pensa em aumentar seus lucros.

Boa parte do mundo anglófono já abandonou a técnica de Reid. Alguns usam um método menos agressivo, conhecido pelo acrônimo em inglês PEACE (cuja tradução livre é preparação e planejamento, envolvimento e explicação, relato, encerramento e avaliação). Seguindo essa abordagem, os policiais deixam o suspeito contar sua história sem interrupção e só depois voltam, para obter fatos mais detalhados e apresentar as inconsistências entre a história do suspeito e outras provas. O mais importante é que a polícia não pode enganar suspeitos durante uma entrevista, seja mentindo sobre a existência de provas de DNA, impressões digitais ou afirmações feitas por um cúmplice associando o suspeito ao crime.

Tivemos sorte, pois a lei de Wisconsin exigia a gravação completa dos vários interrogatórios de Brendan Dassey, mesmo que o júri não tenha conseguido ouvir a maior parte deles. As gravações eram tão aterradoras que lutei para torná-las públicas. Depois, um juiz federal analisou tudo, considerou os interrogatórios absurdamente coercivos e reverteu a condenação de Brendan.

As chamadas confissões gravadas, em geral, não passam de poucos minutos que são resultado de um processo muito mais longo e não mostrado de sedução, pressão e promessas feitas a suspeitos. Sabemos que inocentes confessaram em 20 a 25% dos casos de pessoas inocentadas por meio do DNA. Por quê? O que acontece antes de a câmera ser ligada? Alguns departamentos de polícia e promotores ainda resistem a gravar o processo de interrogatório baseando-se em preocupações vagas de que o público vai reagir exageradamente a táticas que as autoridades policiais consideram necessárias, embora não sejam agradáveis de assistir. Porém, muitas agências que gravam essas sessões aprovam enfaticamente o procedimento. Se o processo for feito corretamente, o vídeo mostrará isso, e aumenta a probabilidade de o caso resultar em uma transação penal sem julgamento. Se não for o caso, os Brendan Dassey do mundo deverão ser capazes de apresentar as gravações para um júri e mostrar por que não se deve acreditar nelas.

A tecnologia de gravação é onipresente e barata. O Ministério da Justiça dos Estados Unidos anunciou, em 2014, uma presunção de que agentes — FBI, DEA (órgão responsável pelo combate às drogas nos EUA), ATF (órgão responsável pelo controle de álcool, tabaco, armas de fogo e explosivos nos EUA) — precisam gravar totalmente os interrogatórios realizados em qualquer lugar de detenção. Isso mudou completamente a política anterior, que desestimulava a gravação. Contudo, enquanto escrevo, em 2016, apenas metade dos estados exige por lei ou decisão judicial que todas as partes de um interrogatório sob custódia sejam gravadas.[32] Os cidadãos dos estados precisam fazer lobby pelas gravações obrigatórias caso não gozem dessa proteção atualmente.

E os laboratórios dos Institutos de Criminalística?

Laboratórios de Institutos de Criminalística e os técnicos que neles trabalham são tratados rotineiramente como mais um braço das autoridades policiais durante as investigações, mas quando esses técnicos entram no fórum, são apresentados como especialistas "objetivos" em vez de testemunhas da acusação. Os líderes desses laboratórios deveriam construir muros que impedissem o envolvimento de autoridades policiais e promotores na análise de provas, o que ocorreu claramente nos casos de Steven Avery e Ralph Armstrong. Esse processo deveria incluir requisitos para que todos os testes precisem ser confirmados por uma equipe diferente de técnicos que não sabe a identidade do suspeito ou qual deveria ser a resposta "certa".

Os resultados obtidos por um laboratório precisam ser replicáveis por outros. Essa é a base do processo científico. A história de pessoas inocentadas por meio de DNA é instrutiva: aproximadamente *metade* de todos esses casos envolve "ciência" forense inválida ou inadequada. Em 2010, a

---

[32] Ver Thomas P. Sullivan, National Association of Criminal Defense Lawyers, *Compendium: Electronic Recording of Custodial Interrogations* (2014), https://www.nacdl.org/WorkArea/DownloadAsset.aspx?id=33287&libID=33256 (incluindo Alasca, Arkansas, Califórnia, Illinois, Indiana, Maine, Maryland, Michigan, Minnesota, Missouri, Montana, Nebraska, Nova Jersey, Carolina do Norte, Ohio, Oregon, Texas, Vermont, Wisconsin e o Distrito de Colúmbia).

Academia Nacional de Ciências dos EUA emitiu um relatório chamado *Strengthening Forensic Science in the United States* [Fortalecimento da ciência forense nos Estados Unidos, em tradução livre],[33] que criticou o estado atual de vários campos da ciência forense nos EUA:

> A realidade é que a interpretação de provas forenses nem sempre se baseia em estudos científicos para determinar sua validade. Esse é um problema sério. Embora tenham sido feitas pesquisas em algumas disciplinas, há notável carência de estudos publicados e revisados por pares que estabeleçam as bases científicas e a validade de diversos métodos forenses [...]
>
> Exige-se um corpo de pesquisa a fim de estabelecer os limites e as medidas de desempenho, e também para abordar o impacto das fontes de variabilidade e de avaliações tendenciosas. Tal pesquisa é urgentemente necessária, mas parece não existir na maioria das disciplinas forenses que se baseiam em avaliações subjetivas de características correspondentes. Essas disciplinas precisam desenvolver protocolos rigorosos a fim de guiar essas interpretações subjetivas e realizar pesquisas igualmente rigorosas, bem como programas de avaliação. O desenvolvimento de tais programas de pesquisas pode se beneficiar significativamente dos avanços em outras áreas, notavelmente o grande corpo de pesquisas sobre o desempenho do observador na medicina diagnóstica e descobertas feitas pela psicologia cognitiva sobre o potencial para tendenciosidade e erro em observadores humanos.

A comparação microscópica entre pelos e fios de cabelo, opiniões sobre provas envolvendo análise de marcas de mordida, opinião sobre provas envolvendo marcas deixadas por armas e outros tipos subjetivos de "ciência" forense, baseadas em padrões, precisam ser abandonados, e os casos anteriores que se basearam em tais provas precisam ser investigados, em busca de possíveis condenações injustas. Em 2015, o FBI admitiu que pra-

---

[33] National Research Council, Strengthening Forensic Science in the United States: A Path Forward, National Academy of Sciences, 2009. https://www.acs.org/content/dam/acsorg/policy/acsonthehill/briefings/lasers/nas-report-summary.pdf.

ticamente todos os examinadores em sua unidade de elite de comparação de pelos e fios de cabelo deram testemunhos falhos em quase todos os julgamentos nos quais testemunharam, em um período de vinte anos, antes de 2000. Dos 28 examinadores do FBI estudados em uma amostra de 268 casos, 26 exageraram em "correspondências" forenses de um modo que auxiliava a acusação em 95% do tempo.[34] Absurdamente, 32 desses réus foram sentenciados à morte, e 14 já foram executados. Para seu crédito, o FBI se uniu ao Innocence Project e à NACDL, a fim de analisar casos que possam gerar petições por um novo julgamento. Contudo, a vasta maioria das acusações criminais está em nível estadual, que usa analistas dos laboratórios de criminalística locais e estaduais a fim de apresentar opiniões similares em testemunhos nos julgamentos. Essa análise em nível federal destaca a forte probabilidade de que vários outros presos estaduais tenham sido erroneamente condenados com base em testemunhos não confiáveis.

Quais reformas poderiam garantir julgamentos mais justos?

No memorável caso de 1963 *Brady v. Maryland*, a Suprema Corte dos Estados Unidos decidiu que os promotores são obrigados a compartilhar qualquer informação exculpatória que tiverem, mas deixou aos promotores uma grande brecha: eles só precisam revelar provas "materiais" da culpa ou inocência de alguém. Como John Norsetter não acreditou em Fawn Cave e Debbie Holsomback quando elas telefonaram para ele relatando a confissão de Stephen Armstrong no Novo México, ele poderia alegar que não precisava compartilhar isso comigo ou com Ralph Armstrong, que estava preso. Ele poderia argumentar que as novas informações eram imateriais. Após a primeira condenação errônea de Steven Avery, em 1985, o promotor tinha escondido informações o tempo todo sobre outro suspeito, Gregory Allen, o mesmo que seria implicado no caso 18 anos depois, graças aos testes de DNA. Deixar decisões tão cruciais para a acusação é como pedir a jogadores

---

[34] Spencer S. Hsu, "FBI Admits Flaws in Hair Analysis over Decades", Washington Post, 18 de abril de 2015. https://www.washingtonpost.com/local/crime/fbi-overstated-forensic--hair-matches-in-nearly-all-criminal-trials-for-decades/2015/04/18/39c8d8c6-e515-11e4--b510-962fcfabc310_story.html.

de tênis em Wimbledon que assinalem as próprias faltas. O sistema de justiça criminal estimula os promotores a vencer a qualquer custo. Muitos resistem a essas pressões, mas alguns não o fazem, e geralmente não são flagrados.

Se promotores e autoridades policiais forem flagrados violando regras, eles precisam enfrentar as devidas consequências. Um promotor do Texas escondeu deliberadamente informações sobre outro suspeito ao mandar um homem chamado Michael Morton para a cadeia por matar a esposa. Anos depois, Morton foi inocentado e o arquivo secreto do promotor foi descoberto, onde constava que o filho dele tinha dito à polícia que o pai não estava em casa. Além disso, o cartão de crédito da esposa estava sendo usado em outra cidade, logo após a morte dela, e vizinhos tinham visto um furgão estranho parado na rua várias vezes. Nessa época, o promotor já era juiz. Essa violação foi tão grave que uma equipe de advogados, liderada por Barry Scheck, teve sucesso e excluiu o ex-promotor da Ordem dos Advogados. Não só ele foi obrigado a deixar o posto de juiz como teve que passar cinco dias na prisão. No famoso caso envolvendo a acusação de agressão sexual da equipe de lacrosse da Universidade Duke, um promotor desconsiderou resultados de DNA que inocentariam os acusados. O promotor, Mike Nifong, foi obrigado a renunciar, mas passou apenas 24 horas na prisão pela má conduta, e isso aconteceu apenas porque o juiz se considerou desacatado. E exemplos como esses são extraordinariamente raros.

A situação pode finalmente estar mudando, a fim de proteger o direito do réu criminal ao devido processo legal. Houve um imenso escândalo em Orange County, Califórnia, após ter ficado claro que promotores locais usavam informantes na prisão havia décadas para gerar provas incriminatórias contra réus em troca de promessas secretas de privilégios e leniência. Em algumas instâncias, os promotores supostamente mandavam esses informantes na cadeia gravarem réus que eram representados por advogados, em flagrante violação do direito à assistência jurídica.[35] Como resultado desses episódios, uma lei foi recentemente aprovada na Califórnia, que transforma essa prática em crime punível com até três anos de prisão caso o

---

[35] Matt Ferner, "Orange County DA's Office Finally Acknowledges Jailhouse Informant Program Exists," *Huffington Post*, 10 de junho de 2016. http://www.huffingtonpost.com/entry/orange-county-jailhouse-informant-program_us_575b236be4b0ced23ca81b2c.

promotor altere ou omita provas intencionalmente. Contudo, a punição na esfera criminal pode ser um dissuasor fraco se nunca for utilizado. Quem vai acusar os promotores?

A responsabilidade civil pode ser um dissuasor mais eficaz. Advogados podem ser estimulados a agir como um procurador particular, garantindo que os direitos dos réus não sejam violados pelo excesso de zelo dos promotores. Fóruns decidiram que os promotores têm ampla imunidade de processos civis pelo que fazem no cumprimento do dever. Embora haja sólidos motivos para a existência desse princípio básico para que os promotores não fujam das responsabilidades de seu ofício, não significa que isso se aplique de modo absoluto. No entanto, essa imunidade é blindada, tendo apenas uma pequena exceção: se o caso ainda não foi imputado, mas o promotor está aconselhando ou direcionando autoridades policiais, ele, consequentemente, tem um papel mais investigativo do que de acusação. Nesse caso, o promotor tem apenas "imunidade qualificada", que não o protege caso ele viole deliberadamente a lei.

No caso de Ralph Armstrong, Norsetter "aconselhou" um policial em 2003 a retirar o cinto do robe de Charise Kamps da secretaria do fórum para testes, violando uma decisão judicial em vigor. Porém, como o caso já havia sido julgado — 25 anos antes — e estava pendente em segunda instância, o juiz decidiu que Norsetter agiu como promotor e, portanto, tinha direito à imunidade absoluta. Certamente, uma exceção se justifica quando um juiz decide que um promotor agiu de má-fé e destruiu provas exculpatórias. A mudança só acontecerá se os promotores souberem que existem sérias consequências para essa má conduta, e a probabilidade de punição é alta. Infelizmente, a história mostra que alguns promotores vão continuar a correr riscos enquanto souberem que não podem ser responsabilizados no âmbito civil.

Em casos civis, cada lado tem o direito de obter declarações de testemunhas sob juramento. São os chamados depoimentos. Em casos criminais, a promotoria geralmente pode obrigar testemunhas a depor diante de um júri, mas a defesa não tem esse poder na maioria dos estados. As testemunhas não têm qualquer obrigação de falar com investigadores ou advogados da defesa. Os promotores destacam que réus não podem ser obrigados a depor em momento algum graças ao direito garantido pela Quinta Emenda, e por isso os advogados deles não deveriam ser capazes de obrigar testemunhas a depor antes do julgamento. Contudo, apenas dinheiro ou propriedade está em risco em um caso civil. Os advogados de defesa em casos criminais, quando a vida e a liberdade estão em risco, precisam ser capazes de exigir, com limites razoáveis, que testemunhas deponham em um julgamento sob juramento. Se as testemunhas são "informantes de cadeia", presos que alegam ter ouvido outro detento fazer comentários incriminatórios, os favores que eles recebem pelo testemunho devem ser revelados pelo menos para a defesa e para o júri, caso eles deponham no fórum. A história mostrou que esses informantes são uma fonte perniciosamente não confiável de provas.

A defesa também precisa ter mais liberdade para apresentar a responsabilidade de terceiros, que é o jargão jurídico para "outros suspeitos". Atualmente, em Wisconsin e em vários outros estados, a defesa não pode fornecer provas de que outra pessoa pode ter cometido o crime, a menos que consiga provar que tal pessoa tenha conexão direta com o ocorrido, como meios e oportunidade, e também que essa pessoa tenha um motivo específico. Isso configura um desequilíbrio bizarro, pois a promotoria *nunca precisa* mostrar que um réu tinha um motivo específico para cometer um crime, apenas que ele o cometeu. O estado não provou motivo algum para Steven Avery matar Teresa Halbach. E ninguém mais tinha motivos para matá-la, até onde sabemos, mas essa não é a questão. Ela pode ter sido morta por outra pessoa no ferro-velho — um parente, um cliente, um entregador — ou uma entre várias outras pessoas que tinham meios e oportunidade para fazê-lo. Poucos indivíduos tinham tantos motivos para *não* cometer o crime quanto Steven Avery. Apesar disso, o juiz Willis decidiu (e a segunda instância de Wisconsin concordou) que não podíamos apresentar prova alguma sugerindo que outra pessoa poderia ter matado Teresa Halbach, pois não poderíamos comprovar um motivo.

Essa regra precisa ser alterada. Uma pessoa acusada de um crime tem o direito constitucional de apresentar uma defesa significativa. Entretanto, esse direito não é absoluto, e fóruns podem excluir provas da defesa que distraiam o júri do foco central, apontando outro suspeito, que não tinha uma ligação legítima com o crime. Porém, a regra em Wisconsin que impediu Avery de apresentar outros suspeitos vai longe demais. Ela nega arbitrariamente a defesa baseada no caráter da vítima. Se a vítima de um homicídio fosse odiada ou tivesse muitos inimigos, vários suspeitos poderiam ter motivos para matá-la, mas uma vítima sem inimigos teria poucos indivíduos com motivos para matá-la, se é que teria alguém. Uma pessoa erroneamente acusada de um crime não escolheu a vítima, é óbvio. Se ninguém no mundo tinha motivo para cometer o assassinato, por que o réu deveria ser impedido de dizer aos jurados que seria realista considerar a existência de outros suspeitos?

Talvez uma das reformas mais urgentes seja a redução de sentenças excessivamente punitivas. Precisamos mudar as leis que impõem sentenças mínimas obrigatórias e permitir aos juízes e advogados usar o arbítrio para criar resultados mais sensatos. Leis com punições rígidas ou sentenças mínimas geralmente surgem para resolver problemas sociais, e essa abordagem simplesmente não funciona. Por exemplo, estudos descobriram que a maioria dos cuidados de saúde mental dos Estados Unidos está sendo fornecida por instituições penais. As sentenças mínimas obrigatórias também fornecem vantagem demais à acusação no processo de transação penal. Um réu pode não ser culpado do menor crime de que está sendo acusado, mas vai aceitar o acordo a fim de evitar um resultado pior.

Em alguns lugares do país estão sendo estabelecidos novos fóruns, que seguem uma abordagem voltada para a resolução de problemas ao receber os casos. Uma dessas iniciativas é o Centro de Justiça Comunitária Red Hook no Brooklyn, Nova York. O juiz, os advogados de defesa e os promotores tentam chegar a um acordo sobre as formas de lidar com os problemas sociais dos réus, que podem reincidir caso não sejam resolvidos. As clínicas existentes no fórum podem encaminhá-los imediatamente a assistentes sociais. Um estudo feito pelo Centro Nacional para a Justiça Estadual, em 2013, descobriu que uma pessoa mandada para varas criminais comuns no centro do Brooklyn tinha probabilidade 15 vezes maior de ser condenada à prisão do que uma pessoa que ia para Red Hook. Quanto à reincidência, os adultos mandados para uma vara comum tinham probabilidade 10% maior de serem presos em até dois anos, enquanto menores tinham uma probabilidade de reincidência de 20%.

Existem variações dessa abordagem em outras jurisdições, e alguns advogados de defesa temem (com razão) que essas novas varas exijam coercitivamente a assinatura de acordos de transação penal como condição para oferecer tratamento contra o vício em drogas, entre outros serviços.[36] Esses fóruns devem permitir que os réus tenham acesso a esses serviços antes de oferecer uma transação penal, pois eles seriam estimulados pela exclusão ou redução significativa das acusações se cumprirem os programas com sucesso até o fim. Essas varas exigem cuidadoso monitoramento para garantir que o direito constitucional a um julgamento não seja negado, mas é bom ver que estamos começando a quebrar a dependência do encarceramento. Esses projetos merecem apoio público.

O mesmo vale para a reforma da polícia. As gravações de homens negros desarmados e outros sendo feridos ou mortos a tiros deram visibilidade a essa questão nos Estados Unidos. A maioria das lesões causadas por erros na prática policial não é fatal ou física: um estudo feito sobre as ações policiais em Ferguson, Missouri, pelo Ministério da Justiça dos Estados Unidos, descobriu que as autoridades policiais não se baseiam na preocupação com a segurança pública e sim em gerar receita para o município. Pessoas negras eram desproporcionalmente multadas, presas ou sujeitas ao uso da força com base em preconceitos ilegais e não por estarem cometendo mais crimes.[37] A conversa sobre a polícia não pode começar e terminar com as mortes a tiros.

Como podemos garantir que todos tenham acesso a assistência jurídica de qualidade, independente da capacidade de pagar por ela?

Pessoas de todas as classes socioeconômicas descumprem a lei, mas complicar-se por isso é, basicamente, um problema dos pobres. A vasta maioria dos réus precisa se basear no direito aos advogados fornecidos "sem custos".

---

[36] National Association of Criminal Defense Lawyers, "America's Problem-Solving Courts: The Criminal Costs of Treatment and the Case for Reform", setembro de 2009. https://www.nacdl.org/criminaldefense.aspx?id=20191&libID=20161.

[37] M. Berman e W. Lowery, "The 12 Key Highlights from the DOJ's Scathing Ferguson Report", *Washington Post*, 4 de março de 2015. https://www.washingtonpost.com/news/post-nation/wp/2015/03/04/the-12-key-highlights-from-the-dojs-scathing-ferguson-report/?utm_term=.a77625aff579.

Por mais fundamental que seja, esse direito é fornecido relutantemente pela sociedade. Os estados têm contratos com defensorias públicas e também uma escala de honorários a serem pagos aos advogados particulares responsáveis pelos casos que não podem ser assumidos pelos defensores públicos. Quando comecei a praticar o direito, em 1981, os advogados particulares em Wisconsin recebiam 35 dólares por hora (cerca de R$ 110) pelo tempo passado fora do fórum e 45 dólares (cerca de R$ 140) pelo tempo no fórum. Esse valor subiu para 50 dólares (cerca de R$ 150) por hora no início dos anos 1990. Então, de forma aterradora, em 1995, o valor foi reduzido para 40 dólares (cerca de R$ 125) por hora pelo tempo dentro ou fora do fórum. E continua o mesmo, mais de vinte anos depois. É o valor por hora mais baixo do país, mas os honorários não são muito melhores em outros lugares. Wisconsin está no fundo de um vergonhoso poço. Foi esse valor que Len Kachinsky recebeu para defender Brendan Dassey. No entanto, apenas o dinheiro não basta. As associações de advogados precisam fornecer treinamento e definir padrões mínimos obrigatórios antes que um advogado possa se qualificar para o painel de defesa dos indigentes.

Os governos precisam fornecer pagamento e treinamento adequados a fim de formar competentes advogados de defesa para os indigentes. A modesta economia obtida pelo subfinanciamento crônico da defesa dos indigentes é superada, de longe, pelos custos dessa miopia: condenações injustas de inocentes, criminosos que continuam à solta e milhões de dólares gastos em processos civis.

ARGUMENTOS FINAIS

Uma pergunta que me fazem repetidamente: Você realmente acha que Steven Avery é inocente?

Sim, acredito na inocência de Avery. Essa é minha opinião, que não vale muito, eu sei, mas ela se baseia na avaliação das provas. Para mim, o mais importante é uma das *verdadeiras* questões feitas por *Making a Murderer*. Alguém poderia ter saído daquele julgamento *sem* ter dúvida razoável quanto ao envolvimento de Avery? Se a resposta é não, o júri não deveria tê-lo condenado. Não existe um veredito de inocência. É culpado ou não culpado. O ônus do estado consiste em provar a culpa além da dúvida razoável. Se os jurados tinham dúvidas, então deveriam tê-lo declarado não culpado.

Vejo três provas incriminatórias no caso Avery. Um: o sangue dele foi encontrado no carro de Teresa Halbach. Dois: os restos cremados dela estavam no poço usado para queimar lixo no quintal dele. Três: o veículo dela foi encontrado no ferro-velho em que ele trabalhava.

Por outro lado, ele não tinha motivo algum para matar Teresa Halbach. A vida de Avery estava prestes a mudar, pois ele iria receber uma indenização de centenas de milhares de dólares, sem contar o que poderia receber após o processo civil que parecia estar se encaminhando muito bem. É verdade que o promotor não precisa estabelecer um motivo, mas sem ele as perguntas legítimas e não respondidas sobre cada prova deixam essa ausência de motivo ainda mais evidente.

A descoberta do veículo de Teresa por duas mulheres apenas vinte ou trinta minutos depois de entrarem na propriedade de Avery foi peculiar, especialmente no contexto do telefonema feito pelo então sargento Colborn um ou dois dias antes. Em vez do rádio, que era gravado, e ele sabia, Colborn usou um celular particular para dizer o número da placa do veículo de Halbach. Confrontado com a própria voz no fórum, e talvez surpreso pelo telefonema ter sido gravado, Colborn não apresentou explicação razoável para isso, embora tenha insistido que não estava olhando para o veículo.

Se Steven Avery *tivesse* cometido o crime, por que estacionaria o carro modelo RAV4 de Teresa em lugar de destaque em vez de colocá-lo no meio de uma fila de carros, onde ficaria mais escondido? E por que o veículo ainda estava lá dias depois do crime, quando havia um compactador de carros a menos de 100 metros de distância? Havia provas mostrando que Avery tinha compactado outros carros. Por que não compactou aquele também? Livrar-se do RAV4 dessa forma certamente teria sido mais eficaz do que camuflá-lo com galhos e tábuas, algo tão malfeito que na verdade convidava a um olhar mais de perto.

Do mesmo modo, quando analisamos mais de perto a presença dos ossos, encontramos detalhes indicando que a situação não era o que parecia. Apenas cerca de 40% dos restos cremados da vítima foram recuperados, e nem todos estavam no quintal de Steven Avery. Alguns estavam a cerca de 140 metros de distância, em um barril no quintal de uma casa vizinha. Além disso, em uma pedreira não muito longe do terreno de Avery foram descobertos o que pareciam ser ossos de uma mulher. Porém, eles não estavam em condições de serem testados e por isso não puderam ser identificados de forma conclusiva.

E onde estavam todos esses ossos queimados? Se o local de queima original *não* fosse o poço que Steven Avery usava para queimar lixo, então estava claro, para mim, que Avery era inocente, pois ninguém se daria ao trabalho de destruir um corpo em outro lugar e depois levar parte dele para casa. O estado alegava que a maioria dos restos recuperados estava no poço usado por Steven Avery para queimar lixo, indicando que a queima dos restos mortais tinha acontecido lá. Mas, ao não tirar fotos dos ossos como foram descobertos inicialmente e jogá-los em caixas, os investigadores da acusação destruíram boa parte das provas que poderiam ter dado pistas sobre o local onde o corpo fora realmente queimado. Eles também impediram a legista do condado de ter acesso à cena do crime e só alertaram a antropóloga forense, especialista em investigar locais de queima, quando os ossos já estavam na caixa e a caminho do escritório dela. O especialista canadense consultado por nós, testemunha que só tinha deposto para a Coroa antes desse julgamento, levantou sérias duvidas sobre a teoria do estado. Segundo ele, em casos onde foram encontrados ossos queimados em mais de um local, maior quantidade de restos cremados estava no local secundário, isto é, os ossos foram movidos do local de queima original para lá. Isso também é senso comum. Se alguém iria mover os ossos para esconder o local onde foram queimados, não faria sentido deixar a maioria no lugar e mover apenas uma parte para outro local. Então, por que alguns ossos de Teresa Halbach estão no barril usado para queimar lixo? O estado nunca respondeu a essa pergunta.

Eu já discuti a disponibilidade do tubo com sangue de Steven Avery como fonte das manchas no RAV4, expliquei por que a alegação de Ken Kratz sobre "DNA do suor" é cientificamente impossível e forneci uma explicação muito inocente e plausível para a descoberta do DNA de Avery no trinco do capô, caso não tenha sido plantado como parece ter acontecido com o sangue. A descoberta extraordinária da chave da ignição do RAV4 no quarto de Avery também era muito estranha. Ela só foi encontrada na *sétima* busca por um dos policiais que depuseram poucas semanas antes no processo civil de Avery. E não havia traço algum do DNA de Teresa Halbach na chave, mesmo tendo sido presumivelmente manuseada várias vezes ao dia por ela durante seis anos. Apenas uma quantidade *ínfima* do DNA de Steven Avery estava presente, que pode ter sido plantada esfregando uma escova de dente ou outro item pessoal contendo DNA, que poderia facilmente ter sido obtido na residência dele.

A nova advogada de Steven Avery, Kathleen Zellner, fez uma petição solicitando uma vasta gama de testes biológicos que não estavam disponíveis quando cuidamos do caso. Muitos deles têm a ver com avanços nos testes sanguíneos, como formas de calcular ou estimar a idade do DNA. Ao longo de nossa representação de Steven Avery, fomos meticulosos e fizemos questão de garantir que provas não fossem consumidas pelos testes existentes, antecipando testes novos e melhores que poderiam surgir e não só o inocentariam como lançariam luz sobre a identidade do verdadeiro culpado (ou culpados). Porque, se Steven Avery não matou Teresa Halbach, e eu acredito nisso, então quem foi?

É uma pergunta razoável e na qual pensamos muito. Em uma petição que fizemos antes do julgamento de Avery, listamos outras pessoas com ampla oportunidade para matar Teresa Halbach, mas não acusamos ninguém em particular. Contudo, como você vai lembrar, o juiz Willis não permitiu que explorássemos essas possibilidades no fórum. Nunca acreditei que o corpo de Teresa Halbach tivesse sido queimado no poço onde Steven Avery queimava lixo. Minha teoria é que ela foi queimada em outro lugar, os restos foram coletados em um barril de queima de lixo, que existem aos montes na zona rural, e depois jogados no poço usado por Steven Avery para queimar lixo, muito provavelmente à noite. Como estava escuro, o culpado (ou os culpados) não se deu conta da presença de ossos no fundo do barril colocado na propriedade vizinha, ao lado de três outros barris que normalmente ficam naquele local.

Muitas teorias alternativas intrigantes foram levantadas, e continuam sendo discutidas em detalhes nas redes sociais e em sites como o Reddit. Outros indivíduos, que não foram citados em documentos do fórum, foram meticulosamente analisados, mas seria injusto acusar ou implicar pessoas em um fórum no qual se ouve apenas um lado. Já vimos isso ser feito pelo xerife e pelo promotor no caso Avery.

Falando neles: e as alegações feitas por Ken Kratz em vários fóruns sobre todas as provas "incriminatórias" não cobertas pelo documentário ou não permitidas no fórum? Minha leitura dos autos mostra que o Sr. Kratz não é cuidadoso com os fatos nem prudente em relação ao que diz. Por exemplo: Teresa Halbach era fotógrafa profissional cujos trabalhos para a revista *Auto Trader* a levaram até o ferro-velho de Avery em várias ocasiões, para tirar fotos de carros que estavam sendo oferecidos para venda. Kratz alegou que em uma dessas ocasiões Steven Avery recebeu Halbach na porta de casa vestindo apenas uma toalha e que isso a assustara tanto que ele, depois, precisou "atraí-la" ao ferro-velho escondendo sua identidade e dando ao escritório da *Auto Trader* um nome falso quando ligou para marcar a visita. A suposição subjacente de que o incidente da toalha tenha feito Teresa Halbach ter medo de Avery foi derrubada pelo testemunho da recepcionista da *Auto Trader*, Dawn Pliszka, chamada por Kratz para confirmar esse argumento. Primeiro, o juiz Willis ouviu o testemunho de Pliszka sem a presença do júri, e descobriu que ele não confirmava a alegação de Kratz, além de ser irrelevante e inadmissível no fórum. Segundo Pliszka, durante um breve telefonema de rotina com Teresa Halbach, mais ou menos no dia 10 de outubro, as duas conversaram sobre "episódios inusitados ocorridos durante o dia, que eram incomuns, engraçados, envolviam clientes diferentes e assuntos similares".

Segundo o depoimento dela, Teresa contou ter sido recebida uma vez por um cliente que vestia apenas uma toalha.

R: Foi o único... Eu só disse: "Sério?" e ela respondeu: "Pois é." Depois ela riu e apenas disse algo como "Eeeca", sabe?

P: Certo. A senhora disse algo como o quê?

R: Eeeca.

P: Eeeca.

R: Sim, exatamente assim.

Dawn concordou que Teresa apenas havia rido da situação, como se achasse engraçada. Ela nunca comentou ter sentido medo ou ficado intimidada, de forma alguma. Além disso, segundo o depoimento, embora essa conversa tenha acontecido por volta do dia 10 de outubro, foi muito rápida e surgiu no meio de uma conversa regular sobre negócios. Ela não sabia há quanto tempo o incidente da toalha realmente havia acontecido. O juiz Willis concluiu que poderia ter sido semanas ou meses antes, até em junho. Portanto, as afirmações tinham pouca relevância para os argumentos de Kratz. Teresa Halbach esteve no ferro-velho de Avery várias vezes nesse intervalo, então, não havia indicação de que o incidente da toalha tivesse levado Teresa a evitar o local ou causado medo.

Pliszka também explicou por que Avery deu o nome da irmã, e não o dele, para a *Auto Trader* ao marcar a visita: o carro era de Barb, estava no nome dela, "B. Janda". Ele pediu à recepcionista para mandar "aquela fotógrafa que veio da outra vez. Ele estava vendendo uma minivan e queria que ela tirasse fotos", e deu o endereço, na "estrada Avery". Segundo o depoimento, quando Pliszka falou com Teresa Halbach depois, a fotógrafa respondeu: "Sim, eu posso fazer essa foto. Aliás, são os irmãos Avery, e já estou a caminho." Então Teresa claramente sabia para onde estava indo. Pliszka confirmou que o número de telefone era da região para a qual Te-

335

resa Halbach foi enviada, então ela sempre era a fotógrafa designada para o ferro-velho de Avery.

Por fim, de acordo com o depoimento de Dawn Pliszka, os registros da *Auto Trader* também mostraram que no dia 10 de outubro Steven Avery fez um acordo particular com Teresa Halbach para tirar a foto de um veículo que ele tinha para vender. Era uma prática tão comum que tinha um nome específico dado pela revista: "fotos-relâmpago", que pagavam mais do que os trabalhos recebidos do escritório. Isso parecia indicar que Steven Avery tinha o número de Teresa (como os registros provaram posteriormente), significando que ele poderia simplesmente ter ligado para ela diretamente no dia 31 de outubro. Pliszka até concordou que, se quisesse matar Teresa Halbach naquele dia, Steven Avery poderia ter se comunicado diretamente com ela para agendar uma sessão particular em vez de ligar para o escritório da *Auto Trader* e deixar um registro de seu endereço que poderia ser facilmente encontrado.

Então, embora seja verdade que nenhum desses depoimentos tenha sido incluído em *Making a Murderer*, não é verdade que sejam provas importantes para a acusação. Pelo contrário, a prova relacionada ao incidente da toalha não confirmava o argumento de Kratz ao juiz por ser irrelevante e também não confirma as acusações pós-documentário de que a omissão das cineastas prova o viés delas contra o estado.

O mesmo vale para a acusação feita por Kratz de que a bala encontrada na garagem de Steven Avery, com o DNA de Teresa Halbach, tinha sido conclusivamente disparada pela arma encontrada no quarto de Avery. William Newhouse, analista do Laboratório de Criminalística de Wisconsin, que realizou a comparação balística, expressou a opinião de que a bala tinha sido disparada por aquela espingarda em particular, mas a opinião dele está longe de ser conclusiva.

As chamadas marcas características são geradas quando um objeto contundente entra em contato com um objeto relativamente macio, e a premissa básica da teoria da balística é que determinadas marcas encontradas em balas ou cartuchos disparados (as estrias ou arranhões que um tambor de arma pode deixar em balas ou a marca que a parte traseira da arma pode deixar nos estojos dos cartuchos disparados) podem ser associados a tipos específicos de armas e comparados a uma arma específica por meio de características de classe, subclasse e características individuais.[38] Contudo, um relatório feito pela Academia Nacional de Ciências dos Estados Unidos, em 2008, concluiu que a premissa da singularidade não foi cientificamente estabelecida. "Uma quantidade significativa de pesquisa seria necessária para determinar de modo científico o grau a partir do qual as marcas relacionadas a armas de fogo são singulares ou até para caracterizar quantitativamente o quanto essa singularidade é provável",[39] alerta o estudo, declarando que "a validade das suposições fundamentais de singularidade e a reprodutibilidade das marcas relacionadas a armas de fogo ainda não foram totalmente demonstradas". Assim como a análise comparativa de fios de cabelo, da escrita à mão e das marcas de mordidas e *ao contrário* de provas envolvendo impressões digitais e DNA, não há regra a partir da qual um examinador pode declarar uma exclusão caso haja apenas uma diferença entre duas amostras. Estudos mostraram que apenas entre 21 a 38% das marcas vão corresponder a balas disparadas *pela mesma arma*,[40] mas quando um analista como Newhouse compara uma bala e uma espingarda, ele pode declará-la "correspondente" quando apenas 21% das marcas na bala correspondem à arma.[41] Em outras palavras, quase 80% das marcas *não precisam* corresponder à arma em questão.

Na inquirição de Newhouse foram mostradas ao júri fotografias tiradas por meio de um microscópio, comparando uma bala de teste disparada pela espingarda de Steven Avery, de um lado e, do outro, a bala encontrada na garagem de Avery. Newhouse foi obrigado a admitir que a bala supostamente correspondente à espingarda de Steven Avery revelava "uma boa dose de diferenças" em relação à bala disparada por ele naquela espingarda para fazer o teste.[42] Segundo Newhouse, o protocolo do laboratório onde ele trabalhava exigia que a comparação balística fosse examinada por dois

---

[38] A. Schwartz, "A Systemic Challenge to the Reliability and Admissibility of Firearms and Toolmark Identification", *Columbia Science and Technology Law Review* 6 (2005). http://www.stlr.org/cite.cgi?volume=6&article=2.

[39] National Resource Council/National Academy of Sciences, *Ballistics Report*, National Academies Press, 2008. https://www.nap.edu/read/12162/chapter/2#3.

[40] Depoimento de Newhouse, Julgamento de Avery, dia 14 de 125. [Citação completa TK]

[41] *Ibid.*

[42] *Ibid.*, página 155.

analistas, mas quando se tratava da bala crucial encontrada na garagem de Avery ele não tinha documentação provando que outra pessoa, havia analisado suas conclusões subjetivas.[43]

Por fim, a espingarda encontrada no quarto de Steven Avery, uma Marlin Glenfield, modelo 60, calibre 22, está entre as mais comuns do mundo. Dezenas de milhares foram fabricadas ao longo de várias décadas.[44] O mesmo modelo de espingarda calibre 22 também foi encontrado na casa de Bobby Dassey, mas a arma nem foi testada pelo analista do estado para comparar cartuchos disparados por ela a qualquer uma das balas ou cartuchos encontrados na garagem de Steven Avery.[45]

O depoimento de Newhouse não foi incluído em *Making a Murderer*. Se tivesse sido, mostraria que a questão das marcas estava longe de ser a prova conclusiva e poderosa que Kratz alegava ser.

De qualquer maneira, nem sempre há tantos indicadores da inocência de um cliente quanto havia no caso de Steven Avery, pelo menos para mim. Geralmente me perguntam, em festas, como posso defender pessoas que eu sei que são culpadas. Na verdade, em um nível pessoal é mais fácil defender alguém de quem tenho certeza da culpa do que uma pessoa que acredito ser inocente. Afinal, eu posso estragar tudo, cometer um erro e, por minha causa, um inocente pode acabar na cadeia. A pressão de defender um inocente é opressivamente intensa.

Em filmes ou programas de TV é comum ver um réu entrar no escritório, jogar dinheiro em cima da mesa e dizer algo como: "Sou culpado, mas você vai me livrar dessa e vou mentir no fórum e escapar impune", mas a vida real como advogado de defesa criminal nem de longe se parece com isso. A vasta maioria das pessoas que é culpada admite o erro. Na verdade, elas geralmente admitiram antes de me procurar. As perguntas mais importantes que faço como advogado delas são: do que a pessoa é culpada? Existe um excesso de acusações? Qual é a punição ou resolução apropriada? Grande parte do meu trabalho consiste em entender por que ela precisa

---

[43] *Ibid.*, página 170.

[44] *Ibid.*, página 147.

[45] *Ibid.*, página 146.

de um advogado, para começo de conversa. Alguns fóruns são tão movimentados que trabalham um caso após o outro e os réus viram pessoas sem nome. O trabalho do advogado de defesa é destacar a humanidade, tanto ou mais do que o caso jurídico no fórum. Quem tem um vício precisa de tratamento, não de cadeia. Se você lida com a causa básica do problema, essas pessoas não vão reincidir, e podem virar membros ativos da sociedade. Mesmo quem fez algo errado ou prejudicou outros seres humanos ainda merece ser tratado como ser humano e, também, pode se redimir.

Durante o meu primeiro ano na defensoria pública em Milwaukee, após lidar com uma sequência infinita de casos envolvendo contravenções penais, finalmente consegui defender o cliente acusado de um crime, a ocasião mais esperada. Ele havia sido solto sob fiança, mas não apareceu no fórum. Telefonei várias vezes e não recebi resposta.

Por fim, ouvi uma voz grogue no telefone:

— Ahn? Eu precisava ir ao fórum hoje? Dormi demais — respondeu o réu.

Pensei: "Como você consegue dormir? Como você não lembrou que precisava estar no fórum por um crime grave?"

Aos poucos fui me dando conta. Essa data no fórum pode ter sido o evento mais importante da minha breve vida profissional, mas meu cliente tinha outras preocupações. Ele estava desempregado e tinha uma família para sustentar.

Como defensor público, boa parte do que você faz é assistência social, conectando indivíduos aos recursos certos para ajudá-los a progredir. Você faz o que pode para livrar pessoas de situações ruins, mas, às vezes, não dá certo. Há ocasiões em que só é possível colocar um Band-Aid no problema e torcer. Na famosa biografia de Victor Frankl, *Em busca de sentido*, ele relata como sobreviveu a um campo de concentração nazista recusando-se a deixar seus captores acabarem com seu ânimo e fé. Foi isso que o fez seguir em frente. Eu lido com meu trabalho mais ou menos da mesma forma, e cheguei a compartilhar esse livro com clientes.

Pela minha experiência, se os réus têm algum tipo de fé, a probabilidade de enfrentar os tempos difíceis é bem maior. Isso vale também para as famílias dos réus. Até pessoas condenadas à prisão perpétua, sem possibilidade de condicional, podem contribuir para o mundo se tiverem alguma crença em algo maior. A fé costuma ser crucial para a reabilitação. Eu tento estimular pessoas a se abrirem para as possibilidades da fé. Elas nem sempre seguem meu conselho. Tudo bem. Afinal, é preciso fazer isso por decisão própria. Precisei achar o caminho de volta para minha fé. Ter câncer e sobreviver fez com que eu entendesse mais o trabalho como vocação na vida. Eu já agia dessa forma antes de ficar doente, mas não dava tanto valor a isso.

Sempre fui atraído por azarões. A defesa de cidadãos acusados de crimes, alguns muito graves, se mistura à minha fé e à crença de que todo ser humano importa. A vida é sagrada. Não podemos simplesmente jogar fora os maus e ignorar os pobres, as pessoas que são odiadas ou vivem nas regiões menos favorecidas. Mesmo em cidades onde todos os lados são favorecidos.

No verão de 2016, um homem alto, de ombros largos e cabelos grisalhos estava encostado na parede de um restaurante Morton's Steakhouse, em Chicago, fumando um cigarro. Ele vestia um terno leve de verão e usava óculos escuros. O nome desse homem era Ralph Armstrong.

O estado do Novo México finalmente concordou em tirá-lo da prisão, embora ele permaneça em liberdade condicional por tempo indeterminado pela condenação em 1972, oito anos antes do assassinato de Charise Kamps. Por isso, até hoje ele usa uma tornozeleira com GPS. Ele esteve em Chicago para depor no processo que está movendo contra policiais de Madison por mantê-lo preso quase três décadas por um crime que não cometeu e acobertarem provas de sua inocência. Ele não seria reconhecido como o homem de cabelos longos e soltos preso pelo assassinato de Charise Kamps 36 anos antes. Ralph Armstrong foi meu cliente por 15 anos, quase metade do tempo que passou preso, e quase desde o início tínhamos provas da inocência dele. O sistema de justiça criminal fechou as portas para ele repetidamente, e nós recuamos. Por fim, aquele e-mail incrível chegou, quando eu estava começando a trabalhar no julgamento de Steven Avery.

Como versões modernas de Rip Van Winkle, as pessoas libertadas após décadas na cadeia encontram um mundo bem diferente. Quando Ralph Armstrong foi preso, em 1980, quase ninguém tinha computador em casa ou no trabalho, não havia celulares, internet e, muito menos, streaming on-line de filmes, mas Armstrong se virou, transformou-se em um vendedor de carros bem-sucedido e construiu uma vida nova. A maioria dos homens de 64 anos está pensando na aposentadoria depois de uma longa carreira. Após ter essa oportunidade negada, Ralph está apenas começando. Meu trabalho com ele terminou, mas fiquei exultante ao receber uma fotografia dele perto do restaurante em Chicago.

Ralph também processou John Norsetter, o detetive da polícia de Madison e o analista do Laboratório de Criminalística de Wisconsin que violou a decisão judicial e destruiu a mancha de sêmen exculpatória. Como mencionei anteriormente, graças a uma lei que dá imunidade absoluta aos promotores em um caso civil pela conduta em seus deveres oficiais, Norsetter conseguiu que a maioria das acusações contra ele fosse extinta. Mesmo com o juiz descobrindo que Norsetter havia violado deliberadamente e de má-fé, a decisão judicial e destruído as provas que poderiam ter inocentado Ralph, a lei norte-americana impede que ele seja processado. Outras queixas permanecem, e o processo civil ainda está pendente enquanto escrevo este livro.

Há quase trezentos anos, Alexander Hamilton disse que o *habeas corpus*, poder concedido a juízes federais de decidir se um preso está sendo encarcerado ilegalmente, era um "baluarte" da Constituição dos Estados Unidos, pois dava ao Judiciário a capacidade de impedir o uso ilegal do poder por outros poderes do governo. Ao longo da história dos Estados Unidos, o *habeas corpus* protegeu pessoas de abusos governamentais: após a Guerra Civil, foi usado para impedir os estados do Sul de prender escravos livres com base em acusações falsas, e durante a Segunda Guerra Mundial os mandados de *habeas corpus* libertaram pessoas que estavam em campos de internamento legais. Clarence Earl Gideon, um andarílho que vivia na Flórida e que estudou apenas até a oitava série, foi acusado de arrombar um salão de bilhar. Ele pediu ao juiz para indicar um advogado, mas não foi atendido, e ele foi considerado culpado. Gideon pediu à segunda instância da Flórida reverter sua condenação, onde perdeu também. Por fim, ele enviou um pedido escrito à mão para a Suprema Corte dos Estados Unidos, solicitando um *habeas corpus*. O fórum concedeu o mandado, declarando que os pobres têm direito a um advogado em casos criminais.

No entanto, nas primeiras décadas do século XXI, esses mandados raramente são concedidos: menos de metade do 1% dos presos que os solicitam tem sucesso. Em todo o sistema de segunda instância de Wisconsin, os advogados de Brendan Dassey pediram a juízes para reverter a condenação dele, que foi totalmente baseada nas afirmações dele, obtidas sem a presença do pai, da mãe ou de um advogado. Os fóruns de Wisconsin perdoaram o comportamento dos investigadores, chegando a listar item por item dos interrogatórios, sem encontrar falhas em qualquer afirmação ou promessa individual feita por eles.

O memorando que eu e Dean escrevemos em 2007 mostrava como essas ameaças, alegações, promessas e mentiras estavam conectadas e haviam levado às afirmações incriminatórias feitas por Brendan. Foi decepcionante quando nenhum fórum do estado de Wisconsin teve a coragem de usar os fatos que mostramos ou os apresentados pelos advogados de Brendan nas petições pós-condenação e aplicar a lei no caso de Brendan, considerando que o interrogatório dele no dia 1º de março de 2006 foi inconstitucionalmente coercivo e, portanto, não confiável. Porém, os juízes do estado de Wisconsin são eleitos e aparentemente ninguém quis tomar uma decisão impopular em um caso dessa magnitude.

Juízes federais são indicados, em vez de eleitos, e a história mostra que a esfera federal geralmente é o último bastião na defesa dos direitos individuais, especialmente durante as batalhas pelos direitos civis da década de 1960. Quase dez anos depois de o nosso memorando ter exposto o núcleo oco e ilícito do interrogatório de Brendan, Steven A. Drizin e Laura Nirider, advogados do Centro sobre Condenações Injustas de Jovens na Universidade Northwestern levaram o caso Brendan Dassey à esfera federal. O juiz William E. Duffin escreveu uma decisão de 91 páginas concedendo um *habeas corpus* para Brendan. Segundo o raciocínio dele, a parte coerciva do interrogatório não deveria ser analisada isoladamente, e sim como parte da maré incansável que afastou Dassey da realidade como ele a conhecia.

Duffin escreveu:

Especialmente quando as promessas, certezas e ameaças de consequências negativas feitas pelos investigadores em conjunção com a idade, o déficit intelectual e a falta de experiência de Dassey em lidar com a polícia, além da ausência de um pai ou mãe e outras características pessoais relevantes, o livre-arbítrio de uma pessoa razoável na posição de Dassey teria sido reprimido [...]

Considerada isoladamente, nenhuma afirmação dos investigadores levou a uma declaração involuntária de Dassey. Porém, quando avaliadas coletivamente e de modo cumulativo [...] está claro como as ações dos investigadores levaram a táticas de interrogatório enganosas que reprimiram o livre-arbítrio de Dassey.

Duffin não reverteu a condenação com base no aconselhamento jurídico ineficaz de Len Kachinsky, mas fez as seguintes observações: "Embora provavelmente não precise ser dito, será: a conduta de Kachinsky foi indesculpável tanto em termos estratégicos quanto éticos. Uma coisa é um advogado indicar ao cliente o tamanho do buraco em que está metido, mas auxiliar a acusação a aprofundar ainda mais esse buraco é uma afronta aos princípios de justiça que estão por trás do papel vital de um advogado de defesa no sistema do contraditório."[46]

O juiz ordenou que o estado libertasse Brendan ou o julgasse novamente em até noventa dias. Exatamente como aconteceu a Ralph Armstrong, a acusação, no caso de Brendan, se recusa a admitir os erros no interrogatório. Durante a produção deste livro, o estado recorreu da decisão do juiz federal na segunda instância em Chicago. Nesse meio-tempo, os advogados de Brendan estão tentando libertá-lo, enquanto não sai a decisão sobre esse recurso.

Infelizmente, os advogados de Steven Avery não tentaram o *habeas corpus* em seus recursos, então, a análise objetiva dos juízes federais nunca foi aplicada ao caso dele, mas sua nova advogada, Kathleen Zellner, pegou o caso no início de 2016 e solicitou permissão para fazer uma série de novos testes nas provas do caso. Manifestamos ao juiz Willis, em 2007, nosso desejo de que essas provas estivessem disponíveis quando a tecnologia de testes estivesse mais avançada. Esse dia pode estar próximo.

Quando um inocente sai da prisão e uma condenação injusta é reconhecida, algumas vezes ouvimos que essas viradas revelam que "o sistema está

---

[46] *Dassey v. Dittmann*, No. 14-CV-1310, 2016 WL 4257386, at *20 (E.D. Wis. Aug. 12, 2016).

funcionando". Levou 29 anos até este dia chegar para Ralph Armstrong, 18 anos para Steven Avery após a primeira condenação injusta e dez anos para Brendan Dassey, agora mais devido ao recurso do estado. Não sei se esse dia vai chegar de novo para Steven Avery. Tantos fóruns e oficiais fugiram de seus deveres e mantiveram esses homens encarcerados que estaremos nos enganando se afirmamos que esses casos provam que o sistema repara seus erros. É assim que a justiça falha. Confesso que me sinto vingado ao ver interrogatório de Brendan há tantos anos terem sido reconhecidos em âmbito federal, mas isso não deve ser confundido com satisfação. Era algo que deveria ter acontecido há muito tempo, uma corrida longa demais para ser feita.

Mas não há outra escolha além de continuar.

Agradecimentos

A ideia deste livro cozinhou em fogo brando por vários anos, mas decolou graças ao esforço de minha agente literária, Flip Brophy, da Sterling Lord Literistic, Inc. Ela deu conselhos sábios e abriu portas que eu jamais poderia ter aberto sozinho. Na Harper, minha editora, Hannah Wood, trabalhou incansavelmente e revelou um olhar certeiro sobre a visão e a estrutura do livro. Ela entendeu, com clareza, a importância do trabalho dos advogados de defesa em nosso problemático sistema de justiça: exigir que todos os indivíduos sejam tratados com justiça e humanidade. Mando agradecimentos especiais também para Heather Drucker, da Harper, e sou grato a David Hirshey, que já foi da Harper, pelo auxílio nos estágios iniciais deste processo. Os conselhos e a ajuda de Jim Dwyer também foram inestimáveis.

Sou especialmente grato ao meu querido amigo e colega de defesa criminal Dean Strang. O telefonema dele para mim em fevereiro de 2016 deu início a todas as experiências incríveis que surgiram com a representação de Steven Avery, o documentário *Making a Murderer* e suas consequências. As cineastas Laura Ricciardi e Moira Demos, sem dúvida, mereceram os prêmios Emmy que o pioneiro documentário recebeu. Elas iniciaram um incrível diálogo internacional sobre justiça como ninguém antes delas conseguiu fazer.

Tenho muita sorte por Dudley Williams ser tanto meu amigo íntimo quanto meu sócio no direito. Por 23 anos tivemos o prazer de dividir um escritório dedicado a oferecer a melhor representação possível para clientes de todo os tipos que vêm a nós em momentos de necessidade. Dudley está no topo da imensa lista de associados, colegas e mentores em meu trabalho e nas associações profissionais que merecem agradecimentos. Minha assistente Barbara Steffel é digna de reconhecimento especial pelo apoio que me deu e a meu trabalho, de várias formas. A atenção precisa aos detalhes e o instinto infalível dela me salvaram mais de uma vez.

Barry Scheck é um bom amigo e colega há vários anos, embora, ao aceitar o pedido de ajuda feito por ele, jamais pensei que embarcaria no caso Ralph Armstrong por 15 anos. Eu tive o enorme apoio dos advogados David Menschel, Colin Starger e Ezekiel Edwards do Innocence Project, além de muitos alunos brilhantes de direito. Além disso, os olhos de águia da estagiária Kenzie Kilb ajudaram a encontrar fatos decisivos nos 22 anos de autos do caso Armstrong. Outra estagiária, Maria Lyon, forneceu apoio crucial e organizou centenas de dicas oferecidas por espectadores de *Making a Murderer* quando eu estava quase me afogando em milhares de contatos.

Meu agente de palestras, Zach Mullinax, da Creative Speakers Worldwide, em Minneapolis, teve papel fundamental para que eu e Dean chegássemos a milhares de pessoas no ano passado, em mais de quarenta cidades nos Estados Unidos e em todo o mundo, que têm sede de justiça para Steven Avery, Brendan Dassey e milhares de outros como eles em suas comunidades. Eles formularam muitas perguntas instigantes, que ajudaram a moldar partes deste livro.

Ralph Armstrong e tantos outros clientes acreditam em mim, e eu espero que sintam que fiz o melhor, não importa qual tenha sido o resultado. Steven Avery e família, incluindo Delores e Allan Avery, também creem e têm esperança em mim e Dean, e apesar do resultado do julgamento, continuamos dedicados a ver a condenação injusta de Steven e Brendan ser revertida.

Meus pais, Walter e Margaret Buting, deram a educação e a base da fé católica que me sustenta nesta carreira tão cheia de desafios e recompensas como advogado de defesa criminal. Meus irmãos Tom, John, Marianne, Mike e Rosemary, seus cônjuges Terry, Bjorn e Rina e meu falecido irmão Joe, ensinaram a importância do forte apoio familiar em todos os desafios da vida. Eles sempre estiveram presentes.

Meus filhos são uma constante fonte de alegria e orgulho enquanto crescem rumo à vida adulta: Stephen está em um seminário em Roma, atendendo ao chamado do sacerdócio católico, e Grace segue para uma carreira na indústria do entretenimento em Los Angeles.

Por fim, minha esposa, Kathy Stilling, é minha musa em boa parte da vida e a verdadeira força por trás deste livro, incluindo as incontáveis revisões de manuscritos. Eu me considero sortudo por estar ao lado de Kathy diariamente como minha sócia no direito e por termos conseguido unir organicamente a vida familiar e a profissional. O amor e o estímulo constantes por ela são o principal motivo do meu sucesso.

Este livro foi composto na tipologia Minion Pro,
em corpo 11/15,1, e impresso em papel off-white
no Sistema Cameron da Divisão Gráfica
da Distribuidora Record.